U0582944

江苏粮食产业发展报告

现状·目标·战略

曹宝明　主　编

吴征光　李　德　钱　龙　副主编

JIANGSU LIANGSHI CHANYE
FAZHANBAOGAO

经济管理出版社
ECONOMY & MANAGEMENT PUBLISHING HOUSE

图书在版编目（CIP）数据

江苏粮食产业发展报告：现状·目标·战略/曹宝明主编.—北京：经济管理出版社，2017.6
ISBN 978 - 7 - 5096 - 5182 - 7

Ⅰ.①江… Ⅱ.①曹… Ⅲ.①粮食行业—产业发展—研究报告—江苏 Ⅳ.①F326.11

中国版本图书馆 CIP 数据核字（2017）第 135872 号

组稿编辑：陆雅丽
责任编辑：陆雅丽
责任印制：黄章平
责任校对：张晓燕

出版发行：经济管理出版社
　　　　　（北京市海淀区北蜂窝 8 号中雅大厦 A 座 11 层　100038）
网　　址：www. E - mp. com. cn
电　　话：（010）51915602
印　　刷：玉田县昊达印刷有限公司
经　　销：新华书店
开　　本：787mm×1092mm/16
印　　张：19. 5
字　　数：376 千字
版　　次：2017 年 12 月第 1 版　2017 年 12 月第 1 次印刷
书　　号：ISBN 978 - 7 - 5096 - 5182 - 7
定　　价：98. 00 元

本报告获

　　粮食公益性行业科研专项（201513004）

　　国家自然科学基金项目（71373116）

　　国家社会科学基金项目（14BJY221）

　　现代粮食流通与安全协同创新中心

　　江苏高校优势学科

　　江苏省重点学科

资助

《江苏粮食产业发展报告》
编委会

编委会主任：

　　夏春胜　江苏省粮食局局长

　　宋学锋　南京财经大学校长

编委会副主任：

　　鞠兴荣　南京财经大学副校长

　　张生彬　江苏省粮食局副局长

编委会委员：

　　王东宏　江苏省粮食局办公室副主任（主持工作）

　　韩志春　江苏省粮食局政策法规处处长

　　孙　燕　江苏省粮食局调控处（省储办）处长（主任）

　　吴征光　江苏省粮食局产业发展处处长

　　李　德　江苏省粮食局产业发展处副处长

　　潘　迪　江苏省粮食局产业发展处副处长

　　李通刚　江苏省粮食局监督检查处处长

　　王吉富　江苏省粮食局财务处处长

　　高　巍　江苏省粮油信息中心主任

　　郝才庆　江苏省粮食局粮油质量监测所所长

　　滕立轩　江苏粮油商品交易市场主任

　　曹宝明　南京财经大学粮食经济研究院院长

　　李　丰　南京财经大学粮食经济研究院副院长

　　李光泗　南京财经大学粮食经济研究院副院长

《江苏粮食产业发展报告》
编写小组成员

曹宝明　南京财经大学粮食经济研究院院长

李　德　江苏省粮食局产业发展处副处长

钱　龙　南京财经大学粮食经济研究院讲师、博士

蔡　荣　南京财经大学粮食经济研究院教授、博士

李　宁　南京财经大学粮食经济研究院讲师、博士

易晓兰　南京财经大学粮食经济研究院副教授、博士

叶　静　江苏省粮食局产业发展处主任科员

王大伟　江苏省粮食局产业发展处主任科员

刘　婷　南京财经大学粮食经济研究院博士研究生

薛平平　南京财经大学粮食经济研究院博士研究生

胡　迪　南京财经大学粮食经济研究院博士研究生

目 录

第二部分　江苏粮食产业发展分述

第三部分 江苏粮食企业与品牌

第四部分　江苏粮食产业政策文件

第五部分　江苏粮食产业统计资料

第一部分

江苏粮食产业发展概述

第一章 绪 论

一、粮食产业内涵

（一）粮食

在我国，粮食是指供城乡居民和广大消费者食用的包括谷类、豆类和薯类在内的原粮和成品粮。

实际上，在我国日常生活的具体语境中，"粮食"所指称的对象有着重要区别：①在农业领域种植和收获环节所说的粮食是指"原粮"；②在粮食收购环节所说的粮食也是"原粮"；③在加工环节所说的粮食，一是作为粮油工业原料的"原粮"和"油料"，二是作为粮油工业产品的"成品粮油"；④在零售环节所说的粮食实际上是指"成品粮"和"食用植物油"；⑤在消费环节所说的粮食多是指可以直接食用的粮食制成品，如米饭、馒头、面条等。

在国际上，没有与我国完全对应的"粮食"范畴，联合国粮食及农业组织（FAO）这一组织名称中的"粮食"实际上是食物（Food），它包括谷物类（Grain）、块根和块茎作物类、豆类、油籽油果和油仁作物、蔬菜和瓜类、糖料作物、水果、浆果、家畜家禽畜产品等，所以被我们翻译成"联合国粮食及农业组织"中的"粮食"范畴比我国的粮食范畴外延要宽。

我国的粮食范畴在统计上更接近于谷物（Grain），但是除了谷物，还包括豆类（主要是大豆）和薯类（主要是甘薯和马铃薯）。

（二）粮食产业

粮食产业是指从原粮生产到成品粮消费过程中所有与粮食相关的细分产业的集合体，

主要由生产环节、流通环节、消费环节以及提供信息和技术支持的周边服务部门组成，包括粮食种植业、粮食商品流通业、粮食加工业、粮食仓储物流业、粮食装备制造业、粮食科技与信息服务业等部分。尽管各部分分工形成的经营方式、经营形态以及企业模式有所不同，但是它们之间的利益相互联系，其经营对象和经营范围是围绕着共同产品而展开的，并在各行业内部完成各自循环。

粮食产业的形成是社会分工和社会生产力水平提高的产物，一方面，我国经历多次粮食市场化体制改革，逐渐由计划经济时期的统购统销向社会主义市场化体制下自由购销转变，在此过程中，随着粮食市场放开，购销市场经营主体多元化发展速度加快，使得市场分工不断细化，《粮食流通管理条例》中将粮食的收购、销售、储存、运输、加工、进出口等经营活动都纳入粮食流通的范畴中，各粮食经营活动之间既相互独立又相互融合，不断充实粮食产业的内涵。另一方面，社会生产力水平不断提高，目前我国粮食产业逐步实现由传统粮食业向现代化、国际化、生态化粮食产业过渡的转变，其中社会生产力水平的提高是最主要的推动力，由此出现粮食科技与信息服务业以及"互联网＋"形式的新型粮食经营业态，粮食产业的内涵也被进一步扩展。因此，随着社会生产力水平的进一步提高，以及各部门专业化程度的不断深化，粮食产业的内涵也将得到充实和更新。

江苏省作为粮食产销基本平衡区，在改革开放和社会主义现代化建设的征程中，基于江苏自身的自然资源、经济资源及社会资源，勇于开拓，不断创新，打造出了具有江苏特色的现代粮食产业体系。

二、粮食产业特征

粮食是一种具有基础性、外部性和不可替代性的特殊商品。由于粮食是城乡居民不可或缺的最基础食物，也是食品工业不可或缺的最基础原料，因此粮食的产量、供给量与价格的波动会导致一系列产品的产量、供给量、成本与价格的变化，并进一步影响国民经济和社会的稳定；由于粮食作物种植业是一个经济再生产和自然再生产相互交织的过程，同时具有经济风险和自然风险，因而具有很强的外部性，在政府通过财政支持政策、价格支持政策等一系列政策手段对粮食作物种植业进行补贴之后，这种外部性就从粮食生产领域向粮食流通领域转移和扩散，导致了粮食流通产业具有显著的弱质性，使得粮食流通产业在盈利能力、要素获得、技术创新、产业升级方面都面临着重重障碍。这里将从粮食产业结构的角度入手，对其重要组成部分各自所表现出的特征进行归纳总结，主要包括其产品结构、要素结构、市场结构、区域结构等。

（一）粮食产业产品结构特征

粮食产业的产品是由原粮经过加工而成，这里按照原粮加工后的最终产品是否属于粮食范畴的标准，将粮食产业产品分为两个部分，一是直接消费，二是间接消费。直接消费的粮食是作为消费资料供人类食用，是指粮食产品中用来满足人们基本生存和发展的那一部分，从个体的人来讲，粮食经过水的作用，转化为人体必需的蛋白质和热量，再借助微量元素，构成生命之源，是事关国计民生的重要战略物资，这一部分产品主要是由原粮经过加工而成的符合一定标准的成品粮，满足城乡居民口粮消费，如面粉、大米、小米等。而间接消费部分则作为生产资料投入其他产品的生产中，是指粮食作为中间投入品用来生产其他不属于粮食范畴的产品的部分，在社会再生产过程中起着中介作用，主要包括粮食转化生产行为，特指粮食的深加工或精细加工，如利用玉米生产淀粉、酒精、葡萄糖等。因此，粮食产品结构中既包括面向数量庞大的城乡消费者的基础性、战略性物资，也包括满足社会其他部门需求的转化产品。

（二）粮食产业要素结构特征

粮食产业要素结构特征主要表现在对自然资源、技术以及劳动力的依赖性。首先，粮食生产对自然资源，主要是耕地资源的数量和质量具有极强的依赖性，粮食总产量与耕地数量表现出正相关性，而耕地质量又直接影响粮食品种的适种性和单产，因此耕地数量和质量对粮食生产具有强约束作用，这也决定了粮食供给的有限性特征；其次，由于耕地资源的相对不变且略有减少，因此中国粮食总产量的递增主要依靠于生产力的提高、技术的进步，粮食产业对粮食品种的依赖相当于工业产业对产品原料的依赖，种子的优劣直接影响粮食的单产水平，而粮食品种的改善又依赖于技术的进步，而技术进步不仅提高粮食生产效率，对于粮食产后损失的缩减也起到至关重要的作用。另外，正如舒尔茨提出的，农业生产产量迅速增加的主要因素已不是土地、人口数量或资本存量的增加，而是劳动者知识和技术水平的提高，如果说粮食品种的改善依赖于技术进步，那么品种结构的改善则更多依赖于管理水平的提高，依赖于人力资源层次的提高。随着粮食产业的现代化、国际化进程加快，人力资本、技术与自然资源有机配合是粮食产业发展的关键。

（三）粮食产业市场结构特征

目前，我国已初步形成涵盖"产收储加销"多个环节、多市场主体、多种交易方式、多层次市场结构的粮食市场体系。从粮食购销市场化以来粮食流通格局的变化、粮食市场运行的实际情况和发展趋势看，我国粮食市场结构、模式总体上呈现多元化粮食市场主体并存的、适应社会主义市场经济要求的、充分发挥国有粮食流通主渠道作用、有国家调控和必要行政干预的非完全竞争型市场。江苏粮食市场已经形成以国家粮食交易中心为龙头、批发市场为骨干、期货市场为先导，传统交易与电子商务、商流与物流、现货与期货有机结合，国内外市场密切衔接的粮食市场新格局。这样的市场结构和模式有利于促进粮食产业的发展，也是标准较高、难度较大的模式，但依然存在相应的问题，如粮食市场主体发育不够充分，各类粮食市场发展不够完善，市场信息对粮食生产、流通的引导作用发挥不够充分等。

（四）粮食产业区域结构特征

从粮食生产格局上看，依据不同区域粮食综合生产能力的状况，从粮食供求关系角度将粮食区域划分为粮食主产区、主销区以及产销平衡区。其中粮食主产区是指地理、土壤、气候、技术等条件适合种植粮食作物，粮食产量高、种植比例大，除区内自身消费还可以大量调出商品粮的经济区域，主要包括13个省、自治区；粮食主销区是指经济相对发达，但人多地少，粮食自给率低，粮食产量和需求缺口较大的粮食消费区主要包括7个省、直辖市，集中在东南沿海和大城市；而产销平衡区能够保证粮食供求基本平衡。就粮食主产区而言，逐渐呈现出产粮区域快速北移、产粮区域高度集中的特点，长江中下游五省，虽仍位列我国粮食主产区内，但其水稻种植面积明显减少，而东北成为产量最集中的地区之一，集中度明显提高。从江苏粮食流通格局变迁来看，伴随着粮食调动由计划调拨到市场调节的变化，形成北粮南运、北粮南储的基本格局。

三、粮食产业发展要素

粮食产业发展要素是指进行粮食生产经营活动时所需要的各种经济社会资源，是维系粮食产业发展以及市场主体生产经营过程中所必须具备的基本要素。粮食产业发展要素是经济学的一个基本范畴，主要包括土地、资本、劳动力、企业家才能四种，随着科技的发展和知识产权制度的建立，技术、信息也作为相对独立的要素投入生产经营，从而形成粮食发展要素体系，发展要素的作用大小和回报高低直接决定粮食产业的竞争力水平。

（一）经济要素

就粮食产业来说，其发展的经济要素主要包括物质资本要素、人力资本要素和技术要素，其中物质资本要素主要是指粮食产业各环节的土地、劳动力、固定资产等要素投入。从生产环节来看，粮食种植业主要依附于耕地、水、气候等自然资源，自然环境条件的好坏直接决定某一地区的粮食总产量和单位面积产量；劳动力的投入也是影响粮食生产的重要因素之一，我国农业劳动力资源丰富，但随着户籍制度和城市就业制度改革，大批农业从业人员转移到第二、第三产业，因此，提高我国劳动力技术培训，扩大人力资本投入，增加粮食生产有效劳动力成为提高粮食生产效率的途径之一；此外，农业机械化水平、农药化肥使用量、生物育种和栽培技术等技术条件的改进也对粮食生产率的提高有正影响。

从流通环节来看，人力资本要素和技术要素投入对粮食商品流通业、粮食加工业以及粮食仓储物流业的影响更加显著。随着现代企业理论的发展，企业家才能逐渐受到企业的重视，企业家才能是指企业家经营企业的组织能力、管理能力与创新能力，是企业转型升级的推动力。在加快实现粮食全产业链发展模式、推动粮食产业集群发展、加快粮食产业基地和产业园建设的背景下，企业家的经营管理、组织创新能力将发挥主要推动作用。而粮食产后流通加工过程中损耗的降低、加快发展粮食精深加工、利用生态环保节能减排的新技术提升粮油加工综合利用率等产业发展要求还需要依赖于技术进步支持，从而提高粮食产业的经济效益和生产效率。

从消费环节来看，信息技术的迅速发展以及"线上线下"融合的电商平台建设，对于粮油网络经济的构建、拓宽粮食营销渠道、发展新型粮食经营业态具有显著的推动作用，充分体现技术进步对于提高供给效率的正向影响。此外，随着粮食产业发展扩充演化而来的粮食周边服务业也为粮食产业发展提供了有力的信息和技术支持。

粮食产业各细分环节中发挥主导作用的驱动要素有所不同，但在提高生产效率和经济效益以及实现粮食产业转型升级上，人力资本以及技术进步发挥着至关重要的作用。

（二）政策要素

粮食消费始终处于居民消费活动的优先地位和基础地位，因此粮食需求的难以替代性以及粮食生产的外部性特征使得政府出台一系列粮食保护政策，进行有效的国家干预，从而促进粮食生产的稳定增长和粮食消费需求的持续保障。政策要素成为粮食产业发展不可忽视的重要驱动因素。

粮食政策是国家或政府关于粮食产业发展的一系列制度安排，根据粮食政策作用的领域不同，可以把它区分为粮食生产政策、粮食流通政策和粮食消费政策等几大类型。其中粮食生产政策是直接作用于粮食生产领域，增加粮食产量的相关政策，主要包括耕地保护政策、粮食补贴政策等；粮食流通政策是作用于粮食流通领域的政策，主要包括粮食最低收购价政策、粮食储备政策和粮食贸易政策等；而粮食消费政策是作用于粮食消费领域的政策，如促进粮食转化增值、陈化粮定向转化等。为实现粮食安全的目标，国家或政府需要在粮食品种结构、组织形式、资源配置和产品流通等领域制定一系列相互联系的政策，从而引导市场行为主体做出符合全体人民利益的决策，同时能够保证粮食产业健康发展。

四、粮食产业发展路径

产业是动态的，不断发展变迁的，受制于技术创新、经济发展水平、资源配置方式与资源禀赋程度的约束。计划经济条件下粮食统购统销，粮食产业发展受限，随着粮食购销政策的放开，粮食商品化和经营市场化改革步伐不断加快，此时从经济学角度探析粮食产业的发展路径，发现粮食产业变迁规律，有利于制定出相应的粮食产业政策，促进粮食产业更好更快的发展。

（一）诱致性发展与强制性发展相结合

首先，粮食产业发展受资源配置方式的影响，就宏观而言，资源配置的方式通常分为计划和市场两种。当资源配置方式选择计划这一手段时，即政府成为资源配置和产业发展路径选择的主体，产业发展方式无疑会选择政府强制性方式来推动产业发展，我国计划经济时期统购统销是典型例证。其次，粮食产业发展受政府产业政策设计导向的影响，政府产业政策的设计是为了弥补市场失灵而采取的产业规制。回顾粮食商品化和经营市场化的改革历程，粮食产业发展逐步选择市场经济作为资源配置的基础方式，从商品市场到要素市场形成比较完整的体系，产业间形成完善的要素流动机制，价格机制逐步能够反映真实的供求关系，此时推动粮食产业发展的是个人和企业组织，微观市场主体是逐利的，当产业变迁的预期收益大于预期成本时，便会推动产生自发的创新行为，继而诱致产业发展变迁。粮食产业发展是诱致性发展与强制性发展相结合的发展路径，政府的粮食政策导向以及相关法律法规的认可和保护，为市场微观主体自发创新出更高效的生产方式降低交易成本，并且这种强制性的粮食政策充分考虑和尊重个人和企业组织的利益，使其发挥内在动力以有效地进行变革。

（二）渐进式发展与突进式发展相统一

按照产业发展的速度不同，可将发展路径分为渐进式发展与突进式发展。渐进式发展是指产业发展的过程相对均衡，产业各部门之间地位更替与产业结构调整需要一个长期的过程，这种方式决定了产业发展从导入到成熟需要较长的时间，特点是长期性和累积性，是长期的技术创新和社会组织变革的结果。粮食消费处于居民生活消费的优先地位，具有不可替代性，因此从粮食需求结构上看，尽管出现了主食消费减少，而肉、奶、蛋等副食比例增加的趋势，粮食的需求从长期来看是比较稳定的，另外粮食的稳定供给也对保障粮食安全具有重要意义，长期稳定的消费需求是粮食产业发展的重要驱动因素，是粮食产业渐进式发展的外在动力。突进式发展是指产业创新、产业结构调整非常迅速，具有爆发性、急促性和革命性特征，新产业部门与新企业爆发或形成的时间较短，正如工业革命使传统的社会经济秩序在蒸汽机的巨大冲击下迅速土崩瓦解。粮食产业的发展也是如此，技术的改进逐渐渗透到粮食产业的各部门，促进粮食单产的提高、物流系统的完善、仓储技术的改进、加工技术的革新以及销售方式的突变，使得传统的粮食产业向现代化、国际化、生态化的粮食产业过渡。粮食产业发展过程中，以需求为驱动的渐进式发展是常态，任何产业的变迁都不是一蹴而就的，是渐进的、不露声色的长期过程，而技术创新的推动为粮食产业的发展带来一次又一次突进式的提升，渐进式与突进式的相互交织促成粮食产业的长足发展。

我国粮食产业逐步由粗放式发展向集约化方向转变，由计划经济统购统销向社会主义市场化方向转变，由传统粮食产业向现代化、国际化、生态化的方向转变，而在此过程中国家和政府对粮食产业的扶持政策大大降低发展的交易成本，多重动力拉动下粮食产业形成集聚集约的产业环境、快捷便利的物流体系、高效融合的产业链条，诱发性发展与强制性发展相结合、渐进式发展与突变式发展相统一的发展路径有助于实现保障粮食安全、促进粮食供求平衡的目标。

五、粮食产业发展政策

粮食产业政策是指政府从自身经济社会发展水平以及粮食产业发展实际出发，为实现粮食安全、总量平衡、价格稳定、利益均衡等调控目标，对粮食产业发展的重要方面所制定的一系列有计划的行动措施的总称。粮食产业政策的制定受制于国家经济发展水平和农业发展阶段的影响，新中国成立初期我国粮食生产技术落后、国家财力有限，为确保粮食供应实行了统购统销的粮食政策，但随着市场经济体制的建立和国家财力的增长，粮食产业政策开始进行市场化的改革，从而更多采用经济手段调节粮食生产与粮食流通。

根据粮食政策作用的领域不同，可以将其区分为粮食生产政策和粮食流通政策。其中，粮食生产政策是直接作用于粮食生产领域、增加粮食产量的相关政策，主要包括耕地保护政策、粮食补贴政策等；粮食流通政策是作用于粮食流通领域的政策，主要包括粮食最低收购价政策、粮食储备政策和粮食贸易政策等。这里将对我国粮食生产政策和粮食流通政策中实施时间较长、影响较大的几个政策加以介绍。

（一）耕地保护政策

改革开放初期，由于粮食安全压力尚未消除，中央政府察觉到耕地减少的不利影响，多次强调保护耕地，但是缺乏具体的法律法规。1986～1997年是耕地保护政策制定的起步期，这一阶段还处于从计划经济向市场经济过渡的阶段，加上经济社会迅速发展带来旺盛的用地需求，耕地保护政策受到极大冲击，存在"切实保护耕地"与"适应社会主义现代化建设需要"的协调难度，这一时期的耕地保护政策缺乏系统性。1998～2003年是耕地保护政策体系初建期，国家设立耕地保护等职能部门，开始统一管理耕地问题，修订《土地管理法》并颁布了配套政策，另外，耕地保护的手段日趋多样化，在行政命令为主的情况下还引入经济手段、法律手段、技术手段等。2004年以来，耕地保护政策体系进入完善期，明确提出要切实落实最严格的耕地保护制度，提高耕地质量，并发出"一定要守住全国耕地不少于18亿亩这条红线"的最强音，同时赋予农民对承包地占有、使用、收益、流转及承包经营权抵押、担保权能，还对占用基本农田进行植树造林、挖塘养鱼等行为进行坚决制止，采取多项有力措施纠正耕地撂荒行为、恢复撂荒地生产。在中国经济发展的重要战略机遇期，耕地保护面临与日俱增的压力，同时也遇到了前所未有的机遇。

（二）粮食财政补贴政策

粮食财政补贴政策包括间接补贴政策和直接补贴政策两种。实施粮食间接补贴政策是从 1978～2003 年，这一时期粮食补贴主要是补贴粮食企业经营费用和购销差价，补贴的直接受益者是城市居民，农村居民只能间接获得补贴收益。间接补贴政策存在效率低下、补贴对象错位、实施成本巨大的弊端，由于加长补贴链条，传递到农民手中的政策福利较少。

为了弥补粮食间接补贴政策的众多不足之处，2004 年全国开始实行粮食直接补贴政策。补贴的主要内容包括：种粮农民直接收入补贴、粮种补贴、农机具购置补贴和农业生产资料增支综合直接补贴。从实施情况看，直接补贴政策具有几大明显优势：一是稳定农民种粮收益；二是政策的管理水平显著提升，直接补贴减少中间环节，有利于粮食补贴发放监督管理；三是有利于推动粮食流通市场化改革，直接的粮食补贴加快了国有粮食企业改革的步伐，使企业真正走上市场化道路，打破了政府的垄断地位，有利于粮食市场多元化的形成。同时对于引导农民调整农业结构、与国际农业保护政策接轨也有正向影响。

（三）粮食价格支持政策

2004 年，中国全面放开粮食收购市场和收购价格，粮食价格由市场形成。粮食价格放开后，为保护农民利益和种粮积极性，2004 年、2006 年起国家在主产区分别对稻谷、小麦两个重点粮食品种实行最低收购价政策。国家每年综合考虑粮食成本收益、供求情况、市场价格、宏观调控等因素，确定小麦、稻谷各品种最低收购价格水平，并于作物播种前向社会发布，引导农民种植，促进粮食生产。当新粮上市后，农民随行就市出售粮食，当主产区市场价格下跌较多、低于最低收购价时，国家指定企业按照最低收购价入市收购，引导市场粮价合理回升。

最低收购价是一种引导性和保护性价格，这一政策的实施不但使农民得到了实惠，国家调控粮食市场的粮源也得到了补充，而且促进粮食价格出现恢复性的增长，有利于稳定农民种粮收益预期，提高农民继续发展生产的积极性。2008 年以来，由于种粮成本的提升，国家多次上调最低收购价格，并且最低收购价政策连年启动，虽然在国际市场粮价大幅波动的情况下，起到了平抑价格波动的作用，促进了粮食生产稳定发展，保障了国家粮食安全，但是最低收购价逐渐成为原粮市场价格的"指示灯"，影响原粮市场价格的形成。

（四）粮食储备政策

粮食生产存在年际之间和地区之间不平衡的状况，因此国务院于 1990 年作出建立国家专项粮食储备制度的决定，成立国家粮食储备局，统筹解决国家专项粮食储备问题，形成以中央和地方专项储备调节为基础的粮食宏观调控初始框架。1999 年成立国家粮食局作为负责粮食宏观调控的行政机构，2000 年组建中国储备粮管理总公司作为调控政策的执行主体，逐步形成了现行粮食宏观调控的基本架构。粮食储备通过吞购吐销来调节粮食市场供求状况，结合粮食产销状况、国际市场进出口等情况确定吞吐数量，但是中央粮食储备制度在发展过程中也存在管理责权不明确、布局不合理、吞吐机制不灵活等弊端，需要进一步完善。

此外，粮食产业发展政策还包括粮食加工企业扶持政策以及粮食仓储和物流扶持政策等。在供给侧结构性改革背景下，强调粮食产业经济的持续健康发展，要加快发展粮食精深加工转化，推动粮食产业基地和粮食产业园的建设，促进粮食产业集群化发展。粮食产业发展各政策之间不是相互独立的，而是相互配合、相互联系的，通过法律法规制定的强制性政策与经济补贴等引导性政策相结合，能够激发粮食产业发展活力，推动粮食产业升级转型。

第二章　江苏粮食产业发展概况

一、江苏粮食产业发展基础

（一）自然资源丰富

江苏地处我国大陆东部沿海地区，分属长江、淮河两大流域，其中长江流域占38%，淮河流域占62%，东濒黄海，西连安徽，北接山东，东南与浙江和上海毗邻，是长江三角洲地区的重要组成部分。江苏跨江濒海，平原辽阔，河湖众多，水网密布，水资源、土地资源等自然资源十分丰富。全省面积10.72万平方公里，平原、湖泊水面占江苏省面积的90%以上，居全国各省首位。全省耕地面积457.49万公顷，占全国耕地面积的3.39%，其中水田为237万公顷，占51.9%，旱田为219万公顷，占48.1%。江苏地处中纬度地带，处于亚热带向暖温带过渡地带，大致以淮河—灌溉总渠一线为界，以南属亚热带湿润季风气候，以北属暖温带湿润季风气候。全省气候温和，雨量适中，土地肥沃，农业生产条件得天独厚，是历史上著名的"鱼米之乡"，更是全国13个粮食主产省之一。

（二）交通运输便利

江苏省是华东地区重要的交通枢纽。省内公路通行状况已达到全国领先水平，高速公路密度居全国首位。拥有全国内河第一大港南京港、八大海港之一连云港，港口数量有8个，至2016年底，全省港口万吨级以上泊位（含加固改造）累计达到480个，5万吨级以上泊位累计达到218个，总体通过能力达到19.4亿吨，各项指标继续保持全国领先。京沪铁路、陇海铁路、宁芜铁路等主要干线纵贯南北，横跨东西，使省内大中城市与北京、上海等全国重要城市相互连接。拥有重要铁路枢纽城市2个，主要港口7个。可以说，江苏省已初步形成了以公路、铁路为主骨架，以长江、大运河、沿海为主通道，以中心港为枢纽，各种运输方式互相衔接，功能较完备的综合运输体系。同时，省会城市南京距离北京、上海、广州、武汉等全国重要城市均在 1000 公里左右，并且南京还是国家区域中心城市（华东），"一带一路"倡议与长江经济带战略交汇的节点城市，良好的地理位置给江苏粮食产业化发展提供了得天独厚的环境与优势。

（三）市场主体多元

改革开放以后，江苏省粮食市场得到了空前的繁荣和发展，全省基本形成了多元市场主体共同发展，收购市场、批发市场、零售市场等相辅相成的粮食市场体系。设立江苏粮油商品交易市场，进行国家政策性粮食、省级周转粮、储备粮、陈化粮的竞价销售和招标采购，为促进江苏粮食经济发展、稳定江苏及华东地区粮食价格发挥了重要作用，并在此基础上成立了南京国家粮食交易中心。"十二五"期间，江苏省扶持 10～12 个主销区口粮批发市场、区域性中转批发市场和产地特色批发市场建设，支持批发市场发展分级储运、流通加工、配送等升级改造项目。继续推进粮食物流通道建设，在沿长江、沿东陇海线、沿运河、沿海集中布局，建成物流园区 23 家，成为全国粮食物流交汇节点。其中，靖江建有全省最大的综合性粮食物流产业园区。此外，江苏正在实施的"新兴产业倍增计划"、"服务业提速计划"和"传统产业升级计划"对粮食现代流通全面发展亦起到了促进和引领作用。

（四）科学技术领先

创新驱动发展战略下，江苏省计划并实施了一系列技术创新工程，为粮食产业化发展奠定了技术基础。①农业技术创新。实施农业重大技术推广计划和"挂县强农富民"工程，加快现代农业科技综合示范基地建设，强化节本增效和绿色发展技术模式应用；实施种业科技创新专项行动，支持种质资源库和作物育种平台建设，培育了一批优质、高产、多抗、广适的新品种。②科学技术交流。调查、了解、研究国内外粮食行业或其他行业技术建设及动态，适时改进、完善江苏省粮食行业技术方法和实现措施；引入竞争机制，组织全省粮食行业职业技能选拔赛，组织参加全国粮食行业职业技能大赛。③信息化建设。重视粮食信息化建设，积极搭建粮食信息化推进平台。如部分仓储企业建立粮库防盗报警视频监控系统，应用粮库业务管理信息系统，实现粮库业务流程、仓储保管、日常管理的自动化与信息化，提高工作效率和科技保粮水平。④科技经费投入。足够的资金是科技推动粮食产业发展的重要前提，江苏省政府不仅重视粮食产业科技研究，而且出台了相应的法律法规保障资金及时到位。

（五）产业基础雄厚

江苏省是经济大省，也是农业大省，既是主产省，又是主销省。国家和地方一直重视粮食产业持续健康发展，不断加大各方面的资金投入，农业基础设施比较完备，2015 年全省农业综合机械化水平为 81%，农业机械化水平和生产装备水平始终处于全国领先地位，是江苏省粮食产业化强有力的支撑。2016 年，江苏省入统企业 1200 余家，全省粮油工业总产值 2510.54 亿元，实现销售收入 2477.97 亿元。按照扶强扶优原则，全省培育了一批实力强、影响力大、带动性强的龙头企业，拥有国家级产业化龙头企业 27 家，省级龙头企业 120 家。注重品牌引领作用，拥有中国名牌 11 个、江苏名牌 117 个、驰名商标 12 个、地理标志产品 8 个，列全国第一。大型粮机企业不断"走出去"，如牧羊集团在 44 个国家设立了办事处，拥有 50 多个海外销售机构。水稻和小麦是江苏省两大主要粮食种植作物，2016 年江苏省粮食产量排名第六位，大米加工业在全国具有一定的知名度和影响力。部分市县大力发展全产业链联盟，2016 年南通秋粮收购期间，全市共有 32 家企业对接 70 家种粮经济组织，对接面积 2 万多亩，极大促进了大米加工产业的发展。

二、江苏粮食产业发展历程

（一）1978 ~ 1991 年：江苏粮食产业初露端倪

传统计划经济体制下，国家采取政企合一的形式，对粮食收购、储存、运输、加工、销售业务实行严格垄断，强制实现粮食供求总量平衡、结构平衡以及区域平衡。1978 年党的三中全会带来了 1979 年的农村改革，粮食政策进行了微小的调整，虽不能算得上是真正意义上的改革，但适当放宽（并非完全开放）的粮食集市贸易为非国有企业进入市场提供了可能。1984 年，全国粮食大丰收，在国营粮食部门粮满为患和农民卖粮难的双重压力驱动下，政府继续推行收储制度改革，取消了粮食统购，改为实行合同定购与市场收购相结合的"双轨制"。"双轨制"推动下，国有粮食企业按照市场经济规律开展多种经营、合同订购和市场订购两条轨道并行，保证了粮食供应；同时，更多的国有粮食企业以外的经济主体进入市场，粮食流通由独占型的国家垄断转为主渠道不完全垄断、多渠道可适当参与竞争的垄断竞争型市场结构，江苏粮食产业发展处于萌芽期。

（二）1992~1997年：江苏粮食产业探索转型

1992年召开的党的十四大确定了我国经济体制改革的目标是建立社会主义市场经济体制，这也带来了粮食行业的一系列重大改革。1993年，国务院颁发《关于加快粮食流通体制改革的通知》，明确了在国家宏观调控下放开粮食价格和经营政策，国有粮食企业按照市场经济主体要求自主经营、自负盈亏。打破了国有粮食企业的市场垄断地位，初步培育了多元化的市场主体，但国有粮食企业和政府目标的不一致性所导致的亏损依然无法避免。此后，粮食产业部门又相继推出了"两条线运行"、"四分开一并轨"等一系列改革，但是由于两条线运行中所提出的业务无法真正区分以及"并轨"指代不明确等问题的困扰，政企矛盾依然突出，实际上这些改革并没有达到预期的效果，国有粮食企业经营管理粗放、富余人员较多，经营亏损和财务挂账等现象屡见不鲜。这一时期，可以说粮食企业购销市场化改革推进缓慢，江苏省粮食产业发展处于探索转型期。

（三）1998~2003年：江苏粮食产业发展初见成效

1998年"四分开一完善"的提出，正式确立了政企分开的市场化改革，之后，国家又提出了"三项政策一项改革"以及"三项政策一项完善"，其目的在于摆脱政府日益沉重的财政补贴包袱，实际上并没有取得应有的进展，甚至还存在着收购规模与削减财政补贴目标相矛盾等缺陷。1990年，国务院颁布《关于建设国家专项粮食储备制度的决定》，并初步形成了中央、省级、地县三级储备体系，国家专项粮食储备制度建立起来。在此期间，结合企业制度改革、财税制度改革、金融体制改革、投融资体制改革、外汇外贸体制改革等市场化改革大背景，可以发现多主体参与、多渠道流通、多环节互补的发展趋势已不可逆转，粮食产业链条式发展是大势所趋。纵观这一时期江苏省粮食市场亦可发现，市场经营主体呈多元化发展，大型国有粮食企业不断进行公司化改造，中小粮食企业也开始进行投资多元化的非国有化改组，合作社等流通中介组织不断涌现于市场，江苏粮食产业市场化改革初见成效。

（四）2004年至今：江苏粮食产业发展成绩斐然

在社会主义市场经济体制初步建立背景下，我国粮食市场发生了深刻的变革，面对加入世界贸易组织后给我国粮食产业带来的机遇和挑战，自2001年起，国务院颁布了《国务院关于进一步深化粮食流通体制改革的意见》、《粮食流通管理条例》、《国务院关于完善粮食流通体制改革政策措施的意见》等一系列纲领性文件，出台了包括最低收购价政策和临时收储政策等在内的一系列保障农产品供给和稳定市场的"托市"政策，继续深化粮食流通体制改革。在此背景下，江苏省以实现政企分开、加快企业组织形式创新为改革重点，加快企业战略性重组，推进现代企业制度建设，合理调整企业布局和结构，大力开展粮食产业化经营，同时推进危仓老库建设工作，实现管理智能化，并且成效显著。支持并鼓励了一批骨干国有粮食企业利用品牌和资信优势，通过兼并、收购或重组的形式建立大型粮食企业集团，自主经营、自负盈亏，企业市场竞争力提高；培育和壮大龙头企业，促进生产要素向优势企业集聚，推动省属公司等大中型企业"走出去"，融入国际粮食贸易、产业体系；引导企业通过土地流转、订单收购、对接新型农业经营主体、建立产业联盟等方式，建设生产基地，同时也掌控了优质粮源；通过产业政策引导、兼并重组等方式稳妥处置"僵尸企业"，淘汰落后产能，支持民营企业和粮食经纪人发展；规划粮食产业园建设，带动了产业经济集聚发展等。这一时期，江苏省粮食产业发展迅速。

三、江苏粮食产业发展的路径特征

（一）以产业融合为主线促进产业发展

以提高粮油加工业供给质量效益和保障粮食安全为中心，以改革创新为动力，江苏省粮食产业发展积极推进一、二、三产业融合，实现粮食全产业链发展。产业链延伸式融合。企业以自身资金、品牌、销售、生产线等优势资源为依托，将生产、流通等环节连接在一起，通过纵向一体化组织方式，前后延伸产业链条，呈现规模发展优势。如粮食购销企业通过土地流转、订单收购、产业联盟等方式，参与和服务粮食规模化生产，生产优质粮食让农民分享产业链增值收益。以张家港粮食购销总公司为代表，在国企改革过程中，通过兼并、收购等方式逐步实现了"一县一企"的目标，完成了向加工产业的延伸。产业间交叉式融合。江苏省积极推进粮食产业与服务业、商业、旅游业、文化产业等交叉式融合，突出发展科技型、文化型、生态型等创意粮食产业，实现粮食产业与重要历史文化遗产、特色小镇等相互结合，培育具有粮食行业特色的江苏省粮食产业体系。例如，为探索"生态＋特色"粮食行业发展新路径，依托柳山县万亩连片稻麦生产基地、稻米文化馆、泗洪稻米文化节等资源，宿迁市粮食局与苏州市粮食局规划建设"以粮食文化为主，集高端粮食全产业链、旅游度假养生、联动区域发展的宜居宜业宜游的特色小镇"。

（二） 以品牌经营为依托推进产业聚合

以资源禀赋为核心，突出区域优势和品种优势，江苏省各地依托其自然条件、产业集聚、营销网络等优势资源，着力培育了一批具有产业特色的地域品牌，粮食产业竞争力不断提升。截至 2016 年，全省拥有中国名牌 11 个、驰名商标 12 个、地理标志产品 8 个，位列全国第一。依托自然条件优势。射阳县依托江淮海相沉积平原，海洋性湿润气候，辖区内滨海盐渍型水稻土的性质，按照"稳定县内，发展周边，区域延伸，扩大总量"发展方针，打破区域界限，将县内以及周边地区与射阳大米品质相同的局部地域大米品牌进行整合，稳定了粮食生产，促进了地区稻米产业有效发展。依托产业集聚优势。淮安率先在国家工商总局注册市级地理证明商标，以"淮安大米"证明商标为母商标统领企业子商标，打造"一袋米"工程，有效地缓解了农业生产小散乱和销售大市场之间的矛盾，实现了淮安稻米行业集群式发展。依托放心粮油营销网络。常熟市在放心粮油供应店建设初见成效、基本覆盖城乡的基础上，整合资源，聚合优势，全力创建"沙家浜"大米品牌，通过实施品牌战略，传播推介常熟大米独特的地理标志形象和地域文化，让"沙家浜"大米品牌成为常熟市民食品安全的有力保障。

（三） 以人才战略为保障激发产业活力

在人才兴粮战略导向下，江苏省以人才建设为重点，保障粮食产业持续健康发展。全省多次举办市县粮食局长和企业经营人才、粮食执法、流通统计等培训，组织开展粮食行业职业技能鉴定。充分依托南京财经大学、江南大学、江苏财经职业技术学院及连云港工贸高等职业技术学校等省内涉粮院校资源，着力培养领军型高层次专业技术人才。建立健全公正客观、透明高效的人才评价激励制度，充分调动各类人才干事创业的积极性和创造性。深入开展"双先"事迹宣传活动，在全行业里掀起学先进、赶先进、当先进热潮。部分企业从企业改革发展需要出发，有针对性、有计划地提升各类人才素质，通过外部招聘及内部培养相结合的模式，加快人才队伍建设，为粮食产业持续健康发展注入活力。

（四） 以科技创新为动力加快产业发展

近年来，江苏省积极推进科技兴粮战略，全省粮食行业呈现出科技投入不断增加、产品研发快速增长、技术改造加快升级的良好态势。江苏省粮食局先后被国家粮食局评为

"全国科技兴粮示范单位"，江苏被列为"全国粮食流通信息化建设试点示范省"、"国家物联网重大应用示范工程区域试点"，技术应用在育种、储粮、加工等层面均成效显著。优化育种。科学储粮。张家港市粮食物流中心相继开展了"低温保粮"、"低温烘干经济效益"等课题研讨，为推广科学储粮积累了一定的经验。精深加工。江苏春绿粮油结合当地水稻种植资源丰富、大米加工企业众多等地方特色，以不占耕地的绿色油料资源米糠为原料，以技术为支撑，研发出了以营养、健康、绿色为特色的保健稻米油，并获得"中国米糠油加工十强企业"等荣誉称号。

四、江苏粮食产业发展的主要成就

（一）稳粮源优品种，粮食产量稳定增长

江苏省 2016 年粮食播种面积 5432.7 千公顷，排名全国第八；粮食总产量 3466 万吨，居全国第六位；粮食单位面积产量为每公顷 6379.9 公斤，居全国第四位（主产省第三位），较 2015 年有所下降，但每公顷单位面积产量比全国总体水平高 926.9 公斤，高出 17%。2016 年全国粮食播种面积 113028.2 千公顷，全国粮食总产量 61623.9 万吨，江苏省播种面积占全国的 4.81%，粮食总产量占全国的 5.62%，为保障国家粮食安全、促进全省农业和农村经济发展、有效增加农民收入作出了重要贡献。自 20 世纪 90 年代以来，江苏省便实施"籼改粳"计划，全省粮食生产逐步实现了由调入变调出、产量大幅度提高、效益同步提升的重要转变，粳稻生产更是全国名列前茅，可以说江苏省是"籼改粳"的成功典型。在此基础上，江苏省还着力提升品种优质化率，2016 年全省水稻优质化率达到 90%，优质常规粳稻南粳系列三个品种（南粳 9108、南粳 5055 和南粳 46）应用面积 700 万亩，占水稻播种面积的 1/5 以上。品种优质是降低成本、提高比较收益、提升增产空间、促进粮食增产的重要前提，可以说，江苏省在培育、推广粮食优质品种上的努力从未停止。

（二）重收储保供应，政府调控科学有力

严格执行国家收购政策，切实保护农民利益。近年来，江苏省及时启动小麦、稻谷最低收购价执行预案，创建粮食收购共同担保基金，解决企业市场化收购贷款难题。全省国

有粮食企业"十二五"期间累计收购粮食1587亿斤，占总收购量的75%，其中托市收购粮食507亿斤，促农增收105亿元；主动对接家庭农场、种粮大户17345家，收购粮食113亿斤。加强政策宣传教育，强化收购市场监督管理，有效防止了"卖粮难"和卖"隔夜粮"现象，化解了"粮农丰收烦恼"。储备供应能力不断增强。全面落实省政府丰产增储行动计划，2015年底全省地方粮食储备由50亿斤增加到73亿斤，落实成品粮油应急储备2.24亿斤、应急加工企业395家、网点2111家，全面夯实调控物质基础，完善储备管理；联合省发改委、省军区制定出台指导意见，推进军粮供应军民融合式发展；建立并试运行江苏粮食价格指数，服务政府市场调控和企业经营决策。推进省内外粮食产销合作，促进全省粮食供需平衡。省粮食局和上海市、浙江省粮食局分别签订产销合作战略协议，与苏州、无锡、镇江市政府以及省农垦集团签订战略合作协议，多次在上海举办东南沿海省际产销合作洽谈会，建立互信互通互惠产销合作机制，引导市场流通，推进粮食产业发展，共保地方粮食安全。

（三）科技兴粮方兴未艾，行业面貌焕然一新

首先，智慧粮食建设成效显著。以"全国粮食信息化试点示范省"建设为契机，省粮食局与航天科工集团所属航天信息股份公司签署智慧粮库建设战略合作协议，智慧粮库被纳入智慧江苏建设总体规划。建成智慧粮库55家、收储信息管理系统551个，基本实现了粮食收购、储备管理的全程可视化。并编制《江苏省智慧粮食三年建设方案》，发布《江苏省粮库信息化技术规范》等三项省级标准。同步推进电子商务、物流配送等信息平台的建设，发展"互联网+"粮食经济，粮食信息化建设成效初显。其次，科技研发推广得以增强。2016年，江苏省粮食科技项目共计61个，入统的粮食科技成果中，基础类成果包括专利101项；论文80篇；制定标准5个，修订标准2个；获省级奖项4项；应用类成果包括新产品58个，新技术48个，新工艺52个；省部级粮食科技创新平台1个，生物柴油、饼粕提取功能多肽、小麦胚芽凝聚素等多项成果填补了市场空白。同时，实现了粮库屋顶太阳能光伏发电和水源热泵低温储粮技术的推广，以及新能源、新材料、新工艺、新装备的推进。最后，基础应用研究收获颇丰。依托科研院所的技术力量，江苏省积极构建合作平台，推进产学研联合，分别组织开展了江苏省粮食安全战略、粮食烘干机配置、粮食产业园建设、粮食价外补贴等课题研究，并编制《全省"粮安工程"建设规划》、《全省仓储物流体系建设规划》等，有力地推动了全省粮食基础性研究应用，提升全行业创新发展水平。

（四）产业链条不断延伸，提质增效深入推进

近几年，江苏省坚持以市场需求为导向，按照试点先行、主导带动的原则，引导和扶持粮食企业由单一经营向基地、收购、储存、加工、销售等一体化方向发展，打造全产业链发展模式，提高粮食产业集约化水平，实现整个粮食产业提质增效。一方面，国有粮食企业继续深化改革，建立健全现代企业制度，通过"前延"投身规模经营主战场，掌握粮源、把控质量；通过"后伸"打造品牌，提升产品附加值，实现了国有粮食购销企业由单一收储业务向全产业链方向的发展。如江苏如东县国有粮食购销企业牵头，农民、"全托管"经营主体、育种公司、涉农服务企业等共同参与的粮食全产业链联盟建设很好地实现了种地与市场、种地与社会、种地与技术以及种地与企业效益的衔接。另一方面，企业整合自身资金、品牌、销售等优势资源，延伸产业链条，呈现出规模优势。如"沙家浜"大米在借鉴国内行业龙头企业全产业链发展战略经验的基础上，把经营触角延伸到种植源头，以科技为支撑，实现了种植品种的优化。江苏省粮食企业在重塑产业链条，优化产业分工体系方面进行的有益探索既能有效掌控粮源，提升品质，又能形成品牌，增加效益，产业发展能力得以增强。

（五）经济效益持续改善，龙头企业作用增强

2016 年，江苏省入统粮油加工企业 1256 家，同比增长 6.98%，全年实现工业总产值 2510.54 亿元，销售收入 2477.97 亿元，利润 129.41 亿元，分别同比增长 4.98%、5.47% 和 9.94%，行业整体呈现出结构效益持续向好的发展势头。产业链（群）的形成关键要靠龙头企业带动，围绕做大做强目标，截至 2016 年，江苏省打造了一批竞争实力强、产业关联度大、带动能力强、发展潜力大的龙头企业，包括国家级产业化龙头企业 27 家，省级龙头企业 120 家，其中，金太阳油脂、苏三零面粉、五得利面粉等多家大型企业多次入选中国粮油企业 100 强。从工业产值来看，省级以上龙头企业用仅占全省 11% 的企业数量完成了占全省 1/3 的工业总产值，产业优势明显。此外，为打造江苏以市场为导向，以质量和效益为中心的闻名全国、走向世界的"苏粮品牌"，全省加快推进品牌创建，大力实施品牌强企战略，组织重点企业积极申报省名牌产品和放心粮油示范企业，协助申报企业准备各项申报材料并对材料进行审核把关，帮助企业顺利完成申报工作。目前，嘉贤大米等 43 个粮油企业产品被江苏省名牌战略推进委员会评为"江苏名牌产品"，并且江苏粮食行业有"江苏名牌产品"117 个，龙头企业的示范引领作用显著增强。

五、江苏粮食产业发展的制约因素

（一）资源与生态环境硬约束，粮食增产潜力有限

2016年末，江苏耕地面积6875万亩，人均耕地0.86亩，是全国人均耕地1.46亩的58.9%，粮食生产的耕地资源约束十分明显。尽管江苏的耕地面积只有全国的3.4%，但是粮食总产量占到全国的5.6%，这一方面说明以科技和政策为支撑的江苏农业现代化水平促进了江苏粮食产量的快速增长，另一方面也说明在耕地资源有限、土地报酬率已经处于高位的情况下，继续大幅度提升江苏粮食产量的潜力已经十分有限。尽管江苏地处东部沿海地区，降雨丰沛，但就全省而言，水资源在总量上南北分布不均匀，自然调节能力较低，引水供水能力不足现象突出。随着经济迅速发展，工业、农业、城市生活用水比例不断发生变化，部分农业用水转向为城镇工业及生活服务，稻作区缺水减产或因缺水而改种旱作物已成为制约江苏省农业可持续发展的障碍。此外，过量施用化肥和农药会造成土壤板结、肥力下降，改变土壤结构和性质，导致耕地质量下降、水体污染和富营养化问题突出；此外，工业快速发展所引发的大气、水体和土壤污染对粮食生产也构成了严重威胁，如长江已有1/4的水体严重污染到无法用于农业灌溉，农业污染问题也日益显现。

（二）粮食产业弱质属性明显，要素集聚能力薄弱

粮食产业包括粮食作物种植业、粮油加工业、粮食商品流通业、科技和信息服务业，涵盖了农业部门、工业部门、商业部门和科技部门，由于粮食产业兼具自然风险、经济风险和政策风险，有着与生俱来的弱质属性，因而在所有的部门内部与其他产业竞争要素和资源相比都处于弱势地位。在农业部门，粮食作物种植业竞争不过经济作物种植业和其他作物种植业；在工业部门，以米面油为主要产品的粮油工业，由于投资回报低、社会责任大，在引进资本、获取贷款、吸纳人才等方面，很难与工业领域的其他产业相媲美；在商业部门，以粮食购销为主业的粮食商品流通业，由于面广量大、占用资源多、进销差价小，难以与以先进制造业为支撑的其他商品流通业竞争到产业发展所需的各种要素资源；在科技部门，盈利能力较差的粮食产业很难进行高水平的自主科技创新，即使是先进的粮食科技，也由于经济实力的约束而难以引进和推广。江苏作为沿海发达地区，在先进制造

业和现代服务业"双轮驱动"下，工业化、城市化水平在全国各省之中名列前茅，在这样的背景下，粮食产业发展的机会成本就更高，从而也就更难在与其他产业的竞争中获得自身发展所需的要素资源和政策资源。

（三）粮油工业发展后劲不足，产业扶持政策不系统

粮食加工企业在我国国民经济中具有特殊地位，其产品直接影响着人们的生活水平。目前，尽管江苏省培育了一批具有代表性的龙头企业，但粮食加工企业仍以中、小企业为主，技术含量不高，初加工、粗加工产品多，企业盈利能力不强、市场竞争力不强是粮食加工企业普遍存在的问题。另一个十分明显的问题是企业开工率不足，造成了大量闲置产能。近年来，在稻强米弱、麦强粉弱等非常现象的存在，农本增长、高库存和进口产品等不利因素影响下，部分企业依靠国家补贴过活，部分企业难以维持正常运行，不少规模小、竞争力不强的企业则处于停产或半停产状态，开工不足，产能浪费。产品供给和市场需求不匹配。由于自身加工技术不足，部分粮食加工企业仍然停留在普通粮食和初级加工产品的供给，无法满足来自市场的营养健康、绿色优质的高技术产品的需求，这导致了企业的盈利能力不强，只能在低端区进行激烈竞争，相互压价而无法获得较高的行业利润。由于获利能力低，省内部分粮食加工企业不仅谈不上发展壮大，就是生存也面临挑战。在传统观点中，粮食种植业是一个外溢性很强的领域，粮食安全问题的关键在于保障粮食生产，鼓励农户的种粮积极性，保障粮食供给。然而，很少有人意识到，粮食产业是一个高度融合的产业链条，为了保障消费端，除了关注生产领域，也要关注粮食产业的加工和流通领域。加工业和流通业也存在一定的社会外溢性，作为连接生产和消费的中间环节，加工和流通是不可或缺的组成部分。目前，江苏省对中间环节的重视度不够，认为这一领域应该是开放的，完全立足市场的，政府并不需要给予扶持。基于这样的认识，江苏迄今为止没有出台针对粮食产业特别是粮油工业发展的财政支持政策，而国内其他一些省份，如山东则专门出台了鼓励性和扶持性的政策。

（四）粮食基础设施建设滞后，现代化水平有待提升

江苏地处全国粮食产销"过渡带"，也是"北粮南运"的重要节点，粮食仓储物流建设对于粮食产业发展的重要性不容忽视。"十二五"期间，江苏省在粮食产业园、粮库建设等方面成效显著，但仍存在许多因素制约其发展。首先是资金约束。近年来，中央、省财政以及地方财政不断加大危仓老库改造力度，大大改善了现有仓房条件，但是国有粮食企业仓储设施维修改造欠账太多，还有部分需要改造的仓房没有及时改造，现有完好可用

的仓房每年也需要及时维护与保养，加之地方财力有限、投入不多，仓库维修及维护面临资金约束。其次是基础设施供给不足。随着社会发展，农民粮食收获后基本不整不晒，达不到收购质量标准，售粮由分散转向集中，运输工具由人力转向机械，传统粮食收储方式和现有的设施设备还不能满足现代粮食流通发展的需要，基础设施功能有待提升。最后是信息化水平问题。粮食物流科学高效的运行离不开信息的及时沟通，已开发的信息化系统缺乏整体、系统性规划，系统间互联互通性差、信息共享度和利用率低，管理体系尚不健全，信息化建设标准规范有所欠缺，且高层次和技能型人才缺乏，信息化水平对粮食仓储物流建设支撑仍有待提升。

（五）科技兴粮基础有待夯实，人才队伍建设亟须加强

粮食产业经济的发展壮大离不开科技，科技兴粮是粮食产业发展的必然选择。从总体上看，江苏十分重视粮食产业的科技投入，无论是政府还是企业都意识到粮食产业的发展必须依靠科技进步。但是就现状而言，江苏粮食产业的科技创新能力和水平并不令人乐观。在江苏的粮食产业中，除了粮油机械制造表现出较强的创新能力和市场竞争力，粮油工业、粮食仓储和物流产业都没有展现出显著的技术优势和竞争优势。科技兴粮，人才为先，管理人才、技能人才和创新型人才的缺乏也制约着江苏粮食产业的发展壮大。目前，由于粮食企业的经济效益较差，薪酬和工作环境缺乏足够的吸引力，很难引进高层次人才，粮食企业人才队伍结构普遍存在着年龄偏大、学历偏低、职称不高的问题，如果不采取超常举措和政策，粮食产业的发展将面临着人才断层、创新能力缺失、管理水平不高、发展后劲不足的窘境。

第三章　江苏省粮食产业发展的目标定位与战略选择

　　江苏地处我国东部沿海的长三角地区，在先进制造业和现代服务业的双轮驱动下，经济发达、社会繁荣、文化昌盛、科技兴旺，工业化、信息化、城镇化和农业现代化水平在全国各省区中均居领先地位。作为经济大省和人口大省，江苏以全国3.4%的耕地生产了全国5.6%的粮食，从总量上看，属于粮食产需平衡过渡带；从结构上看，谷物自给有余，而大豆则主要来自于国际市场。作为拥江沿海、交通迅捷、"铁水公"无缝衔接的发达省份，江苏的粮食物流体系横贯中西、纵连南北、通达国际，不仅造就了江苏粮食物流的枢纽功能、集散功能和辐射功能，而且进一步促进了江苏粮食物流业、粮油加工业、粮食商品流通业和粮食科技服务业的快速发展，形成了具有江苏特色的粮食产业发展路径。在中国特色社会主义进入新时代、江苏迈进"强富美高"新征程、城乡居民对粮食提出了新需求的背景下，必须进一步明确江苏粮食产业发展的目标与思路，确立江苏粮食产业发展战略，创新江苏粮食产业发展政策，推进江苏粮食供给侧结构性改革，提升江苏粮食产业现代化水平，为江苏粮食安全构筑坚实的产业基础。

一、江苏粮食产业发展的背景与条件

（一）江苏粮食产业发展背景

1. 中国特色社会主义进入新时代

　　中共十九大报告指出，我国社会主要矛盾已经转化为人民日益增长的美好生活需要和不平衡不充分的发展之间的矛盾。我国经济已由高速增长阶段转向高质量发展阶段，正处在转变发展方式、优化经济结构、转换增长动力的攻关期，建设现代化经济体系是跨越关口的迫切要求和我国发展的战略目标。必须坚持质量第一、效益优先，以供给侧结构性改革为主线，推动经济发展质量变革、效率变革、动力变革，提高全要素生产率，着力加快建设实体经济、科技创新、现代金融、人力资源协同发展的产业体系，着力构建市场机制有效、微观主体有活力、宏观调控有度的经济体制，不断增强我国经济创新力和竞争力。

2. 江苏迈进"强富美高"新征程

按照江苏省委的战略部署，江苏将以供给侧结构性改革为主线，深入实施七大发展战略，聚力创新，聚焦富民，推动各项事业发展和全面从严治党迈上新台阶，高水平全面建成小康社会，努力建设经济强、百姓富、环境美、社会文明程度高的新江苏。江苏省第十三次党代会报告明确要求，要加快农业结构调整和产业化经营，构建现代农业产业体系，促进主导产业提升、特色产业扩面、多元复合经营、产业融合发展。实施藏粮于地、藏粮于技战略，严守耕地红线，确保供需平衡、口粮自给。加快农业标准化生产，加强农产品质量安全监管。培育新型农业经营和服务主体，发展多种形式适度规模经营。提高农业物质装备和技术水平，加快现代信息技术推广应用，推进"互联网＋现代农业"，加强农田水利设施和高标准农田建设，加快农业机械化进程。

3. 城乡居民粮食消费出现新需求

随着工业化、城镇化及农业现代化进程的加速推进和人民群众收入水平、消费水平的不断提升，广大城乡居民的膳食结构和粮食消费都出现了新的变化。2016 年末，江苏省城镇化率已达到 67.7%，一方面，城镇居民消费结构的改变，导致了粮食直接消费需求的减少和由肉奶蛋消费增长所带来的粮食间接消费需求的增加，从而导致粮食需求总量的扩张；另一方面，农村人口大规模向城镇转移引起农村人口与城镇人口食物消费结构趋同，会进一步导致粮食总需求的增长。同时，在更强的消费能力和更高的消费水平下，城乡居民对粮食消费的需求已经从吃得饱转向吃得好、吃得营养、吃得健康转变，从而对粮食的品质和安全提出了越来越高的要求。

（二）江苏粮食产业发展条件

1. 产业发展基础较为扎实

江苏省地处全国粮食产销平衡过渡带，是全国粮食流通建设的缩影。2015 年全省粮食总产量达到 730 亿斤，实现了"十二连增"，虽在 2016 年受自然灾害影响，降至 693 亿斤，但粮食仍供应充足，稻米和小麦产需平衡有余，玉米和大豆供需不足，年购销贸易量770 亿斤左右。全省国有粮食企业五年累计收购粮食 7935 万吨，占总收购量的 75%，销售粮食 1120 万吨，促农民增收 105 亿元。粮油加工业总量保持全国第三，全省销售收入过亿元以上企业 363 家，10 亿元以上企业 39 家，20 亿元以上企业 17 家，150 亿元以上企业 1 家。江苏粮食产量虽较为充裕，但居民消费结构的急剧改变仍使粮食供应出现紧平衡状态，仍在一定程度上依赖于国际贸易，省内粮食安全不能得到充分保证。国有粮食企业"小而散"的状况仍然存在，亟待粮食国有企业进一步内部改革。与此同时，省内低水平的小型粮油加工企业仍广泛存在，缺少一批优势名企引领，且全国知名粮油品牌较少，粮食产品竞争力不足，粮食产业发展基础有待进一步夯实。

2. 仓储物流设施较为完善

"十二五"期间累计争取省级以上财政资金 20.7 亿元，带动社会投资 67 亿元，以加大对粮食仓储物流设施、农机购置补贴和社会烘干能力建设等项目的资金投入。优化全省仓储设施建设，对 1 万吨以下的库点逐步置换或撤并，集中建设 5 万吨以上储备库和 2.5 万吨以上骨干收纳库，提高仓储设施的规模效益。同时对 21 世纪以来建设的仓储设施进行信息化及自动作业机械配套，以提升仓储设施质态。在重建、扩建和新建仓储设施的同时，应用先进的环流熏蒸技术、谷物冷却技术等进行储粮，大幅提升收储能力。物流基础设施建设方面，按照"两纵两横、四大枢纽、八大节点"规划建设粮食仓储物流体系，分别实现公铁、铁水或公水无缝联运，以提高散粮运输效能和接卸效率，努力成为我国北粮南下、西粮东出、外粮西进的物流枢纽。但粮食加工业发达的江苏在粮食收储量、物流中转量方面需求较大，加上仓房建设历史欠账较多，粮食仓储物流设施建设存在滞后性，目前已新建或改建好的仓容仍处于紧张状态。粮食物流效率的进一步提高需要在粮食运输重点线路上建设中转仓容，且配置相应的粮库数量和仓储设施等，而这类仓储物流基础设施的建设及早日投入使用需进一步加大资金支持力度。

3. 粮食企业发展较具活力

2016 年，江苏省出台粮食一二三产业融合发展意见，支持主产区粮食就地加工转化，以粮食优势资源为依托，将生产、流通等环节连接，并促进粮食产业与金融业、旅游业、文化产业发展；同时为实现省长粮食安全责任目标而制定相应的考核办法，如"藏粮于地"的省长责任将以数质并重、量化打分的形式精准定位，不仅开创考核的新形式，还彰显了耕地资源统一管理的时代需求。基于省内区位资源条件和粮食产销格局实际，以提高粮油加工业有效供给和保障粮食安全为中心，着力打造一批科技含量高、竞争优势明显且具有区域乃至国际影响力的品牌企业。当前，全省先后有 11 家粮油企业获得"中国名牌"，117 个粮油产品获得"江苏名牌"，10 家企业跻身全国粮油企业百强，位列全国第一。大型粮食类企业开始"走出去"，如牧羊、正昌、金太阳油脂等企业均在海外建立研发生产基地、设立海外销售机构，积极参与"一带一路"建设，进一步增强企业活力。虽有大中型粮油企业快速发展，但江苏目前仍以小规模粮食企业居多，企业内广泛存在原粮过度加工现象，造成加工环节的严重损失浪费。高素质、技能型人才缺乏，创新动力不足，不利于粮食企业产业转型升级，且小企业基础设施不完善，融资能力差，缺乏经营经验和抗风险能力，不能有效实现粮食产业规模经济，会造成一定程度粮食资源浪费。

二、江苏粮食产业发展的机遇与挑战

（一）江苏粮食产业的发展机遇

经过"十二五"时期的奋斗，江苏经济综合实力和发展水平得到显著提升，发展动力正在加快转换，发展空间不断拓展优化，发展的稳定性、竞争力和抗风险能力明显增强。特别是国家粮食安全新战略、"一带一路"倡议、长江经济带建设、长三角一体化等国家战略在江苏交汇叠加，加上国家优质粮食工程建设、粮食产业发展新政策等，为江苏省大力发展粮食产业提供了新的重大机遇。

1. 国家粮食安全新战略

2013年，中央明确提出实施"以我为主、立足国内、确保产能、适度进口、科技支撑"的国家粮食安全战略，强调要坚持把保障国家粮食安全作为我国农业现代化的首要任务，以确保"谷物基本自给、口粮绝对安全"为国家粮食安全新目标。新粮食安全战略的出现，意味着粮食口径调整、由重产量转向重质量及重产能等观念被重视强化。粮食口径调整减少了原有粮食自给率要求下的供给压力，使得粮食数量保障目标基本实现，粮食数量供应相对宽裕，企业可以根据多元化的市场消费需求更加灵活地组织粮食生产，不再追求竞争力弱的单一产品生产，为粮食企业发展创造了极大的经营空间。江苏作为我国东部发达地区，居民生活水平较高，加快了饮食消费结构的改变，不再单一的以口粮消费为主，反而加大了对粮食消费需求量，江苏粮食供需出现缺口，粮食安全易受到威胁，所以国家新粮食安全战略的实施为江苏粮食产业布局打开了新方向，可合理调整粮食种植布局及产能设置，且提供粮食产业结构调整、科技创新投入加大等政策支持方向。

2. "一带一路"战略

"一带一路"是指丝绸之路经济带和海上丝绸之路，意在打造区域合作平台，其建成将构筑全球贸易新格局，实现国内外资源的合理配置。我国是最大的粮食生产国和消费国，面临全球粮食供求偏紧、水资源短缺及生态环境恶化的巨大发展压力，"一带一路"的推进可推动粮食企业充分利用"一带一路"沿线国家的丰富农业资源，开展产能国际合作和转移，为粮食产业"走出去"带来极大的合作空间。江苏地处长江经济带龙头地带，带、路交汇，海、陆两便，资源禀赋得天独厚。目前江苏已拥有部分进入国际市场的粮食品牌，已有部分企业在沿线国家建成一批经贸合作区和产业集聚区，成为"一带一路"建设的先行基地，具有与国外开展粮食贸易、投资的丰富经验与便捷渠道，极大提高粮食贸易合作的效率。"一带一路"战略格局的展开给江苏粮食产业发展提供了更广阔的市场空间和良好的国际市场环境，有利于江苏粮食产业快速提高国内国际市场占有率及粮食产业经济效益。

3. 优质粮食工程

2017 年，在总结"粮安工程"建设经验和成效的基础上，国家粮食局结合"吉林大米"模式、四川粮食产后服务模式等典型成功经验，开始启动"优质粮食工程"项目，通过中央财政引导性资金投入，扎实推进粮食行业供给侧结构性改革，更好地发挥粮食流通对生产和消费的引导作用，在更高水平上保障国家粮食安全。"优质粮食工程"的开展可推动粮食质量安全检验监测体系的完善，可推进专业化、社会化的粮食产后服务体系建设，不仅保障了粮食收获后的品质，更切实维护了流通环节粮食质量安全。江苏是全国重要的粮食产销平衡区，不仅需要保障粮食数量的安全供给，更需注重粮食质量的安全供给，"优质粮食工程"项目的实施无疑将极大鼓励广大种粮农民和粮食企业生产优质粮油，引导粮油企业从流通领域发力，向生产端和消费端延伸，增加绿色优质粮油产品供给，在粮油产品优质优价中增加收入，促进粮油产业提质增效。

4. 粮食产业经济发展新政策

粮食供给侧结构性改革的深化与推进，要求粮食流通领域转方式、调结构、去库存、降成本、强产业、补短板；居民消费结构的转变则需要粮食产业发展注重对各品种粮食生产的合理布局，满足人们日益精细化、多样化以及营养化的粮食消费需求，两者都将有力促进粮食产业提质增效。同时，现代生物技术、信息技术和装备技术在粮食产业中的广泛应用，新经营模式、新流通主体的不断涌现，都有效拓宽现有粮食产业的发展领域，都为粮食产业升级带来难得的机遇。江苏虽是全国粮油加工业发达地区，仍不可避免存在落后产能、中高端产品和精深加工产品供应不足等问题，粮食产品供给效率较低，江苏粮油产品在市场占有率的提升迫切需要粮油产品供给端的改革。2017 年 9 月发布的《国务院办公厅关于加快推进农业供给侧结构性改革　大力发展粮食产业经济的意见》（国办发〔2017〕78 号），为江苏粮食产业转型升级提供了契机和动力。

（二）江苏粮食产业面临的挑战

1. 工业化、城市化促进了粮食产业边缘化

粮食产品是人类最基本的食物，在可以预见的将来都有着无可替代性，但是随着工业化、城市化进程的不断推进，粮食产业的边缘化倾向越发凸显。粮食生产是经济再生产和自然再生产相交织的过程，粮食产业既存在经济风险也存在自然风险，从而具有很强的外部性。由于粮食产业的投资边际报酬相对较低，在与其他产业竞争中，粮食产业总是处于非常弱势地位，很难集聚相应的资本、人力、技术等生产要素，因此，在缺乏足够的政策支持的背景下，长期以来粮食产业一直处于低水平发展状态。

2. 贸易与投资的国际化加剧了粮食产业竞争

全球四大粮商，即美国的 ADM、邦吉、嘉吉和法国的路易达孚，几乎垄断了世界 70% 左右的国际粮食贸易。它们以其雄厚的资本、先进的技术、科学的管理，在全球范围内进行粮食产业布局，并且通过并购、合作、重组等多种方式加速进入我国，在大力发展油脂、油料加工项目的基础上，又全面进军小麦、稻谷等粮油精深加工项目，同时又向粮食物流领域延伸发展，呈现出多品种经营和多元化发展格局，加剧了粮食产业的激烈竞争。

3. 中央粮食企业挤占了粮食产业的发展空间

中央储备粮管理总公司作为国家政策性粮食企业，以其政企合一的先天优势，掌握着粮食收购计划、粮食储备计划和粮食轮换计划，不仅拥有庞大的粮食仓储物流设施，而且拥有巨额的中央财政补贴；中粮集团有限公司是中国独一无二的全球布局的全产业链、拥有最大市场和发展潜力的农业及粮油食品企业，在全球粮食主产地和需求增量最大的新兴市场间搭设稳定的粮食走廊。两家粮食央企规模庞大、资本雄厚、有财政支持，对于地方粮食产业发展具有显著的"挤出效应"。

三、江苏粮食产业发展的原则与目标

（一）江苏粮食产业的发展原则

1. 坚持市场主导，政府引导

粮食企业是发展粮食产业经济最具活力的主体，也是粮食产业发展创新的重要源泉，江苏粮食产业发展应以市场需求为导向，充分发挥市场配置资源的基础性作用，整合国有企业资产，推动多种所有制企业共同发展，以大企业带动小企业，激发企业活力，发挥企业应有的市场主体作用。针对产业发展薄弱环节，充分发挥政府引导、政府扶持和政府监管作用，破解不适应粮食产业发展要求的体制机制约束，优化粮食流通产业市场结构，完善产业政策和监管体系，规范市场秩序，营造良好的产业发展环境。

2. 坚持创新驱动，人才支撑

以粮食产业经济提质增效和粮食安全保障为核心，围绕市场需求，建立科技创新市场导向机制，不断推进机制体制、产业发展模式、经营组织、经营业态、产品研发等各方面创新以取得新成效、新突破。营造公平、开放、透明的创新型粮食人才成长环境，培养粮食科技创新人才和高水平管理团队，鼓励智力、技术要素参与效益分配，加大知识产权保护体系与创新成果转化服务体系方面的建设力度，以构建更加高效、更能满足产业发展实际需求的粮食科技创新体系。

3. 坚持产业融合，国际合作

产业融合是经济全球化、科学技术迅速发展背景下粮食产业提高生产率和竞争力的现实选择。以粮食优势资源为基础，充分发挥粮食加工转化衔接作用，将生产、流通、销售等环节紧密连接，以利益共享为纽带，形成粮食产业内部紧密协作、协调发展的经营方式，打造"产购储加销"一体化全产业链，以促进一、二、三产业融合发展，加快粮食产业转型升级。顺应经济全球化和国际深度分工形势，统筹利用省内省外两种资源、国内国际两个市场，发挥比较优势，努力达成开放包容、互利共赢的对外战略合作，发展更高层次的开放型粮食产业经济。

（二）江苏粮食产业的发展目标

1. 总体目标

围绕省委省政府"两聚一高"、建成"强富美高"新江苏的战略部署，适应城乡居民日益增长的美好生活对粮食消费的需要，着力解决粮食供给不平衡不充分的突出问题，深化改革、扩大开放、科技兴粮、人才强粮、品牌引领、产业融合、政策支持，把江苏建设成为全国粮食流通重要枢纽、全国油脂加工物流区域中心和世界级粮食机械装备研发制造基地，全省粮食产业实力迅速增强、经济效益明显改善、核心竞争力进一步提升，使江苏由粮食生产大省向粮食产业强省转变，为促进江苏粮食安全、保障江苏国民经济和社会发展构建坚实的产业基础。

2. 2020年发展目标

①粮食产业增加值年均增长7%。②以粮食供给侧结构性改革为主线，深入推进"中

国好粮油"行动计划，优质粮油产品比率提高 10%。③"十三五"末时江苏粮食购销总量稳定在 770 亿斤，地方储备稳定在 73 亿斤，全面增强粮食安全保障水平。④优化粮食仓储物流设施建设，统筹安排粮食收储库点，重建、扩建和新建仓储设施，集中财力物力建设 5 万吨以上储备库和 2.5 万吨以上骨干收纳库，以延长仓储设施使用年限和提高仓储规模经济效益，鼓励粮食收储企业推行低温准低温储粮，探索配套基于横向通风的"四合一"升级新技术和气调储粮技术，且重点打造连云港、南通、苏州作为对内对接"北粮南运"、对外承接进口粮源的大流通枢纽，引导江苏省向现代化的粮食大物流、大产业发展。⑤以市场需求为导向，提供健康化及功能化的粮食类产品，统筹粮食适度加工、精深加工及主食加工产业化等协调发展，实现粮油副产物循环、全值和梯次的综合利用，最大程度延长粮食产业链。使粮食产业链成为"以工补农、以城带乡"的有效载体，让农户共享产业融合增值收益。⑥创办一批粮食收购、加工、销售一体化的粮食经营企业，鼓励发展混合所有制，培育出具备规模优势、资产优势和市场竞争力的新型市场流通主体，同时重点打造跨国农业集团，参与境外重大农业资源开发项目、农业技术合作项目，引导粮食产业链中涉粮企业"走出去"，开拓国际市场。⑦加快粮食品牌整体统筹规划，支持各地以自身特色优质粮油产品申报粮食地理标志产品、中国驰名商标、江苏著名商标、江苏名牌等，以培育一批具有江苏特色的粮食名牌与名企，且引导尚缺乏知名粮食品牌的地区组建品牌联盟，提升江苏粮油产品的美誉度。⑧推动粮食龙头企业建立海外粮食生产加工基地，培育一批国际大粮商，不断扩大"江苏粮食"版图，力争全省粮油加工业销售收入达到 3000 亿元。

四、江苏粮食产业发展的战略选择

（一）产业融合战略

产业融合是促进传统产业创新、提升产业竞争力的重要手段，通过对粮食产业链条上资源、要素、技术、市场等的整合集成和优化重组，实现多元效益与多元主体共享。产业融合可以通过高新技术渗透融合、产业间延伸融合及产业间交叉融合形式应用到粮食产业领域，如以大数据、云计算、物联网等先进技术为支撑，改进传统的粮食仓储、加工及交易过程中的技术手段，以更便捷、更安全的方式提高粮食产业运行效率；将具有紧密联系的粮食产业上下环节融合，培育多元化粮食产业融合主体，实施对种、收、储、加、销等关键环节全程控制，从源头把控粮食数量与质量安全；将粮食产业与其他相关产业交叉融合，赋予粮食产业新的附加功能和更强竞争力，走出富有江苏特色的粮食产业发展之路，以提高粮食产业经济效益，让粮食产业成为发展前景广阔的朝阳产业。

（二）创新驱动战略

江苏粮食产业的市场主体已经形成了国资、民资、外资竞相发展的良好局面，其中，外资企业以其资本、技术、人才和管理优势，在油脂加工领域快速发展；民营企业以其敏锐的市场嗅觉、灵活的运行机制，在大米、面粉加工领域以及粮食仓储物流领域均有不俗的业绩；而国有粮食企业，由于脱胎于计划经济时期政企不分的粮食部门，习惯了对政府和政策的依赖，加上官本位思想和行政化管理，虽然承担着粮食购销主渠道、粮食安全主要载体的关键角色，但是总体而言机制不活、效率不高、效益不佳，迫切需要实施改革驱动战略，对国有粮食企业进行深化改革，通过兼并、重组，实行混合所有制，将政策依附型的国有粮食企业彻底转变为具有完整企业属性的竞争型粮食市场主体。

（三）科技兴粮战略

江苏粮食产业的整体创新能力和科技进步水平在国内处于相对前列，但是与国际相比还有很大的差距。因此，必须实施科技兴粮战略，加快粮食科研体制改革，健全行业创新体系，充分发挥粮油企业创新的主体地位和主导作用，引导创新要素向企业集聚，加速壮大创新驱动内核。要加快构建有利于发挥粮食企业创新主体作用的体制机制，健全创新资金投入稳步增长机制，营造良好的创新氛围，持续提升粮食企业集成创新能力。同时，建立有效的竞争激励机制和考核评价体系，调动各方面参与创新建设的积极性，搭建创新成果交流与展示平台，加快创新成果向现实生产力转化，进而提高粮食产业经济效益。快速打通粮食科技与粮食产业经济结合的渠道，加快推动科技创新突破。推动粮食企业与粮食行业科研单位的紧密合作，加快粮食行业科技成果转化对接服务平台建设，引导行业科技人员、科研单位承接粮食企业的科技项目委托和难题招标，以科技手段解决粮食领域技术难题，不断提升粮食产业发展的科技含量。

（四）人才强粮战略

在知识经济时代，技术密集、智力密集型产业化比重显著上升，人才成为最宝贵的资源，人才的数量与质量是经济增长和社会发展的关键因素。遵循人才发展规律，大力推进人才强粮战略，深化人才发展体制改革，激发人才创新活力。坚持以优化人才资源配置为核心，以高层次人才和高技能人才队伍建设为重点，建立创新人才和智力引进机制，尊重人才的主体地位，按市场取向配置人才。创新分配激励机制，充分发挥工资分配政策的杠杆作用和导向作用，提高人才的使用效率，鼓励专业人才用技术、管理等生产要素参与到效益分配中，营造平等竞争的优质人才发展环境。统筹推进粮食行业领域各类人才建设，为保障粮食安全、加快发展现代粮食产业提供坚实的人才保证和智力支持。

（五）品牌引领战略

以需求为导向、以质量为核心、以品质为保障，通过政府引导、行业指导、企业主导，借助优质基地、地理标志和产业联盟，打造一批全国性、区域性、全省性粮食知名品牌。鼓励企业推行更高质量标准，建立粮食产业企业标准领跑者激励机制，提高品牌产品质量水平，大力发展"三品一标"粮食产品，培育发展自主品牌。加强绿色优质粮食品牌宣传、发布、人员培训、市场营销、评价标准体系、展示展销信息平台建设，开展丰富多彩的品牌创建和产销对接推介活动、品牌产品交易会等，挖掘区域性粮食文化元素，联合打造区域品牌，促进品牌整合，提升品牌美誉度和社会影响力。鼓励企业获得有机、良好农业规范等通行认证，推动出口粮食质量安全示范区建设。加大粮食产品的专利权、商标权等知识产权保护力度，严厉打击制售假冒伪劣产品行为。加强行业信用体系建设，规范市场秩序。

（六）国际拓展战略

全球经济一体化进程的加速和国际分工的深化使各国对粮食的需求由完全依赖自身解决逐步转移到依靠区域和国际市场调剂，从而调整了世界粮食供求结构，加剧了国际粮食市场价格波动带来的影响，加速了跨国粮商对粮食资源的掌控。为避免在粮食安全保障问题上的被动，为满足居民生活水平不断提高所带来的多样化消费需求，江苏应立足于资源禀赋实际，在省内基本自给的基础上，充分利用国际国内"两个市场、两种资源"，建立全球粮食产业供应链、价值链。通过推动粮食"走出去"战略，开展粮食生产、加工、仓储物流等技术的国际交流与合作，不断完善政府支持境外粮食产业合作发展的政策体系，多途径提供粮食"走出去"的信息平台、金融平台和资金支持，极大拓展江苏粮食产业经济发展空间，有效确保和提升江苏粮食安全水平和粮食产业经济效益。

五、江苏粮食产业发展的政策选择

（一）政策目标

1. 促进优质粮食产品供给，满足人民群众日益增长的美好生活需求

粮食产业政策的核心就是要面向市场需求，面向新时代人民群众日益增长的美好生活需要和不平衡不充分的发展之间的矛盾，稳总量、调结构、优供给，为全面建成小康社会和社会主义现代化建设奠定粮食安全保障基础。

2. 激发粮食企业竞争活力，不断夯实确保江苏粮食安全的产业基础

粮食企业是粮食产业的微观单元，是粮食调控和粮食安全的基础载体，只有不断壮大粮食企业的实力、激发粮食企业的活力、提高粮食企业的效益，才能夯实确保江苏粮食安全的产业基础。

3. 增强财政资金杠杆功能，切实提高粮食财政支持政策的效率效益

在社会主义市场经济条件下，财政手段所提供的公共产品一方面有着消除市场失灵和产业外部性的责任，另一方面财政资源作为一种稀缺资源也有其使用的机会成本，只有提高粮食财政支持政策的效率效益，才能发挥好财政资金杠杆功能。

（二）政策思路

1. 培育粮食市场主体，壮大粮食龙头企业

粮食市场主体是粮食产业的载体，只有培育好粮食市场主体，才能构建粮食产业发展的微观基础。首先，要增强粮食企业发展活力，对国有粮食企业功能进行清晰界定与分类，深化政企分开，推进国有粮食企业兼并重组，促进资产、资源向优势企业集中，组建成一批高效企业，增强国有资产活力；鼓励发展混合所有制，培育不同资本形式组建而成的新型市场主体，成为粮食市场主体的重要组成部分。其次，要培育壮大粮食产业龙头企业。认定和扶持一批具有市场势力、核心竞争力和行业带动能力的粮油龙头企业，依据龙头企业资质与经营能力，引导适宜的龙头企业进行产业链延伸，将产业跨至种植领域、粮机领域等，实现产业联合，延展产业价值链广度引导龙头企业与新型经营主体和农户构建稳固的利益联结机制，以带动粮食产业链利益共同体的共同发展。粮食产业的健康发展需

要政府政策引导与监管，应加强粮食部门与财政、国土、金融机构、税务等相关部门之间的协作，可多途径地在财政资金、税收优惠等方面提供政策支持；加强对粮食生产核心区域的政策倾斜，加大粮食仓储物流设施、农机购置补贴和社会烘干能力建设等项目的资金投入，从源头上保障粮食安全；同时加强地方粮食法制建设，加强执法能力建设，加强粮食市场监管，防止欺瞒骗取财政支持和工作人员滥用职权等现象出现，为粮食产业发展提供良好环境。

2. 转变粮食产业发展方式，优化粮食产业结构

一是推动粮食产业主体创新，大力推动产业集群发展。省内粮油加工和粮机制造已经显示出一定程度的产业集聚，带动了区域经济的发展，但是效应和效益都不太明显，有较大的提升空间。后续需要依托粮食主产区、特色粮油加工区和关键粮食物流节点，推进粮油食品产业进一步聚集，打造一批优势粮食产业集群。二是改变传统粮食粗放式发展模式，大力发展粮食循环经济。鼓励企业建立绿色、低碳、环保的循环经济系统，如今世缘酒业把绿色代入白酒酿造方程式，不仅把酿酒工艺向上游延伸，实现用有机粮酿造有机酒的目标，更是向下游延伸，解决白酒副产物与生态、农业、养殖业的综合利用问题，实现清洁化生产、节能生产，形成绿色粮源、绿色储存、绿色工厂、绿色园区的粮食产业体系。三是发挥品牌引领作用。通过顶层设计加强粮食品牌建设，鼓励一批具有自主知识产权和较强竞争力的粮食品牌进行国家级品牌申报。特别是要积极打造区域性的粮食品牌，如在苏北地区的"淮安大米"产业联盟基础上，促进品牌整合，提升品牌美誉度和影响力。四是积极开展新业态，大力发展粮食电子商务，推动"互联网＋粮食"行动，推动"网上粮店"等新型粮食零售业态，打开产品市场，促进线上线下融合发展。省内虽然已经出现了一些网上粮店，如无锡粮宝宝，但是目前的市场规模和影响力均不够，在产业体系中占比仍然较低，有很大的后续提升空间。粮食产业结构升级是粮食产业发展方式创新的必然结果，为应对多样化的消费需求和粮食安全保障要求，粮食产业发展必须依托种植、加工、仓储物流等技术的改进，统筹调整粮经饲种植结构，引导农户、企业根据市场需求选择生产适销对路的粮食产品，扩大优质品种在粮食产品中的比重，如重点发展优质稻米和强筋弱筋小麦，有效供给优质粮油产品，优化粮食产业结构。应积极打造"产购储加销"一体化全产业链经营模式，鼓励新型粮食经营主体以江苏粮油名品为载体，与种粮大户、家庭农场、农民合作社等达成共赢合作，拓宽农民增收渠道，完善利益连接机制，实现全链条增值，实现粮食一、二、三产业的高度融合。同时粮食产业融合可以拓展到其他行业领域，如与服务业、旅游业、健康业、文化产业等交叉融合，开办"粮食银行"，挖掘古运河流域粮食历史景点，打造稻米特色小镇等，以实现产业间交叉融合。

3. 健全粮食产业服务体系，夯实粮食产业发展基础

首先是建设粮食产后服务体系。当前，省内粮食生产出现了规模化趋势，农户特别是新型经营主体有着很强的社会化服务需求。为了适应新时期的需要，急需建设一批专业化、市场化的粮食产后服务中心，为农户提供粮食"五代"服务，推动农户科学储粮，促进粮食提质减损。其次是提升仓储能力，完善现代物流体系。江苏处于南北过渡带、产销平衡区，建设好现代粮食物流体系不仅对江苏省意义重大，而且对周边省区可以产生正的外溢效应。后续要推动粮食物流基础设施和应急供应体系建设，优化物流节点，完善物流通道，在交通枢纽地区规划建设物流园，提高粮食物流园效率，从而降低全产业物流成本。最后是健全粮食产量安全保障体系，这是省内粮食产业的一个薄弱点，后续需要大力支持粮食质量检测机构，加快省市县三级粮食质量检测体系，尤其是要加快推进从产地到餐桌的质量安全追溯体系建设，完善质量安全衔接协作机制。

4. 实施"走出去"战略，提升粮食产业国际竞争力

随着人口增长，工业化建设，化肥和农药施用引起水资源、土地资源的恶化，江苏粮食产业面临粮食供求紧平衡、生态环境恶化的巨大发展压力。如果仅仅依赖对自然资源合理利用、粮食产出率提高等方式保障粮食安全及提高粮食产业效益是远远不够的。江苏粮食产业经济发展应有对外开放战略眼光，合理调度粮食进出口量和实施粮食产业"走出去"战略，极大拓展江苏省粮食产业发展空间。在规避国外的法律风险、政治风险同时支持有条件、有资质企业选择农业资源比较丰富、生产条件较好、距离较近、政治经济友好关系的国家和地区进行跨国（区）合作，发挥自身在资金、技术方面的比较优势，转移加工产能，或者充分利用当地充裕的农业资源进行种植加工转化，逐步建立境外产销加工储运基地。同时鼓励粮食企业通过并购、参股等方式进入南亚、南美、美国、欧盟、独联体等国家和地区进行投资，充分利用国际粮食资源、人才资源、科技资源、市场资源，学习国际粮食收储、加工先进技术和管理经验，提升自身国际化经营能力和粮食产业国际竞争力。

5. 加强人才队伍建设，提升科技创新能力

人才是科技创新的基本要素，是粮食产业发展必须要有的战略资源，对产业经济发展起着关键性作用。粮食领域人才队伍建设不容小觑，应以粮食行业各级领导干部为重点，实施各级干部培训计划，着力提升党政人才的素质能力；培养一批能够引领行业发展方向、善于开拓市场、具有创新能力的粮食企业经营管理人才。再者，要加快粮食科技创新突破和加快科研成果转化推广。推进"粮食智库"建设，加强企业与科研院校、高校合作，支持粮食行业高层次科研人才参加国际国内科研计划和学术交流，全面提升职工技能水平，培养一批适应粮食行业发展需要的专业技术人才队伍。依托人才建设，加大对节粮减损、加工转化、"智慧粮食"等关键核心技术和新产品新工艺方面的研究力度，大力推进互联网信息、生物科技、新材料等高新技术在粮食领域的应用，建立粮食行业大数据库，发现粮食交易现货、期货市场，改变粮食传统营销模式，推广众筹电商、粮食网络交易会等新业态，促进粮食产业线上线下融合发展。最后，对江苏省而言，要大力响应国家战略，在粮油机械自主创新方面有所成就。结合"中国制造2025"，要提高关键粮油机械及仪器制造水平及自主能力，提升粮食食品质量的检测水平。

（三）政策措施

1. 建立粮食产业发展引导资金

根据粮食的外部性逐渐从粮食生产领域向粮食流通领域转移、导致粮食流通产业弱质化加剧的实际，迫切需要建立面向粮食流通领域的产业引导资金，采取奖补结合、贷款贴息等方式，充分发挥产业引导资金的杠杆作用，有效消除粮食流通产业所承受的外部性转移，减轻粮食流通产业的社会成本，提升粮食流通产业的盈利水平，促进粮食流通产业现代化发展。重点奖补和扶持的领域包括：①粮食物流园、粮食产业园建设；②粮食流通产业的龙头企业建设；③粮食流通信息化、智能化建设；④粮食物流技术装备更新改造和新技术、新设备应用推广；⑤粮食企业"走出去"项目建设。按照粮食产业加工和贸易的营业总收入（可以近似地以2倍的粮油工业总产值代替）2%的外部性、20%的杠杆率计算，江苏粮食产业引导资金的目标规模应当在20亿元左右。

2. 加大财税扶持力度

在建立粮食产业发展引导资金的同时，充分利用好现有资金渠道，支持粮食仓储物流设施、现代粮食产业发展示范园区（基地）建设和粮食产业转型升级。统筹利用产粮产油大县奖励资金、粮食风险基金等支持粮食产业发展。充分发挥财政资金引导功能，积极引导金融资本、社会资本加大对粮食产业的投入。新型农业经营主体购置仓储、烘干设备，可按规定享受农机具购置补贴。落实粮食加工企业从事农产品初加工所得按规定免征企业所得税政策和国家简并增值税税率有关政策。

3. 健全金融保险支持政策

拓宽企业融资渠道，为粮食收购、加工、仓储、物流等各环节提供多元化金融服务。倡导政策性、商业性金融机构要结合职能定位和业务范围，在风险可控的前提下，加大对粮食产业发展和农业产业化重点龙头企业的信贷支持。建立健全粮食收购贷款信用保证基金融资担保机制，降低银行信贷风险。支持粮食企业通过发行短期融资券等非金融企业债务融资工具筹集资金，支持符合条件的粮食企业上市融资或在新三板挂牌，以及发行公司债券、企业债券和并购重组等。引导粮食企业合理利用农产品期货市场管理价格风险。在做好风险防范的前提下，积极开展企业厂房抵押和存单、订单、应收账款质押等融资业务，创新"信贷＋保险"、产业链金融等多种服务模式。鼓励和支持保险机构为粮食企业开展对外贸易和"走出去"提供保险服务。

4. 制定粮食市场发展政策

积极鼓励粮食企业和社会资本投资兴建粮食物流中心、交易中心和面向中心城市的粮食批发市场，并在土地利用年度计划中统筹安排和重点支持。积极扶持粮食市场创新，鼓励粮食储藏企业建设期货市场交割库，着力支持粮食企业开展"港产贸融"一体化经营，大力扶持粮食商贸企业制订标准、规范流程，创造性地发展仓单交易，争取将江苏建设成为全国仓单交易中心。

5. 完善粮食产业人才政策

基于江苏粮食产业人才队伍总量不足、结构失衡、后备力量匮乏的实际，制订面向粮食产业的人才政策，按照存量提升、增量引进、旧退新进的原则，将粮食产业人才的培养与引进作为粮食产业发展的战略举措加以实施。建议由省委组织部、省财政厅、省粮食局会商制定相关政策，对粮食产业的人才引进、培养与选拔提出一系列行之有效的政策措施，形成引得进、留得住、用得上、贡献大、发展快的良好局面。

第二部分

江苏粮食产业发展分述

第四章　粮食种植业

一、粮食种植业主体

　　2003 年以前，江苏粮食生产主要由小农构成，传统农民是绝对的粮食生产主体。但 2004 后，特别是 2008 年后，全省的农地流转市场逐渐发育成熟，新型经营主体不断增加，粮食生产规模化主体数量不断攀升。2009 年全省土地流转面积达 1024 万亩，占全省农户家庭承包面积的 20.5%。2016 年，随着土地确权的逐渐落实，农地流转更有保障，全省土地流转率创下新高，已经流转的土地占到了家庭承包土地面积的 55.4%，远高于全国平均水平。各个地市的土地流转规模如表 4-1 所示，可见苏北和苏中地区的土地流转面积最高，但从土地流转率来看，苏南地区处于领先位置。全省流转率最高的两个市为南京和苏州，农地流转率均超过 85%，

　　从粮食种植的新型经营主体发展来看。截至 2015 年末，全省经农业系统认定的家庭农场总数超过 2.8 万家，比 2014 年新增 6000 多家，其中，种粮家庭农场 1.38 万家，占 48.4%。全省家庭农场平均单体土地经营面积 13.67 公顷，其中 80% 以上的家庭农场土地经营规模 20 公顷以下。截至 2015 年，全省农民合作社共 72015 个，成员 1082 万户，入社农户比例达 75.6%，分别较上年增加 1862 个、45 万户和 3.4 个百分点。其中，495 家农民合作社被认定为 2015 年江苏省省级农民合作社示范社。2015 年 12 月，农业部等 12 部委公布第一次监测合格的国家示范社名单，全省 352 家监测合格的示范社被授予国家示范社称号，监测合格的示范社总数居全国第一。截至 2015 年，农业适度规模经营比重提高到 67%，表明在新型经营主体发展规模和层面方面，江苏是领先于全国平均水平的，基本实现了习近平总书记对江苏提出的"带好头、领好向"，"推动现代农业建设迈上新台阶"，"力争在全国率先实现农业现代化"的期望与要求。

表 4 – 1   2015 各地市土地流转情况

地区	家庭承包地流转面积 （千公顷）	土地流转率 （%）
南京	139.7	89.43
无锡	47.2	46.27
徐州	209.7	28.48
常州	80.1	56.10
苏州	129.4	87.54
南通	174.9	33.84
连云港	150.2	29.88
淮安	181.7	27.60
盐城	413.2	42.12
扬州	135.3	32.12
镇江	59.7	34.08
泰州	136.8	31.27
宿迁	171.8	29.76

资料来源：根据《江苏统计年鉴（2016）》整理。

二、粮食种植面积与产量

（一）粮食种植面积与结构

江苏省既是经济大省、工业强省，也是农业大省、粮食种植大省。2015 年全省农作物播种面积 774.5 万公顷，占全国比例约为 4.66%，其中，粮食播种面积 542.46 万公顷，约占全省农作物播种面积的 70.04%。

从时间沿革来看（见表 4 – 2），改革开放以来，江苏省的农作物种植面积呈现先下降后上升的变化趋势。2006 年省内农作物播种面积下降至历史最低水平，仅仅为 7385.16 千公顷，仅相当于 1978 年的 86.05%。2011 ～ 2015 年期间，全省农作物播种面积均超过 7600 公顷，2015 年更是恢复至 7745 千公顷，相当于 1978 年的 90.24%。粮食作物播种面积方面，与农作物播种面积相似，也经历了先大幅下降后缓慢上升，最终趋于稳定的整体态势。2003 年以前，由于种粮效益低，粮食生产遭遇较大挫折，全省粮食播种总面积下滑严重。2003 年，全省粮食播种总面积仅仅达到 4659.47 千公顷，为历史最低水平。2003 年后，随着国家支农惠农政策的逐步落实，粮食生产才逐渐回暖。2006 年，粮食播种面积恢复至 5000 千公顷以上，2011 年恢复至 5300 千公顷以上，2015 年进一步上升至 5424.6 千公顷。

表 4 - 2　改革开放以来江苏省农作物播种面积和粮食作物播种面积

年份	农作物总播种面积（千公顷）	粮食作物播种面积（千公顷）
1978	8582.74	6310.93
1980	8248.93	6090.25
1985	8557.84	6432.44
1990	8259.18	6363.02
1995	7909.01	5755.15
2000	7944.87	5304.31
2001	7777.42	4886.66
2002	7797.4	4882.58
2003	7681.49	4659.47
2004	7668.98	4774.59
2005	7641.2	4909.48
2006	7385.16	5110.8
2007	7407.73	5215.59
2008	7510.27	5267.1
2009	7558.15	5272.04
2010	7619.58	5282.36
2011	7663.25	5319.2
2012	7651.57	5336.57
2013	7683.64	5360.78
2014	7678.63	5376.07
2015	7745	5424.60

就全省粮食播种面积占农作物播种面积比例变化而言（见表 4 - 3），1990～2003 年期间，这一比例处于逐年下降阶段。从 1990 年的 77.04% 下降至 2003 年的 60.66%，种植结构的“非粮化”现象十分严峻。2003 年后，粮食播种面积占比逐年回升，并于 2006 年恢复至 69.2%。此后十年，粮食播种面积占比基本上在 70% 上下波动。2011～2015 年短周期内，还出现了小幅上升的趋势，上涨了 0.63 个百分点。这表明近年来江苏省的粮食种植呈现稳中有升的态势。

表4-3 江苏层面和全国层面粮食播种面积占比

年份	江苏层面粮食播种面积占比（%）	全国粮食播种面积占比（%）
1978	73.53	80.34
1980	73.83	80.09
1985	75.16	75.78
1990	77.04	76.48
1995	72.77	73.43
2000	66.76	68.39
2001	62.83	68.13
2002	62.62	67.18
2003	60.66	65.22
2004	62.26	66.17
2005	64.25	67.07
2006	69.20	68.98
2007	70.41	68.84
2008	70.13	68.34
2009	69.75	68.70
2010	69.33	68.38
2011	69.41	68.14
2012	69.74	68.05
2013	69.77	68.01
2014	70.01	68.10
2015	70.04	68.13

　　江苏省是全国13个粮食主产省之一，粮食生产在本省占据重要地位。横向对比来看（见表4-3），与全国层面的粮食播种面积相比，江苏省的粮食播种面积占比在2006年之前，基本低于全国平均水平。但在2006年之后，随着江苏省对粮食生产的重视程度的上升，这一趋势得以扭转。近十年以来，江苏省的粮食播种面积占比均高于全国平均水平。说明省内播种结构中，粮食作物具有相对优势。

　　具体到粮食种类的种植面积，表4-4显示了江苏省历年的水稻种植面积。江苏省是全国水稻主产省份之一，水稻也一直是江苏省的第一大粮食作物，种植面积最广。从演变趋势来看，1999～2003年期间，水稻种植面积处于下降态势。最低峰的2003年，水稻种植面积只有1840.93千公顷，占粮食作物总种植面积的比例低于40%，仅为39.51%。2004～2015年期间，水稻种植面积出现了"十二连增"的喜人态势，水稻种植面积逐年恢复，近十年期间，全省水稻种植面积保持稳中有升，种植面积始终稳定在2200千公顷以上，种植面积占比稳定在42%以上。

表4-4　江苏省水稻种植面积

年份	水稻播种面积（千公顷）	水稻播种面积占比（％）
1978	2661.18	42.17
1980	2676.15	43.94
1985	2431.11	37.79
1989	2419.67	37.49
1990	2454.44	38.57
1995	2250.31	39.10
1996	2335.91	39.74
1997	2377.62	39.66
1998	2369.70	39.85
1999	2398.45	41.15
2000	2203.46	41.54
2001	2010.25	41.14
2002	1982.05	40.59
2003	1840.93	39.51
2004	2112.90	44.25
2005	2209.33	45.00
2006	2216.00	43.36
2007	2228.07	42.72
2008	2232.55	42.39
2009	2233.24	42.36
2010	2234.16	42.29
2011	2248.63	42.27
2012	2254.22	42.24
2013	2265.67	42.26
2014	2271.69	42.26
2015	2291.60	42.24

　　江苏省是南北过渡地带，小麦也是省内居民消费的主要粮食品种。目前，小麦是江苏省的第二大类粮食作物。从演化趋势来看（见表4-5），1997~2004年期间，小麦种植面积经历了"八连降"，种植面积从2341.37千公顷下降至1601.17千公顷。这一阶段，小麦占全省粮食作物的比例从39.06％下降至33.54％。2004年后，小麦生产进入恢复增长阶段，出现了小麦种植面积的"十二连增"现象。2015年，全省小麦种植面积恢复至2178.8千公顷。在绝对水平上，2011~2015年期间，全省小麦的种植面积是基本稳定的，差别并不大，都是保持在2100千公顷以上水平。从占比趋势演变来看，2004~2015年期间，小麦的种植面积占比也呈现增长趋势，从2004年的33.54％上涨为2015年的

40.17%，与水稻占比的差异趋于缩小，表明小麦种植在粮食生产内部有着扩大的趋势。

表 4 - 5　江苏省小麦种植面积

年份	小麦播种面积（千公顷）	小麦播种面积占比（%）
1978	1412.82	22.39
1980	1519.47	24.95
1985	2170.39	33.74
1990	2399.19	37.71
1995	2150.35	37.36
1996	2216.26	37.71
1997	2341.37	39.06
1998	2314.95	38.93
1999	2251.70	38.63
2000	1954.60	36.85
2001	1712.81	35.05
2002	1715.85	35.14
2003	1620.45	34.78
2004	1601.17	33.54
2005	1684.44	34.31
2006	1912.67	37.42
2007	2039.12	39.10
2008	2073.12	39.36
2009	2077.61	39.41
2010	2093.07	39.62
2011	2112.41	39.71
2012	2132.56	39.96
2013	2146.93	40.05
2014	2159.94	40.18
2015	2178.80	40.17

玉米是我国三大主要粮食作物之一。对江苏而言，玉米的种植面积和产量虽然不高，并不是玉米主产省份之一，但是依然是省内的第三大粮食作物。从种植面积的演变趋势来看（见表 4 - 6），1985 年全省玉米种植面积最高，达到了 659.62 千公顷。2005 年，玉米种植面积最低，只有 370.24 千公顷，几乎腰斩。经历了 2003～2005 年期间的种植面积的减少，2005 年以后，江苏玉米种植进入小幅恢复性增长阶段。11 年间，累计增长面积为 81.46 千公顷，年均增长率为 2%。从玉米种植面积占比趋势演变来看，2003 年是玉米种

植占比的一个高峰，当年达到了 9.7%。2006 年之前，这一比例是下降的，2006 年后又缓慢上升，2006～2015 年十年间，玉米种植面积占比又从 7.40% 上升至 8.33%。可见，最近十年省内玉米播种有增加的趋势。

表 4 - 6　江苏省玉米种植面积

年份	玉米播种面积（千公顷）	玉米播种面积占比（%）
1978	445.01	7.05
1980	386.21	6.34
1985	659.62	10.25
1989	501.15	7.76
1990	461.01	7.25
1995	461.98	8.03
2000	423.16	7.98
2001	429.81	8.80
2002	436.53	8.94
2003	451.90	9.70
2004	389.11	8.15
2005	370.24	7.54
2006	378.17	7.40
2007	391.21	7.50
2008	398.51	7.57
2009	399.84	7.58
2010	403.70	7.64
2011	414.34	7.79
2012	418.90	7.85
2013	426.38	7.95
2014	436.10	8.11
2015	451.70	8.33

（二）粮食产量

江苏省自古是天下粮仓，粮食生产在全国占据重要地位。2016 年，全国粮食总产量达到 61623.9 万吨，其中江苏省的产量达到 3466 万吨，粮食总产量在全国的排名位居第六（见表 4 - 7）。前十名中，有六个为北方省份，且前四名中均为北方省份，南方省份只有四川、江苏、安徽、湖南四省。表明当前中国粮食生产中北方省份的优势比较明显。

表4-7 2016年粮食生产前10名省区

排序	地区	总产量（万吨）
	全 国	61623.9
1	黑龙江	6058.6
2	河 南	5946.6
3	山 东	4700.7
4	吉 林	3717.2
5	四 川	3483.5
6	江 苏	3466.0
7	河 北	3460.2
8	安 徽	3417.5
9	湖 南	2953.1
10	内蒙古	2780.2

从历史沿革来看，江苏省粮食生产一直在全国处于前列。1978 年，粮食产量占全国产量的比例达到 7.88%。1999 年后，江苏省粮食在全国的占比处于逐年下降的状态。从 1999 年的 7% 下降至 2003 年的 5.74%，达到历史最低水平。2003 年后，2004~2010 年期间，江苏省的占比维持在 6% 左右。2011~2016 年期间，江苏省的占比略微下降，但是占比均高于 5.5%。

从绝对产量而言（见表4-8），与全国占比变化相似，1999 年后，江苏省的粮食产量也呈现逐年减少趋势。从 1999 年的 3559.03 万吨下降至 2003 年的 2471.85 万吨，达到历史最低水平。为了扭转粮食生产不振的情况，江苏省开始加大对粮食生产领域的资金和政策支持。在一系列利好因素的支持下，2004~2015 年期间，江苏省粮食生产取得了历史罕见的"十二连增"。2015 年，粮食生产达到 3561.3 万吨的最高峰，创造了历史纪录。相比 2015 年，2016 年的江苏省产量比上年减少 95.3 万吨，但绝对水平依然在历史第二高位。

表4-8 江苏粮食产量与全国粮食产量变化

年份	全国粮食产量（万吨）	江苏粮食产量（万吨）
1978	30476.5	2400.65
1980	32055.5	2417.95

续表

年份	全国粮食产量（万吨）	江苏粮食产量（万吨）
1985	37910.8	3126.52
1989	40754.9	3282.8
1990	44624.3	3264.15
1995	46661.8	3286.3
1996	50453.5	3476.35
1997	49417.1	3563.79
1998	51229.53	3415.12
1999	50838.58	3559.03
2000	46217.5	3106.63
2001	45263.67	2942.05
2002	45705.75	2907.05
2003	43069.53	2471.85
2004	46946.95	2829.06
2005	48402.19	2834.59
2006	49804.23	3096.03
2007	50160.28	3132.24
2008	52870.92	3175.49
2009	53082.08	3230.1
2010	54647.71	3235.1
2011	57120.85	3307.76
2012	58957.97	3372.48
2013	60193.84	3422.98
2014	60702.6	3490.62
2015	62143.9	3561.3
2016	61623.9	3466

就江苏省粮食生产分布而言（见表4-9），秋粮在粮食总产量中的占比仍然占主导。秋粮对粮食总产量起着决定性作用，从变化趋势来看，秋粮和粮食产量基本保持一致。从时间沿革来看，1999年，秋粮在粮食总产中的占比达到最高值，比例为74.7%。2000~2005年期间，这一比例仍高于70%。2006~2010年期间，秋粮产量在粮食生产中的比例有所下降，但是仍然年均超过65%。2011~2016年期间，秋粮占比变化不大，呈现微微下降态势。2016年，秋粮占比仍接近65%。

表 4 - 9 江苏省粮食、夏粮与秋粮产量

年份	江苏粮食产量（万吨）	江苏夏粮（万吨）	江苏秋粮（万吨）
1978	2400.65	677.3	1723.35
1980	2417.95	873.6	1544.35
1985	3126.52	1064.46	2062.06
1989	3282.8	1033	2249.8
1990	3264.15	1143.46	2120.69
1995	3286.3	1073.46	2212.84
1996	3476.35	1200.95	2275.4
1997	3563.79	1226.91	2336.88
1998	3415.12	864.22	2550.9
1999	3559.03	1195.96	2363.07
2000	3106.63	899.75	2206.88
2001	2942.05	821.44	2120.61
2002	2907.05	758.18	2148.87
2003	2471.85	729.29	1742.56
2004	2829.06	807.24	2021.82
2005	2834.59	844.42	1990.17
2006	3096.03	1017.12	2078.91
2007	3132.24	1070.7	2061.54
2008	3175.49	1094.5	2080.99
2009	3230.1	1103.2	2126.9
2010	3235.1	1105.33	2129.77
2011	3307.76	1117.18	2190.58
2012	3372.48	1143.52	2228.97
2013	3422.98	1195.83	2227.15
2014	3490.62	1254.68	2235.94
2015	3561.3	1271.7	2289.7
2016	3466	1216.5	2249.5

但这并不是说夏粮生产不重要，实际上江苏省历史上的几次粮食大减产，主要是因为夏粮生产大幅下滑。2000 ~ 2002 年期间，全省秋粮产量水平仍然较高，但是由于夏粮产量不高，导致全省粮食总产量水平不高。夏粮产量在 2003 年达到历史最低水平，只有729.29 万吨。之后，夏粮年年丰收，取得了 13 连增的历史最好成绩，迅速上涨至 2015 年的 1271.7 万吨，年均增长率达到 5.72%。2016 年夏粮有所减产，但是幅度并不大，产量仍然高于 1200 万吨，为 1216.5 万吨。

分品种而言，2011 ~ 2015 年期间，全省谷物产量实现 5 连增，2015 年的产量达到

3454.9 万吨，累计上涨幅度为 8.49%。稻谷在 2011~2015 年期间，除却 2014 年同比有所减产外，基本保持增长态势。相比 2011 年，2015 年，江苏省稻谷产量绝对值上升了 88.3 万吨，累计增长幅度为 4.74%。小麦生产也实现五连增，从 2011 年的 1023.2 万吨提升为 2015 年的 1174 万吨，涨幅为 14.74%，在三大主粮中涨幅最高。玉米产量在 2011 年为 226.2 万吨，2013 年下降至 216.4 万吨。2015 年又上涨至 252.2 万吨，5 年累计增产 26 万吨。大豆产量则在 2011~2015 年期间不断萎缩，2011~2014 年期间，减少了 10.3 万吨。2015 年相比 2014 年所有增长，但也仅仅是增加了 1 万吨，尚不足以改变大豆减少的大趋势（见表 4-10）。

表 4-10 2011~2015 年江苏省粮食种植结构——产量（万吨）

年份	谷物	稻谷	小麦	玉米	大豆
2011	3184.6	1864.2	1023.2	226.2	57.6
2012	3252	1900.1	1048.8	230.2	55.3
2013	3313	1922.3	1101.3	216.4	47
2014	3386.3	1912	1160.4	239	47.3
2015	3454.9	1952.5	1174	252.2	48.3

资料来源：历年《中国农村统计年鉴》。

（三）粮食单产

体现农业生产效率的两个关键指标，一个是土地产出率，另一个是劳动生产率。在粮食生产领域，前者对应单位土地粮食产出，通常使用单位土地粮食产量予以度量，后者则对应劳均粮食产出，也经常使用单位劳动力的粮食产量进行测度。就单位面积土地的单产而言，江苏省位于全国前列。2016 年，单位面积粮食产量全国平均水平为 5452.1 公斤/公顷。同期，江苏省的粮食单产达到了 6379.9 公斤/公顷，是全国平均水平的 1.2 倍，表明江苏的粮食单产是领先全国平均水平的。在全国 31 个省级单位中，江苏的土地单产水平位列第四名，只有吉林省、上海市、辽宁省的粮食单产超过江苏省。这说明江苏省粮食生产的科技水平较高，在全国处于领先地位。

就劳均生产效率而言，表 4-11 结果显示，2011~2015 年期间，江苏省和全国层面的劳均粮食产量呈现逐年递增的态势。相比 2011 年，江苏省劳均粮食产量绝对水平上升了 784.6 公斤，达到了 4718.55 公斤，年均增长率接近 4%。全国层面的劳均产量在五年中上涨了 759.53 公斤，与江苏省的增长幅度相近。横向对比来看，2011 年全国劳均粮食产量仅仅达到 2075.23 公斤，相当于同期江苏省水平的 52.7%。2015 年，全国劳均粮食产量快速上升至 2835.16 公斤，江苏省则达到了 4718.85 公斤。此时，全国层面水平相当于同期江苏省水平的 60.08%。可见，近五年，江苏省粮食生产的劳动生产率遥遥领先于全国平均水平。

表 4-11　全国和江苏劳均粮食产量

年份	江苏劳均粮食产量 （公斤）	全国劳均粮食产量 （公斤）
2011	3934.25	2075.23
2012	4169.42	2167.99
2013	4354.72	2490.33
2014	4539.02	2663.56
2015	4718.85	2835.16

资料来源：根据历年《中国统计年鉴》和《江苏统计年鉴》计算而得。

粮食安全的重要指标之一是人均粮食产量水平的高低。从表 4-12 中不难发现，1985 年，江苏省的人均粮食产量达到最高水平，为 505 公斤/人。此后十年这一水平逐年下降，1994 年只有 446.7 公斤/人。2001 年，全省人均粮食产量进一步下降至 400.8 公斤/人。2001~2005 年，全省人均粮食产量就没有超过 400 公斤/人，2003 年仅仅只有 334.4 公斤/人。直到 2006 年才重新超过 400 公斤/人，并在 2006~2011 年期间，稳定保持在 410 公斤/人的水平。2011~2015 年期间，这一指标呈现逐年递增态势。2015 年，江苏省人均粮食产量达到 446.9 公斤/人，虽然相较历史最高水平还有一定差距，但已经恢复到较高水平。

与全国平均水平相比（见表 4-12），1985 年，江苏省是全国平均水平的 1.4 倍。两者最为接近的是 2003 年，此时江苏是全国平均水平的 100.03%。2010 年以前，江苏省人均粮食产量显然是具有相对优势的。江苏省人均粮食产量始终高于全国人均粮食产量。但 2011~2015 年，江苏省人均粮食产量常年低于全国平均水平，两者的比例在 97%~99% 之间波动。

表 4-12　全国和江苏省人均粮食生产优势

年份	江苏省人均粮食产量 （公斤/人）	全国人均粮食产量 （公斤/人）	江苏占全国平均水平的百分比 （%）
1978	414	318.7	129.90
1980	408.5	326.7	125.04

年份	江苏省人均粮食产量（公斤/人）	全国人均粮食产量（公斤/人）	江苏占全国平均水平的百分比（%）
1985	505	360.7	140.01
1990	486	393.1	123.63
1991	446.1	378.3	117.92
1992	482.8	380	127.05
1993	472.6	387.4	121.99
1994	446.7	373.5	119.60
1995	466.6	387.3	120.48
1996	490.4	414.4	118.34
1997	499.9	401.7	124.45
1998	476.6	412.5	115.54
1999	494.5	405.8	121.86
2000	427.3	366	116.75
2001	400.8	355.9	112.62
2002	394.6	357	110.53
2003	334.4	334.3	100.03
2004	381.3	362.2	105.27
2005	380.3	371.3	102.42
2006	412.1	379.9	108.48
2007	412.8	380.6	108.46
2008	415.1	399.1	104.01
2009	419.5	398.7	105.22
2010	415	408.7	101.54
2011	419.6	425.2	98.68
2012	426.4	436.5	97.69
2013	431.7	443.5	97.34
2014	439.1	445	98.67
2015	446.9	453.2	98.61

上述呈现了江苏省整体层面的粮食生产效率，为了更细致的分析，表4-13将涉及具体种类的粮食作物的生产效率。对我国而言，粮食作物主要是指谷类，三大粮食作物为稻谷、小麦和玉米。因而，下述分析主要就三类主要粮食作物的单产展开。

表4-13　全国和江苏省具体粮食种类的单产

年份	单位面积稻谷产量（千克/公顷）		单位面积小麦产量（千克/公顷）		单位面积玉米产量（千克/公顷）	
	江苏	全国	江苏	全国	江苏	全国
2010	8091.9	6553	4816.4	4744	5412.0	5453.7
2011	8290.2	6687.3	4843.5	4837.2	5458.6	5447.5
2012	8428.9	6776.9	4917.8	4986.9	5495.3	5869.7
2013	8484.3	6717.3	5129.7	5055.6	5076.1	6015.9
2014	8416.6	6813.2	5372.4	5243.5	5479.7	5808.9
2015	8520.2	6891.3	5388.4	5392.6	5583.1	5892.9

资料来源：历年《中国农村统计年鉴》。

对稻谷而言，从表4-13不难发现，2010~2015年期间，江苏省的稻谷单产水平呈现增长趋势，累计增长了428.3千克/公顷。与全国稻谷单产水平相比，江苏省的稻谷单产优势非常明显。2015年，江苏省的稻谷单产为8520.2千克/公顷，高于全国平均水平1628.9千克/公顷，增长率达23.64%。

对小麦而言，2010~2015年期间，小麦单产也实现五连增，从2010年的4816.4千克/公顷上涨为2015年的5388.4千克/公顷，累计增长了572千克/公顷，年均增长率为11.88%。同期，全国小麦单产的上涨速度快于江苏。2010~2015年期间，全国小麦单产累计上涨了648.6千克/公顷，累计增长幅度为13.67%。表明这期间，江苏省的小麦单产增速慢于全国水平。2010年和2011年，江苏小麦的单产还稍微高于全国平均水平，2015年，江苏小麦的单产则低于全国平均水平。可见，江苏小麦单产的微弱优势已经丧失。

对玉米种植而言，2010~2015年期间，江苏省玉米单产变化并不大，6年累计只增长了171.1千克/公顷，上涨幅度为3.16%。对比全国玉米单产平均水平，2010~2015年期间，全国玉米单产上涨了439.2千克/公顷，累计增长8.05%。2015年，全国玉米单产比江苏省平均高309.8千克/公顷。可见，江苏玉米生产的单产劣势较为明显。

三、粮食种植收益与成本

与种植面积和结构内容类似，本节也按照水稻（籼稻和粳稻）、小麦和玉米三大主粮作物来展示2011~2015年期间江苏省粮食作物的种植收益与成本变化。

水稻按照类别，主要可以区分为籼稻和粳稻两个亚种。首先对江苏省的籼稻种植成本与收益进行分析。从表 4 - 14 不难发现，江苏省的籼稻收益产值在 2011 ~ 2015 年期间有所增长，上升了 13.89%。但这一期间，省内籼稻的亩均净利润却下降了 124.42 元，降幅达到 22.56%。在净利润大幅下降的同时，与全国层面一致，这期间省内籼稻的成本利润率也出现大幅下降，从 2011 年的 70.62% 下降为 2015 年的 39.17%。这说明 2011 ~ 2015 年期间，种植籼稻越来越不划算。但如果横向对比来看，与全国层面三种粮食的利润率相比，江苏省籼稻的成本利润率还存在一定优势。

表 4 - 14　2011 ~ 2015 年江苏省籼稻收益

年份	产值（元/亩）	净利润（元/亩）	成本利润率（%）
2011	1332.33	551.47	70.62
2012	1395.42	481.57	52.7
2013	1427.63	449.26	45.92
2014	1555.62	530.89	51.81
2015	1517.36	427.05	39.17

资料来源：2012 ~ 2016 年《中国农村统计年鉴》。

对于江苏省的粳稻种植而言，从表 4 - 15 不难发现，2011 ~ 2015 年期间，粳稻的亩产值仅仅微弱地上涨了 64.54 元。亩均净利润则出现大幅下滑，从 699.96 元下降至 403.55 元，累计降幅高达 42.35%。同期，粳稻的成本利润率也几乎腰斩，从 74.42% 下降为 31.01%。横向对比来看，粳稻的产值明显高于籼稻，但亩均净利润却经历从高于籼稻到现在低于籼稻。目前，粳稻成本利润率也低于籼稻。

表 4 - 15　2011 ~ 2015 年江苏省粳稻收益

年份	产值（元/亩）	净利润（元/亩）	成本利润率（%）
2011	1640.54	699.96	74.42
2012	1727.47	594.76	52.51
2013	1788.07	581.12	48.15
2014	1781.1	544.29	44.01
2015	1705.08	403.55	31.01

资料来源：2012 ~ 2016 年《中国农村统计年鉴》。

表 4 - 16 显示了小麦的生产收益，小麦的产值从 2011 年的 763.79 元/亩增加到 2015 年的 918.29 元/亩，但在净利润方面却下降幅度很大。从 2011 年的 108.05 元/亩下降为

2015 年的 19.32 元/亩。因而，成本利润率下降幅度较大。2015 年，成本利润率只有 2.15%，处于基本不挣钱的境地。

表 4-16　2011~2015 年江苏省小麦收益

年份	产值（元/亩）	净利润（元/亩）	成本利润率（%）
2011	763.79	108.05	16.48
2012	763.26	-4.69	-0.61
2013	871.51	58.94	7.25
2014	1042.19	160.36	18.18
2015	918.29	19.32	2.15

资料来源：2012~2016 年《中国农村统计年鉴》。

对于玉米种植而言，表 4-17 显示，玉米的亩产值在 800~1200 元区间波动，最高的 2014 年，亩产值为 1137.31 元。2015 年有所降低，达到了 911.57 元。小麦的净利润在 2011~2015 年期间，呈现递减态势。2011 年每亩净利润为 246.75 元，2014 年每亩净利润减少 101.9 元，2015 年则进一步减少为 -77.3 元，种植玉米已经明显亏损。成本利润率方面，玉米也呈现逐年递减趋势。最高的 2011 年，玉米成本利润率为 38.54%，远高于同期小麦种植的成本利润率。但是 2015 年，玉米种植的成本利润率已经低于小麦种植的成本利润率。

表 4-17　2011~2015 年江苏省玉米收益

年份	产值（元/亩）	净利润（元/亩）	成本利润率（%）
2011	887.02	246.75	38.54
2012	1025.46	231.82	29.21
2013	988.92	140.49	16.56
2014	1137.31	144.85	14.60
2015	911.57	-77.30	-7.82

资料来源：2012~2016 年《中国农村统计年鉴》。

表 4-18 显示了 2011~2015 年期间，江苏省籼稻的生产成本结构。不难发现，籼稻的总成本、物质与服务费用、人工成本和土地成本都上涨较快。相对 2011 年，2015 年上述四类成本分别上涨了 39.63%、13.01%、69.03% 和 75.06%。

表 4 - 18　2011 ~ 2015 年江苏省籼稻生产成本结构

年份	总成本（元/亩）	物质与服务费用		人工成本		土地成本	
		金额（元/亩）	占比（%）	金额（元/亩）	占比（%）	金额（元/亩）	占比（%）
2011	780.86	422.04	54.1	245.6	31.5	113.22	14.5
2012	913.85	454.88	49.8	328.66	36	130.31	14.3
2013	978.37	476.65	48.7	362.01	37	139.71	14.3
2014	1024.73	461.8	45.1	388.42	37.9	174.51	17
2015	1090.31	476.95	43.74	415.16	38.08	198.20	18.18

资料来源：2012 ~ 2016 年《中国农村统计年鉴》。

从总成本的构成来看，2011 ~ 2015 年期间，物质与服务费用的占比下降幅度较大，从 2011 年的 54.1% 下降到 2015 年的 43.74%，但仍然是总成本的最大构成部分。人工成本和土地成本的占比则显著增加，人工成本分别从 2011 年的 31.5% 增长为 2015 年的 38.08%，土地成本的占比从 14.5% 增长到 18.18%。

表 4 - 19 显示了 2011 ~ 2015 年期间，江苏省粳稻的生产成本结构。与籼稻类似，每亩粳稻的总成本、物质与服务费用、人工成本和土地成本也呈现快速提升态势。相比 2011 年，2015 年四类成本的绝对值分别上涨了 360.95 元/亩、64.54 元/亩、216.5 元/亩、79.91 元/亩，累计上涨率分别为 38.38%、12.13%、80.18%、57.78%。从总成本构成中，物质与服务费用是占比最高的一类成本，人工成本居于其次，土地成本最低。但三类成本的变化有所差异，相比 2011 年，2015 年物质与服务费用的占比下降了 10.7%，人工成本则上涨了 8.7%，土地成本在总成本中的占比微弱上涨了 2.1%。

表 4 - 19　2011 ~ 2015 年江苏省粳稻生产成本结构

年份	总成本（元/亩）	物质与服务费用		人工成本		土地成本	
		金额（元/亩）	占比（%）	金额（元/亩）	占比（%）	金额（元/亩）	占比（%）
2011	940.58	532.23	56.6	270.03	28.7	138.32	14.7
2012	1132.71	576.56	50.9	396.9	35	159.25	14.1
2013	1206.95	586.14	48.6	448.97	37.2	171.84	14.2
2014	1236.81	576.46	46.6	453.35	36.7	207	16.7
2015	1301.53	596.77	45.9	486.53	37.4	218.23	16.8

资料来源：2012 ~ 2016 年《中国农村统计年鉴》。

对于小麦生产成本而言（见表 4 - 20），2011 ~ 2015 年期间，每亩小麦的总成本、物质与服务费用、人工成本和土地成本均呈现逐年提升态势。相对 2011 年同期水平，四类成本的绝对水平分别上升了 243.23 元/亩、66.56 元/亩、98.28 元/亩、78.39 元/亩，四类成本的累计上涨率分别为 37.09%、18.25%、60.57%、60.83%。人工成本和土地成本上涨幅度仍是较快的两个领域。从总成本的构成来看，物质与服务费用从 2011 年的 55.61% 下降至 2015 年的 47.96%，人工成本占比从 2011 年的 24.74% 上升为 2015 年的 28.98%，土地成本则从 2011 年的 19.65% 上升为 2015 年的 23.05%。整体而言，物质与服务费用仍然是小麦生产成本最大的构成；人工成本居于其次，但上涨较快；土地成本居于第三位，且上涨速度也较快。

表 4 – 20　2011 ~ 2015 年江苏省小麦生产成本结构

年份	总成本（元/亩）	物质与服务费用		人工成本		土地成本	
		金额（元/亩）	占比（%）	金额（元/亩）	占比（%）	金额（元/亩）	占比（%）
2011	655.74	364.63	55.61	162.25	24.74	128.86	19.65
2012	767.95	390.46	50.84	226.68	29.52	150.81	19.64
2013	812.57	407.66	50.17	243.91	30.02	161	19.81
2014	881.83	421.61	47.81	267.63	30.35	192.59	21.84
2015	898.97	431.19	47.96	260.53	28.98	207.25	23.05

资料来源：2012 ~ 2016 年《中国农村统计年鉴》。

对于玉米种植成本而言（见表 4 – 21），2011 ~ 2015 年期间，玉米的各类成本也增长较快。相对于 2011 年，每亩玉米的总成本、物质与服务费用、人工成本和土地成本的绝对水平分别上涨了 348.6 元、41.48 元、207.18 元、99.94 元，累计上涨幅度分别为 54.45%、15.76%、80.11%、84.42%。从上涨幅度来看，玉米的四类成本要高于籼稻、粳稻和小麦。从玉米总成本的构成变化来看，相对于 2011 年，物质与服务费用占比从 2011 年的 41.12% 下降为 30.82%，降幅高达 10.3 个百分点。人工成本则从 2011 年的 40.39% 上涨为 47.10%，增幅为 6.71 个百分点。土地成本则从 2011 年的 18.49% 提升为 2015 年的 22.08%，增幅为 3.59 个百分点。与籼稻、粳稻和小麦不同，目前，人工成本是玉米生产总成本中占比最高的成本类型，物质与服务费用居于其次，土地成本居于第三位。

表 4 – 21 2011~2015 年江苏省玉米生产成本结构

年份	总成本（元/亩）	物质与服务费用		人工成本		土地成本	
		金额（元/亩）	占比（%）	金额（元/亩）	占比（%）	金额（元/亩）	占比（%）
2011	640.27	263.27	41.12	258.61	40.39	118.39	18.49
2012	793.64	303.18	38.20	359.88	45.35	130.58	16.45
2013	848.43	294.14	34.67	418.47	49.32	135.82	16.01
2014	992.46	311.91	31.43	460.27	46.38	220.28	22.20
2015	988.87	304.75	30.82	465.79	47.10	218.33	22.08

资料来源：2012~2016 年《中国农村统计年鉴》。

从上述分析中，可以得出以下几个结论。其一，江苏省三大主粮作物，水稻、小麦和玉米的净利润水平在 2011~2015 年期间也大幅减少，种植水稻仍然能够获得一定利润，种植小麦基本不能获利，种植玉米已经亏损。相应的，三大粮食作物中，水稻的成本利润率最高，小麦其次，玉米最低。其二，江苏省的三大主粮作物，水稻、小麦和玉米的生产成本在 2011~2015 年期间也快速上涨。籼稻、粳稻和小麦的总成本的上涨幅度均接近40%，玉米更高，上涨幅度接近 55%。从成本构成来看，对于籼稻、粳稻和小麦，物质与服务费用均是占比最高的一类成本，但呈现下降态势。人工成本是占比第二位的成本，土地成本居于第三位，但这两类成本的涨幅很高。对于玉米而言，人工成本已经超越物质与服务费用，成为第一大生产成本，土地成本位居第三。相对于玉米生产中物质与服务费用的占比构成的下降，人工成本和土地成本也是涨幅非常大的两类成本。

四、江苏粮食种植业的主要特点

（一）粮食单产水平较高，但仍有提升空间

江苏省是我国最重要的粮食生产省份之一，前述分析表明，相对于全国平均水平，江苏省的粮食单产水平的优势仍然十分明显。无论是单位面积土地粮食产出，还是劳均粮食产出、人均粮食拥有量而言，江苏省均远高于全国平均水平。这表明江苏省的粮食生产效率较高，在全国具有领先地位。具体到粮食作物种类，则出现分化。其中，江苏的水稻种植单产具有明显优势，玉米也有一定优势，但小麦种植与全国相比，并不具备比较优势，

反而随着时间推移，还产生了相对劣势。并且，相对于发达国家水平，如韩国、日本、澳大利亚和美国，江苏省的粮食单产仍然有 30% ~ 40% 的提升空间。

（二）机械化程度较高，但品种分布不均衡

农业的现代化离不开农业机械化的实现。江苏省的平原占比在全国 31 个省级行政区划单位中居于第一，可以说江苏的地理地貌为农业机械化的大力推进提供了基础优势。江苏省粮食生产的机械化程度遥遥领先于全国平均水平，2015 年江苏被选为全国首个粮食生产全程机械化整体示范省。江苏省委省政府也高度重视粮食生产中的农业机械化作业，于 2016 年出台了《关于加快推进粮食生产全程机械化的意见》，全面启动了粮食生产全程机械化整体推进示范省建设的工作。

图 4 - 1　江苏粮食生产机械化

尽管发展水平较高，"十二五"期间江苏粮食生产机械化水平仍然是不断提升的（见表 4 - 22）。2011 ~ 2015 年期间，全省农业机械总动力累计增幅达到了 17.52%。横向对比来看，相对于全国平均水平，江苏的机耕面积占比、机播面积占比、机械植保面积占比、机械收获面积占比水平都具有比较优势。2015 年，全省农作物机耕面积占比高达 78.3%，机耕面积占比为 59.08%，机械收获面积占比为 66.4%，均显著高于同期全国水平。

表 4 - 22　2011～2015 年江苏省农业机械化发展情况

指标	2011 年	2012 年	2013 年	2014 年	2015 年
农业机械总动力（万千瓦）	4106.11	4214.64	4405.78	4649.98	4825.49
机耕面积（千公顷）	5622.49	5845.67	5947.94	6100.16	6066.15
机播面积（千公顷）	3476.19	3887.94	4371.78	4437.83	4576.06
机播小麦面积（千公顷）	1934.98	2026.1	2099.42	2117.97	2148.19
机械植保面积（千公顷）	5116.25	5400.5	6732.05	5736.8	5649.06
机械收获面积（千公顷）	4903.66	4896.87	5114.39	5549.26	5142.77

资料来源：引自《江苏小麦产业发展报告》。

在三大粮食作物中，小麦的机耕面积占比最高（见表 4 - 23）。2013～2015 年期间，机播小麦面积占全省粮食播种面积的比例均维持在 40% 左右。在三大粮食作物种，小麦的机械化程度也最高。2010～2015 年期间，小麦的机耕水平和机收水平均达到了 100%，机播水平也从 2010 年的 88.39% 提升至 2014 年的 96.33%，可以说基本种植过程都实现了机械化。近年来，水稻种植过程中的机械化采用也快速普及。2008 年，机器插秧比例为 40%，种植机械化水平为 35%。2015 年，全省机器插秧面积 163.87 万公顷，机器插秧率提升至 75% 以上，机械化种植水平达到了 80% 以上，也基本实现了水稻种植过程的机械化。相对而言，玉米种植的机械化水平却不高。2011 年，全省玉米机播水平为 40%，机收水平为 33%，远低于同期小麦和水稻的机械化程度。这也导致了玉米成为唯一一个人工成本超过物质与服务费用的粮食作物。

表 4 - 23　2010～2015 年江苏省小麦机械化水平

年份	机耕水平（%）	机播水平（%）	机收水平（%）
2010	100	88.39	100
2011	100	91.6	100
2012	100	95.01	100
2013	100	97.8	100
2014	100	96.33	100
2015	100	—	100

（三）农资投入强度高，但不可持续

我国粮食生产的一个显著特点是农资投入强度高。以化肥施用和农药投入为例，如果以耕地面积进行计算，2013 年中国的化肥施用强度达到 432 公斤/公顷，是世界平均水平的 3.6 倍，是国际公认的化肥施用安全上限的 1.92 倍。2012 年，我国每公顷的农药施用量为 13.36 公斤，单位面积农药使用量是世界平均水平的 2.5 倍。高强度的农资投入这一特征在江苏省体现得更为明显，作为全国人口密度最大的省份，也是人均耕地垫底的省份，江苏省的粮食产量能够多年在全国位列前五是十分不易的。高强度的农资投入在其中发挥着十分关键的作用，2011 年全省化肥施用量为 337.21 万吨，折合每亩耕地施用化肥量为 48.83 千克，远远高于全国同期水平。2015 年，全省化肥施用量稍微减少，降至 319.99 万吨，折合每亩施用化肥 46.55 千克，仍遥遥领先全国水平，是国际公认化肥施用安全上限的 3.1 倍。全省农药使用量 2011 年为 8.65 万吨，2015 年有所下降，降至 7.81 万吨，相当于亩均投入为 14.68 公顷每公顷，但仍然超过世界平均水平，是美国单位投入水平的 8 倍多。其他农资投入强度也非常大，而且还在继续增长。全省农用塑料薄膜使用量从 2011 年 10.64 万吨增长为 2015 年的 11.32 万吨（见表 4 - 24）。

为了追求短期的产量增长，我国长期过度使用环境资源。特别是过量使用化肥与农药，付出了巨大的环境成本和经济代价。化肥的过度使用导致土壤的酸化严重，化肥使用还造成水体富营养化和农业领域的面源污染，对生态的破坏非常大。农药的过度使用除了带来农药残留从而对粮食质量产生负面影响，也会通过土壤和水资源造成面源污染，破坏自然生态循环。农用薄膜大量残留在农田土壤中，会在 15 ~ 20 厘米的土层形成不易透水、透气的难耕作层，严重影响作物根系伸展和微生物活力，极易造成土壤板结。江苏省的农资使用标准远超全国，大大高于科学合理的标准，上述问题在江苏的表现更为严重。因而，在后续粮食生产中，必须对农资投入有所调减，才能够实现可持续发展。

表 4 - 24　2011 ~ 2015 年江苏省农资投入情况

指标	2011 年	2012 年	2013 年	2014 年	2015 年
化肥施用量（折纯量）（万吨）	337.21	330.94	326.82	323.61	319.99
每亩耕地施用化肥（折纯量）（千克）	48.83	48.03	47.43	47.00	46.54
农用塑料薄膜使用量（万吨）	10.64	11.26	11.68	11.98	11.32
农药使用量（万吨）	8.65	8.37	8.12	7.95	7.81

资料来源：历年《江苏统计年鉴》。

（四）耕地资源有限，后续增产困难大

土地是粮食生产的根基。江苏省是农业大省和粮食生产大省。但是江苏省的土地资源并不多，是典型的耕地面积稀缺省。截至 2008 年，全省耕地面积为 4763.8 千公顷，总量占全国耕地资源的比重为 3.91%。在所有省份中，江苏的耕地资源在全国排名第十。人均

耕地更能凸显江苏省的土地资源稀缺程度，2012 年，全国层面农村家庭平均经营土地面积为 2. 34 亩/人。而同期，江苏农村家庭人均经营土地面积只有 1. 25 亩，仅仅达到了全国平均水平的 53. 36%，位列全国第 22 位。相比排名第一的黑龙江，仅仅只有其平均水平的 9. 2%，差距非常大。

当然，在如此少的耕地面积上，江苏省的粮食产量连续多年进入全国前十，曾多次排名第五，这是十分难得的，成绩值得肯定。从表 4 - 25 不难发现，人均耕地资源少的前五名均为东部发达区域，分别是上海、北京、广东、浙江和福建。除了自然资源禀赋的差异外，上述地区农村家庭人均耕地少的原因还在于发达地区的工业用地和城镇用地扩大太快，占用了大量的农用地。在城镇化水平上，江苏省虽然在全国居于领先地位，2015 年，江苏省的城镇化率达到 65. 2%，高于全国平均水平 10 个百分点，但与北京、上海以及发达国家的城镇化水平相比，有较大差距，仍然有较大的提升空间。可以预见的是，随着江苏城镇化的深入推进，江苏保持稳定的耕地面积的困难会较大。这会对江苏后续粮食生产、增产提出了重大挑战。

表 4 - 25 2012 年各省市农村家庭土地经营情况

地 区	经营耕地面积（亩/人）	全国排名
黑龙江	13. 562	1
内蒙古	10. 401	2
吉 林	8. 271	3
新 疆	5. 757	4
辽 宁	3. 778	5
宁 夏	3. 691	6
甘 肃	2. 715	7
山 西	2. 497	8
全 国	2. 339	——
河 北	1. 890	9
安 徽	1. 888	10
西 藏	1. 886	11
青 海	1. 831	12
湖 北	1. 707	13
山 东	1. 642	14
河 南	1. 623	15
云 南	1. 603	16
天 津	1. 580	17
江 西	1. 572	18

地　区	经营耕地面积（亩/人）	全国排名
陕　西	1.518	19
广　西	1.366	20
重　庆	1.286	21
江　苏	1.248	22
湖　南	1.223	23
贵　州	1.184	24
四　川	1.145	25
海　南	0.733	26
福　建	0.729	27
浙　江	0.543	28
广　东	0.530	29
北　京	0.496	30
上　海	0.256	31

（五）水资源短缺，且利用效率低

水是粮食生产中另一种至关重要的要素投入，没有水资源，粮食生产就难以为继。江苏的水资源呈现两大特征。首先，水资源短缺。我国在整体上就是一个水资源短缺国家，人均水资源拥有量只有世界平均水平的 26%。其中，13 个粮食主产省区的人均水资源尤为不足，江苏等五省人均水资源均低于 1000 立方米。其次，水资源的利用效率偏低。2012 年，我国用水消耗量为 3244.5 亿立方米，江苏省的用水量为 277 亿立方米，在所有省份中，江苏占比最高，是耗水最大的粮食主产省份。并且，江苏省的农田灌溉耗水率水平也很高，全国平均水平为 63%，而江苏省的农田灌溉耗水率为 75.6%，位居全国第一名。从农田灌溉有效利用系数来看，全国平均水平为 0.516，江苏省为 0.571，是超过平均水平的 7 个省份之一。江苏同时也是粮食主产区中仅有的 3 个农业水资源开发利用率低于全国平均水平的省份，平均指数大于 1，远远超过国际标准。

江苏省水资源没有得到有效利用的另一个体现是，粮食生产中的自然灾害多发，尤其是旱灾导致的粮食减产在江苏表现尤为明显。2011~2015 年五年期间（见表 4-26），累计成灾面积为 1380 千公顷，累计受灾面积为 3387 千公顷。2012 年，旱灾占成灾面积的比例最低，但也达到了 60%，2014 年，旱灾占比高达 78.39%。2011~2015 年期间，旱灾在受灾面积的占比也较高，最低的 2011 年旱灾占比为 46.71%，最高的 2014 年占比高达 85.56%。

表 4－26　2011～2015 年江苏省农作物成灾受灾情况

年份	成灾面积 （千公顷）	受灾面积 （千公顷）	成灾面积中 旱灾占比（％）	受灾面积中 旱灾占比（％）
2011	333	1032	72.37	46.71
2012	370	698	60	52.58
2013	193	487	60.62	45.79
2014	199	554	78.39	85.56
2015	285	616	—	76.95

资料来源：根据历年《中国农村统计年鉴》整理。

　　之所以旱灾频发，关键是江苏省的水利建设相对于全国水平（表 4－27）较为落后。2015 年，江苏省的水库数只有 1079 座，而同期全国的水库数为 97988 座，江苏的占比只有 1.1％，在全国位列第 20 位。就水库库容量来说，江苏只有 35 亿立方米，只占到全国的 0.41％，在全国居于第 28 位（倒数第三）。

表 4－27　2015 年江苏水库建设情况

指标	江苏	全国	江苏占比（％）	江苏在全国的排名
水库数（座）	1079	97988	1.10	20
水库库容量（亿立方米）	35	8581	0.41	28

资料来源：2016 年《中国农村统计年鉴》。

（六）劳动力逐渐减少，且陷入老龄化

　　随着经济社会的发展，第二产业和第三产业在 GDP 中的比例越来越高，第一产业比例趋于下降。与此同时，三大产业的就业人员构成比例也发生了剧烈变动。无论是托达罗模型，还是经典的刘易斯二元模型、人口迁移推拉模型，都认可经济社会越发达，第一产业的就业人员，数量占比就会下降。

　　江苏省的劳动力就业特征也符合上述规律（表 4－28）。2000 年，江苏省第一产业就业人员绝对数量依然有 1890.96 万人。2015 年，全省第一产业就业人员只有 875.56 万人，占比只有 18.4％。相比 1978 年，第一产业就业人员减少了 1061.5 万人，累计下降幅度为 54.8％。从就业构成来看，第一产业就业人员比例下降了 51.3％

表4－28　历年江苏省第一产业就业人员情况

年份	第一产业就业人员（万人）	第一产业人员占比（%）
1978	1937.06	69.7
2000	1890.96	42.8
2011	1023.02	21.5
2012	989.98	20.8
2013	956.74	20.1
2014	918.84	19.3
2015	875.56	18.4

当前，中国农户家庭的劳动力配置特征表现为"半工半耕"，部分家庭劳动力进入城市务工，而一部分留守农业。由于农业经营比较效益低，家庭在进行劳动力资源配置时，多将老弱妇孺留守在农业中，农业生产表现为老龄化和女性化两大特征。但很多研究表明，近年来，随着女性群体越来越多地外出务工，个人式的家庭迁移逐渐转变为夫妻一起外出务工，农业生产的女性化并没有想象中的那么严重，女性在农业生产中的地位仍然是居于次要的。实际上农业生产更多地表现为老年化。根据全国层面人口普查数据，2010年农业从业人员平均年龄为44岁，45岁及以上人口所占比例高达47.1%。农业部农村固定观察点的数据也显示，2010年农业生产中老年劳动力（60岁及以上）比例上升至27.31%，而41～59岁劳动力占比约六成，是当前农业生产的主力。在劳动力老龄化方面，已有的研究表明，由于江苏省的省域经济更发达，非农就业机会更多，劳动力多就近转移至非农产业，个体从事农业生产的积极性不高。因而，无论是整体层面的江苏省的老龄化程度，还是农业劳动力老龄化程度，均高于全国层面。

（七）天花板效应和地板效应并存，粮食种植收益持续下降

中国粮食生产目前在两大效应的挤压下，经营收益受到极大程度的影响，经营效益非常低。第一，价格的地板效应日渐抬高。历年《全国农产品成本收益资料汇编》表明，近十年期间，江苏省的主要粮食品种均大幅上升，且成本构成中的物质与服务费用、人工成本和土地成本都增长飞快，尤以土地成本和人工成本增长最快。农资价格上涨严重挫伤了农户种粮的积极性，降低了种粮的比较效益。第二，粮食生产的天花板效应日渐明显。与粮食生产成本快速上涨对比，粮食价格在近些年上涨幅度不大，基本徘徊不前。近年来，虽然国家的财政支持力度逐年加码，但在WTO框架下黄箱补贴的空间越来越小，政策实施力度越来越接近政策所允许的最高限度。并且，政府连续托市多年，导致粮食收购价高于市场价格，导致粮食库存高企，粮库压力和财政支出规模巨大。据中华粮网的测算，

2015年仅玉米的临储库存就高达1.5亿元。同时，粮食进口也维持在较高水平。2015年1~12月中国粮食进口数量为12477万吨，同比增长24.2%，在天花板和地板效应的共同作用下，省内的粮食种植收益不容乐观。

五、江苏粮食种植业发展的对策思路

（一）提高科技贡献度，提升粮食单产水平

目前，江苏省的粮食种植面临着水资源短缺、耕地资源日渐减少、后备耕地不足的整体态势，未来粮食生产能否持续增产，在很大程度上取决于粮食单产水平。因此，为了保障省内粮食供给安全，需要将重心放在提高粮食生产科技水平方面，比如改善种源、科学施肥、农业新技术的应用和采纳等，最大程度地提升粮食单产水平，走内生可持续、高科技水平型的粮食生产道路。当前，江苏粮食单产虽然在国内具有一定优势，但是与主要发达国家的粮食单产水平仍然有一定距离，这就决定了我们仍然有一个较大的空间去提升粮食单产，而这是未来需要重点努力的方向。

（二）加大农业机械投入，提升机械化水平

历年以来，中央政策文件，包括历年一号文件都十分重视规模经营的实现，以及农业机械化在粮食生产中的作用。江苏省是全国平原面积比例最大的省份，地理自然条件优越，这为江苏省的粮食种植提供了推广农业机械的便利。江苏省委省政府也高度重视粮食生产的机械化，并出台了专门的文件予以指示，省财政也给予了大力支持，力争在全国率先实现粮食生产全程的机械化。目前，小麦、水稻、油菜籽等主要农作物的机械化进程正在快速推进，但距离政策目标仍然存在一些差距，一些品种的机械化程度仍然较低，如玉米生产。一些领域的机械化程度也有待提升，如机收之后的运输和烘干过程。因而，后续工作要立足"补短板"这一思路来进行，以便早日实现全省农业生产的机械化。

（三）调整生产要素投入，降低环境负荷

科学合理的农资投入是粮食高产的必备前提，但目前国内粮食种植，包括江苏省的粮食种植均面临着"高投入、低产出"的尴尬境地。改革开放以来，江苏省的农资投入，包

括化肥、农药、农用薄膜量逐年递增，呈现快速增长，这对粮食增产做出了巨大贡献。但必须意识到，农资投入增长速度远远快于粮食增长速度，这意味着农资投入的效率较低。实际上，诸多研究也证实，我国农作物化肥、农药的吸收率远远低于世界平均水平，大量的化肥、农药进入土壤和水源。这一方面造成了投入浪费，另一方面，也造成了极大的环境负面效应，即农业生产的面源污染。不少研究表明，当前农资投入带来的粮食增产边际效应已经十分微弱，传统粗放式的生产不仅在经济上不再划算，而且造成了严重的生态负效应，环境超负荷十分普遍，不利于可持续发展。因而，必须有效减少农资投入，严格贯彻农业部的到《2020 年化肥使用量零增长行动方案》和到《2020 年农药使用量零增长行动方案》，鼓励和扶持社会化服务组织提供农业技术指导，逐步推广科学施肥、洒农药、使用农用薄膜，引导和贯彻绿色生态发展理念，提升农资投入效率，降低环境负面效应。

（四）稳定种植面积，保障粮食生产能力

粮食生产离不开土地，土地是粮食之根。离开了土地，粮食生产将成为无源之水。江苏省是全国 13 个粮食主产区之一，为全国粮食安全做出了重要贡献。鉴于江苏省的人均耕地面积远低于全国平均水平，是全国人口密度最大的省份，取得这一成绩尤为不易。为了贯彻中央"藏粮于地，藏粮于技"的整体要求，建议从以下几个方面展开工作：一是要稳定粮食种植面积，只有种植面积不出现大的波动，粮食生产才不会出现大的波动。二是要加快建立基本粮田保护制度，来保障粮食生产能力。

（五）推进水利建设，完善水利保障

一个残酷的现实是，江苏省水资源呈现三大短板。第一，粮食生产中的水资源较为短缺，江苏的人均水资源水平低于全国平均水平。第二，水资源利用效率不高，粮食生产中的水资源浪费严重。第三，水利基础设施建设滞后，应对旱灾这种自然灾害的能力也较低，全省成灾受灾面积中，旱灾占比最高。水资源短缺会严重制约粮食生产，威胁粮食安全。因而为了保障江苏省粮食种植安全，需要从以下两个方面做出应对：其一，大力发展节水型粮食生产技术，提升粮食生产过程中的水资源利用效率。传统的灌溉方式浪费水资源，要借鉴以色列等发达国家的经验，发展节水高效粮食种植业。其二，加快江苏水利投资和建设，有效减少旱灾对全省粮食生产的不利影响。水利建设除了重点涉及省内大江大湖和区域性大流域，还要加大关注小流域和地方性的水利供给，做到"大中小"全面覆盖，实现丰年补给、歉年供给的有效水利资源调节。

（六）发展社会化服务，培育新型经营主体

目前，在全国层面，粮食生产领域的一个明显趋势是，传统小农虽然依然占据主导性地位，但是新型农民和新型农业经营主体逐渐成为粮食生产的中坚力量。这一趋势在江苏省的表现更为明显，江苏省的规模化主体数量在全国位居前列。因而，为了更好地促进江苏粮食生产，必须要为规模经营主体提供更加便利的服务，发挥其自身优势。可以从以下几个方面做出努力。其一：大力发展社会化服务组织，搭建完善的粮食生产社会服务体系，从产前、产中和产后全方位对新型经营主体进行帮助，解决其生产需求。其二，从补贴、信贷和政策等多个方面，对规模经营主体进行扶持和鼓励。在传统小农日渐老龄化，并逐渐退出粮食生产领域的趋势下，土地和粮食生产也越来越集中，为了减少规模经营主体的经营风险，提高其种粮积极性，要响应中央文件的号召，在信贷支持、农业生产补贴和政策等多个途径，对新型经营主体和规模经营户进行扶持，增强中国粮食生产的国际竞争力，培育粮食生产的核心力量。

（七）推进供给侧改革，增强粮食市场竞争力

当前，中国粮食生产正处于"三量齐增"的整体态势，粮食生产连年丰收，产量很高；粮食进口逐年增长，占国内粮食消费比例逐年增加；粮食库存日益提升，大量粮食堆积在库。之所以出现"三量齐增"，本质在于中国粮食的竞争力不强，核心在于粮食收购政策的市场扭曲效应、粮食生产成本逐年攀升的地板效应，以及粮食生产结构不合理导致的需求和供给不匹配问题。上述几个问题，在江苏省粮食生产领域也广泛存在。由于"三量齐增"导致大量粮食堆积在仓，造成了财政负担严重，十分不利于粮食流通和种植户的收入增长，为了改善上述情况，需要进行粮食供给侧改革，从以下几个方面做出应对：其一，改变传统的农业补贴政策，转向生产支持补贴。传统的价格政策，包括最低收购价，虽然有助于稳定粮食生产，但也造成了粮食主体生产激励扭曲和种植结构不合理，需要改为对粮食生产者进行直接补贴，让价格真正成为反映粮食品种市场价值和稀缺程度的指示灯等。其二，重点发展规模化经营，有效降低粮食生产成本，并对规模主体的粮食生产进行财政支持。中国粮食生产的成本日益攀升，传统小农由于规模不足，已经很难从小规模生产中获利。这部分农户进行粮食生产多是为了保障家庭消费，而经营大户的生产更多是市场导向性的，所生产的粮食也会更多地流入市场和储备库。鉴于粮食安全具有很强的正外部性，为了降低规模主体的生产成本，提升其收入，可以在补贴和信贷方面予以支持。其三，进行粮食种植结构调整。江苏省的主要粮食作物是水稻和小麦，玉米种植则较少，

这较为合理。然而，仍然存在一些问题，比如优质稻米和小麦供给不足，市场竞争力不强，无法满足城乡居民日益增长的需求。因而，要立足本省的优势进行结构调整，有效提升优质大米、小麦和食用油供给。

专题一：江苏粮食生产布局

江苏省是一个地理分明，区域经济发达程度层次分明的东部省份，全省13个地市可划分为苏南、苏中和苏北三大亚区域。其中，苏南包括南京、无锡、镇江、常州和苏州五个地市，经济最发达。苏中包括南通、泰州、扬州三地市，是全省经济次发达地区。苏北包括徐州、连云港、淮安、盐城和宿迁五个地市，同时也是全省经济最为薄弱的区域。从粮食生产而言，江苏省的粮食区域布局按照苏南、苏中和苏北差异，分别为苏南粮食主销区、苏中产销平衡区、苏北粮食主产区。从这一点来看，中国的粮食生产格局实际上在江苏省就可以全部体现出来，江苏只是一个微缩版的显示。

表4－29　2015年江苏各地市粮食播种和产量情况

地区	农作物播种面积（千公顷）	粮食播种面积（千公顷）	粮食产量（万吨）
南京	316.88	156.21	114.06
无锡	173.13	102	72.28
徐州	1160.62	736.27	470.92
常州	214.66	142.77	108.31am
苏州	250.22	147.82	108.22
南通	835.73	516.87	337.15
连云港	633.72	502.62	362.15
淮安	795.68	658.24	467.22
盐城	1426.86	981.03	708.06
扬州	509.12	421.19	314.41
镇江	236	175.17	125.15
泰州	581.03	437.45	329.35
宿迁	712	577.3	386.63

资料来源：江苏省农委网站。

区域粮食生产的积极性与该地区经济发展水平密切相关。表4－30表明，地区GDP

水平越高，人均 GDP 水平越高，城镇化水平越高，乡村劳动人数越少，该地区的粮食播种率越低。即经济越发展，乡村劳动力人数越少，该地区种粮积极性越低，粮食种植结构的"非粮化"现象越凸显。但是经济较发达地区的粮食单产却高于欠发达地区。2015 年，粮食单产前三名为常州、泰州、扬州，后三名为徐州、南通、宿迁。这表明经济较发达地区的粮食生产的科技水平具有相对优势。

表 4 - 30　2015 年江苏各地市粮食种植与相应经济社会指标

地区	粮食播种率（%）	粮食单产（吨/公顷）	地区 GDP（亿元）	地区人均 GDP（元）	城镇化率（%）	乡村劳动力（万人）
南京	49.30	7.30	9720.77	118171	81.4	117.84
无锡	58.92	7.09	8518.26	130938	75.4	112.31
徐州	63.44	6.40	5319.88	61511	61.1	358.48
常州	66.51	7.59	5273.15	112221	70	129.4
苏州	59.08	7.32	14504.07	136702	74.9	173.3
南通	61.85	6.52	6148.4	84236	62.8	301.65
连云港	79.31	7.21	2160.64	48416	58.7	175.69
淮安	82.73	7.10	2745.09	56460	58.2	212.5
盐城	68.75	7.22	4212.5	58299	60.1	300.95
扬州	82.73	7.46	4016.84	89647	62.8	180.65
镇江	74.22	7.14	3502.48	110351	67.9	101.36
泰州	75.29	7.53	3687.9	79479	61.6	211.37
宿迁	81.08	6.70	2126.19	43853	55.5	225.25

资料来源：2016 年《江苏统计年鉴》。

第五章　粮食商品流通业

一、粮食流通主体

《粮食流通管理条例》中所涉及的粮食流通包括粮食的收购、销售、储存、运输、加工、进出口等经营活动，是指粮食商品生产出来以后，通过货币媒介的交换方式，实现由生产领域向消费领域转移的全过程，而本章的粮食商品流通特指通过低价格购进粮食、高价格出售粮食的方式实现粮食购销差价的经营活动，因此粮食商品流通业的流通主体就是以获取粮食购销差价为经营目的的企业或个人的总称。

粮食商品流通主体通过粮食收购、销售、调拨、储存等经营环节实现粮食流转，其中粮食收购是指为了达到销售、加工或者作为饲料、工业原料等目的直接向种粮农民或者其他粮食生产者批量购买粮食的市场行为，而粮食销售是指企业或个人通过向其他单位和个人让渡粮食所有权，并获取相应经济收入的行为。粮食收购和销售是完成粮食流通的关键业务，粮食调拨、储存、运输等活动都是围绕粮食购销展开的。与其他行业市场主体相比较，粮食流通主体的特点有：一是其经营活动的主要内容是粮食购销；二是粮食作为资产在全部资产中占有较大的比重，是其资产管理的重点；三是其资金活动轨迹为"货币—商品—货币"。按照粮食商品流通业的概念和特征，可以对当前粮食商品流通市场的经营主体进行区分和归类，有助于理清粮食购销市场的现实情况和发展中出现的问题。

（一）粮食收购市场流通主体分类

粮食收购市场是原粮从生产者手中进入流通领域的最初市场，从粮食购销的历史发展进程看，我国从 1955 年开始实行粮食统购统销政策，粮食购销由国家专营。从 1997 年开始实施以保护价敞开收购农民余粮的政策，2004 年，我国实行粮食最低收购价政策，全面放开粮食收购和粮食销售市场，实行多渠道经营和严格市场准入两结合的原则，对粮食收购依法进行资格管理，积极引导多元主体入市收粮。因此，原粮收购可以分为三块：一是以农村粮商、粮食加工企业、粮食收储企业等为主体的非国有的多元化市场收购；二是以国有粮食收储企业为主体的储备粮轮换收购；三是以中储粮系统为主体的托市收购。当市场收购价高于最低收购价时，收购活动以非国有粮食收储企业等市场主体为主；当市场收购价低于最低收购价格时，粮食收购以国有粮食收储企业为主。2011 年以前，市场主要以非国有粮食企业和贸易商收购为主，以储备轮换为补充，2011 年以后，尤其是 2013 年以来，随着粮食生产的连续丰收，最低收购价预案启动已成常态，逐渐形成以中储粮系统及其委托收储库点等国有粮食收储企业为主渠道的收购格局。

农村粮商，是指从事农村粮食购销活动，通过低价购进粮食高价出售粮食，赚取购销差价的基层收购群体。据不完全统计，截至 2014 年，江苏省农村粮商人数已达 30749 个[①]，年收购粮食数量达 1286.8 万吨，占全省国有企业收购量的 83.01%，目前已经成为全省国有粮食收储企业与非国有粮食经营企业的主要收粮渠道。农村粮商大致可以分为两类：一是流动贩运型，面向粮食产区规模较大的粮库或粮食加工企业，形成自己的购销网络。这一类农村粮商熟悉周边的粮食生产和农户粮情，自筹资金购买农用运输车辆，走村串户，以略低于市场价从农户手中收粮，从中获取差价收益。经营规模多以家族为单位，夫妻经营为主，间有父母兄弟参与，利用自家三轮车、箱货面包车或大型车辆贩运，每天收购量 10~100 吨不等，每吨利润在 30~400 元，活动范围为所住村庄周边 30~40 公里。另一类农村粮商是坐店收购型，大多以家庭为单位的固定收购摊位，主要分布在江苏省各粮食主产乡镇和交通便利的村庄，路边街道明显可见。这部分农村粮商利用自家门前空地和院落，将地面硬化，搭起简易棚子就地收购，长年不断，既有农户上门卖粮，也有小粮商转售大粮商，经营规模略大于流动型农村粮商，主要以江苏省各地县的粮库和粮食加工企业为依托。农村粮商是粮食流通分工进一步细化的产物，已经成为江苏省种粮农民售粮和粮库收粮的主要渠道，其特点是粮情熟、信息快、自备自有资金，农村粮商的存在加快了江苏省粮食商品化的速度，为粮食购销体系市场化注入新活力，同时增加了社会就业，促进农民增收。

国有粮食收储企业，是指承担国家政策粮以及中央和地方储备粮的购进、储存、调拨和粮食进出口业务的国有粮食企业。这里主要包括两部分，一是以国有粮食收储企业为主体的储备粮轮换收购，二是以中储粮系统为主体的托市收购。2011 年以来，随着粮食生产

---

① 李彦光，尤晓萍，赵敏. 关于江苏省粮食经纪人发展情况的调查报告 [J]. 中国粮食经济，2014 (5)：54 - 57.

连续丰收，最低收购价预案启动已成常态，中储粮作为最低收购价预案的执行主体，其管理模式分两块，一是中储粮总公司自建粮库，为直属粮库；二是委托省市县现有国有粮食收储企业进行代收代储，因此国有粮食收储企业在粮食收购中发挥主渠道和主力军的作用。另外，国有粮食收储企业还肩负着政策性粮食和储备粮轮换、抛售的销售任务，也成为原粮销售市场的主力军，通过粮食购销保持我国粮食收储相对平衡。截至 2015 年末，江苏省国有粮食购销企业 789 家，主要集中于苏中和苏北的粮食主产县（市、区），2015 年江苏省国有粮食购销企业实现盈利 3.85 亿元，居全国前列。

非国有粮食企业，是指以粮食收储或粮食加工为经营内容的企业单位，既包括专门从事粮食收储的个体工商户，也包括因粮食加工需要而向种粮农民或其他粮食经营者收购粮食的加工企业。这一流通主体是粮食市场多元化收购下不可或缺的一部分，在调剂省内粮食余缺、平衡供求方面发挥重要作用。

（二）粮食销售市场流通主体分类

我国原粮收购市场仍然受政策的主导，而成品粮的销售基本上以市场为主导，受供求规律调节。江苏省成品粮市场化改革较早，市场化程度也较彻底，经过多年发展，目前成品粮销售已经基本形成多元化、多渠道的销售格局和覆盖全国的销售网络。没有粮食销售市场主体的营销活动，粮食产品销售就会受阻或中断，将会直接影响粮食生产企业的发展和人民生活需要的满足。粮食销售市场流通主体按其在粮食产品销售过程中的地位和作用可以分为粮食批发商和粮食零售商，其中粮食批发商又包括代理商和经销商，粮食零售商包括各种零售业态，如粮油店、超市、便利店以及少量的网上销售。

粮食批发商，是指专门从事把粮食产品或替委托人把粮食产品出售给零售商的流通主体。江苏省粮食批发商以江苏粮油商品交易市场、兴化市粮食交易市场等大型批发市场为依托，一般有两种类型：一是粮食经销批发商，这类批发商是指从批发市场购进粮食产品，经过加工、整理、储存、分类等再转手给粮食零售商、粮食加工企业或其他部门的粮食产品经销组织。粮食经销批发商是江苏省粮食产品流通的中坚力量，担负着稳定粮食市场、评议粮食产品价格、合理存储粮食产品、满足消费等重要任务。二是粮食代理批发商，是指不拥有粮食产品所有权，只接受粮食生产部门委托，从事粮食产品批发业务的组织。2015 年，江苏省 35 个粮食批发市场交易总量 949 万吨，交易额 366 亿元，有效促进了粮食产销衔接，保障了市场供求平衡。

粮食零售商，是指粮食产品直接销售给最终消费者的流通主体。粮食零售商是粮食产品从生产者到消费者的最后一个环节，直接与消费者联系。超市、连锁店、粮油店等组织形式是粮食零售的主要渠道，与居民消费密切相关。随着江苏省"放心粮油"工程的深入推进，放心粮油网点的数量不断增加，截至 2015 年，已经达到 2111 家，连续五年位居全国之首，既提高了粮食零售部门的销售量，也为放心消费提供了保证，实现了多市场主体互利共赢的局面。同时，新型流通业态也随电子商务的普及蓬勃发展起来，2015 年，苏州市"良粮网"上线交易，无锡市创建"粮宝宝"放心粮油连锁店，推进了粮食电子商务平台、电话订购平台、二维码质量追溯系统和 ERP 管理等系统的应用和创新。粮食零售商的零售方式正发生着更新和改进。

二、粮食购销情况

虽然非国有企业和其他经营主体在粮食收储中的占比越来越高，但不得不承认，一直以来国有企业才是省内粮食行业的中坚力量。目前江苏省是以中储粮系统及其委托收储库点等国有粮食收储企业为主渠道的收购格局，同时国有粮食收储企业还肩负着国家政策性粮食和储备粮轮换、抛售的销售任务。国有粮食收储企业的购销业绩与发展动态是江苏省粮食购销工作的重点关注对象。

（一）购销总量稳中有升，促进农民增收

从总量上看，江苏省粮食购销总量稳步增长，"十一五"时期全省国有粮食企业收购 6675 万吨[①]、销售 8225 万吨，粮食购销总量居全国第二位。"十二五"时期全省国有粮食企业收购量进一步上升，累计总量达到 7935 万吨，占社会总收购量的 75%，比"十一五"时期增加 1260 万吨，其中 2013 年收购总量达到 1626 万吨，创造十年来粮食收购总量新高度。作为小麦、稻谷的主产省份，江苏省重点关注夏秋两季收购，连年启动最低收购价政策预案，2012 年全省共布设 4 个批次 793 个托市收购库点，2013 年为满足农民售粮需要，全省分别布设小麦、籼稻、粳稻委托收储库点 851 个、128 个、425 个，托市收购总量为 479 万吨，创十年新高，其中托市收购小麦 362 万吨，位列全国第一。2014 年委托收储库点相比 2013 年进一步增加，同时收购总量相较 2013 年提高 342 万吨，达到近 821 万吨，有效解决了农民售粮难题，收购总量和托市收购量均创历史新高。2015 年，天

---

① 数据由江苏省粮食局提供。

气因素致粮食产量下降，收购总量也有所下降，但仍保持在 664 万吨的较高水平。总体上看，江苏省托市收购总量、规模均位于全国前列的水平。由于库存量较大，江苏省粮食出库成交量也受市场关注，据统计（见表 5-1），2014 年江苏省粮食成交出库量 525 万吨，其中小麦成交 429 万吨，水稻成交 62 万吨，而 2015 年与 2016 年的粮食出库成交量有所下降，2016 年小麦和水稻的成交量分别为 203 万吨和 17 万吨，月平均成交量为 20 万吨。随着最低收购价政策的推进、粮食收购价格的提高和粮食商品量的上升，"十二五"期间，江苏省粮食收购有效促进农民增收 105 亿元，积极帮助农民处理受灾年份的粮食，切实解决农民售粮难题，并且提前落实省政府的增储计划，保障粮食粮食供应，提高应急处置能力。

表 5-1 2014~2016 年江苏省地方国有粮食企业商品粮收购量（单位：万吨）

地区	2014	2015	2016
南京	140.8	53.9	71.1
无锡	118.2	66.1	83.8
徐州	101.7	36.25	177.2
常州	39.5	19.25	26.4
苏州	124.3	57.9	53
南通	143.9	54.85	103.4
连云港	62.6	21.6	108
淮安	258.9	78.15	150.6
盐城	280.3	112.85	241.1
扬州	143.7	77.85	134.9
镇江	65.6	27.55	45
泰州	147	97.3	186.3
宿迁	146.6	89.55	166.5
合计	1773.1	793.1	1600

（二）深入推进产销合作，引导市场流通

江苏省地处粮食产销过渡带，产销地区之间粮食购销差异明显。从苏南、苏中、苏北各地区总量占比来看，苏南地区收购量平均占全省收购总量的 25%，苏中和苏北地区作为粮食主产区，在收购量上处于绝对的优势主导地位，因此，江苏省产销地区之间的明显差异也就成为其产销衔接的合作基础，按照互惠互利的原则，在市场机制的基础上建立和完善长期稳定的购销合作机制，既能缓解省内地区之间购销调控压力，也是购销市场化改革的客观要求，江苏省发展了省内和省际两个层面的产销合作机制。一方面，为了推进省内

粮食产销衔接，鼓励和引导粮食产销区建立利益协调机制，促进省内粮食合理有序的流通，2014年，徐州、扬州、无锡、苏州、宿迁、南京、淮安等地签订购销合同210万吨，建立生产基地5万公顷，2015年，苏州、宿迁举办粮食产销合作洽谈会，签订购销合同72.5万吨，省内产销地区之间逐步建立起长期稳定的合作机制。另一方面，江苏省大力发展省际间的产销合作，2014年，首次在上海举办苏浙沪粮油产销合作洽谈会，签订合同46万吨，还参与吉林、黑龙江、福建等粮食交易合作洽谈会，签订省际购销合同171万吨。另外，在充分利用国家运费补贴的基础上，引导省内企业采购东北粳稻、玉米53万吨，2015年，江苏省在上海举办"江苏名特优新粮油精品推介会"，签订合同49万吨，在吉林、黑龙江、福建粮食交易合作洽谈会上，共签订产销合同122.5万吨。随着省内省际间产销合作不断深入发展，产销衔接的规模也随之扩大，模式不断创新，机制不断完善，有效调剂了省内粮食余缺，促进了全省粮食供需平衡，缓解了省内粮食流通中不平衡、不协调的矛盾。

（三）国有粮食企业改革，探索购销新模式

我国国有粮食购销企业普遍存在着规模不大、实力不强、引领行业发展能力不足的发展瓶颈，因此江苏省积极推进国有粮食购销企业改革，省政府出台《关于深化国有粮食购销企业改革的意见》，96%的县（市、区）出台改革方案，25%的划拨地变更为出让地，67%的国有粮食购销企业实施兼并重组，60%的县（市、区）基本形成购销总公司或集团总公司＋分公司（子公司）发展模式，企业融资和发展能力明显增强。从农村规模经营的新形势出发，国有粮食企业主动适应并与种粮大户、家庭农场、"全托管"等规模种粮组织进行合作，开始多种方式的订单农业，实现企业与农民的互惠共赢。以南通市为例，目前，全市国有粮食购销企业与70个种粮经济组织进行对接，对接面积50333亩，直接收购粮食27918吨。国有粮食购销企业还积极探索发展全产业链经营，助力农业产业化、现代化，南通市如东县国有粮食购销公司不仅参与农村土地流转，还与育种公司、涉农服务企业、粮食加工收储企业、全托管经营主体成立粮食权产业链联盟，实现统一供种，统一耕作，统一施肥用药，统一收购、储存、加工、销售，同时积极申报"如东大米"集体商标，初步形成了集粮食种、管、收、储、加、销于一体的粮食全产业链发展新模式，实现了农民、村集体、"全托管"种粮组织和粮食购销企业等多方得益。粮食收购企业与粮食规模经营主体对接的新型购销模式是产业融合背景下国有粮食企业改革的有效路径，不仅增强了流通活力，提高了国有粮食购销企业经营效率，还能有效促进产业链中各市场主体实现盈利目的、促进农民增收。

三、粮食市场体系

经过十几年发展，江苏省已初步形成以零售市场为基础、以批发市场为主体、以期货市场为先导、以电子商务为方向，生产与流通结合、商流与物流结合、期货与现货结合、传统与网络结合的粮食商品市场体系，在调节粮食供求、配置粮食资源、搞活粮食流通、保障粮食安全等方面发挥了积极作用。

（一）粮食商品收购市场

粮食商品收购主要指代的是原粮收购。2004 年粮食市场化改革至今，江苏省粮食商品收购市场呈现出以政策性粮食收购为主要支撑，市场化经营和政策性收购并存的格局，在促进农民持续增收、维护粮食市场稳定、保障粮食安全、推进农业供给侧结构性改革方面发挥了重要作用。促进农民增收。根据粮食最低收购制度安排，国家每年在粮食播种期前公布当期最低收购价格，各省提前做好收购资金、仓容、设施、服务等准备，适时启动托市收购，避免出现农民"卖粮难题"，切实保护农民利益。如"十二五"期间，在国内外粮食价格倒挂、粮食生产成本持续抬高、粮食消费需求不旺的考验下，江苏省国有粮食企业累计收购粮食 1587 亿斤，占总收购量的 75%，其中托市收购粮食 507 亿斤，促农增收 105 亿元，有效发挥了国有粮食企业收购主渠道作用。保障粮食安全。首先是布局收购网点。根据粮食种植布局和交通条件，各省粮食部门统筹设立粮食收购网点，合理布局，方便农民售粮，最大程度掌控粮源。其次是收购市场管理。为维护粮食商品收购市场的秩序稳定，江苏省积极构建被污染粮食的收购、储存等质量安全管理和追溯制度及污染粮食处置价差费用补偿机制，加大粮食商品收购等监督检查力度。

（二）粮食商品批发市场

粮食批发市场是集实现粮食商品集散、形成粮食价格信息、提供粮食交易服务等功能于一体、多种交易方式共存的市场中介组织，是目前粮食商品流通的主要载体。经过多年探索与实践，江苏省粮食批发市场发展逐渐呈现出交易主体多元、交易方式灵活、交易机制完备等特征，适应深化粮改新形势的同时，提高了粮食商品流通效率，节约了粮食商品流通成本。在"立足江苏，辐射长三角，面向全国"目标导向下，江苏省粮食批发市场从

图 5 - 1 江苏省新海粮食储备直属库

无到有，从小到大，稳步发展，功能和作用均得到有效发挥。2015 年，全省 35 个粮食批发市场交易总量 94.9 亿公斤，交易额 366 亿元。其中，交易量 40 万吨以上的粮食批发市场共 7 家，交易量高达 71.6 亿公斤，占总交易量的 75%，粮食批发市场"纽带"作用和"蓄水"功能得到充分发挥。规范交易行为。江苏省粮食批发市场采用会员制、保证金制、代办结算制、履约监督制等较为完善的交易机制，将粮食商品交易纳入规范、有序轨道，克服了商业欺诈，有效地抵制了"暗箱操作"等不正之风，提高了合同履约率。此外，粮食企业进场交易为粮食企业加强内部管理提供了条件。提供交易服务。江苏省粮食批发市场采取大型交易会与中小型交易会相结合、定期交易会与不定期交易会相结合、综合性交易会与专业性交易会相结合的交易方式，将拍卖和协商相结合、场内与网上相结合、信息交流与研讨培训相结合，满足不同类型粮食企业需求，加强了产地和销地之间的联系和协作，实现了粮食商品在产销地区之间的互通有无。形成价格信息。价格是交易活动的综合反映，江苏省粮食批发市场形成的交易价格具有真实性和公正性等特征，客观反映了江苏省粮食批发市场供求关系，对粮食生产和经营具有引导作用。此外，江苏省粮食批发市场同国内外其他粮食市场有着广泛而密切的信息联系，通过对其他粮食市场供求、价格等信息的搜集、整理和分析，对未来粮食行情进行预测并传播，较好地发挥了信息对生产和流通的引导作用。粮食批发市场实际上成了粮食信息中心，为政府部门宏观调控提供了依据。

（三）粮食商品零售市场

粮食商品零售市场在整个粮食商品市场体系中具有基础性的作用。我国仍处于社会主义初级阶段，生产力发展水平还不高，市场化程度还较低，部分粮食还需要通过零售市场（包括农贸市场）进入消费领域，粮食商品零售市场在保障城乡居民粮食供给、满足和方便人们日常消费需求、调剂粮食品种余缺等方面发挥了积极作用。由于管理制度不完善、服务意识薄弱、基础设施不完备等原因，传统的粮食商品零售市场存在交易方式落后、管理水平差、服务不到位，甚至以次充好、缺斤少两等情况。但是，随着粮食市场化改革进程的加快，连锁配送、粮食银行、网上粮店等新型业态的出现，以及互联网技术、电子商务等基础设施的日臻完善，粮食商品零售市场逐步向在线交易、网上支付转变，并呈现出零售贸易与电商模式相结合、实体经营与网上销售相补充的特征，为民服务水平提档升级。江苏省在粮食商品零售市场完善工作等方面亦不遗余力。

（四）粮食商品期货市场

相对于现货市场反映当时或过去粮食供求关系及其价格变动情况，粮食期货市场反映的是未来一定时期粮食供求关系和价格变化趋势，强流动性、广辐射性和高效率性等特点使其具有价格发现和规避风险功能，能够有效缓解粮食商品生产结构与市场需求结构之间的矛盾，促进产销衔接，提高粮食商品市场流通效率。发现市场价格，调整粮食商品供给。小规模生产和信息不对称性的特点使得大多数农民在生产经营中会面临较大的不确定性，较弱的市场风险承受能力下，粮食商品供给短缺和过剩现象会交替出现。如果市场体系不健全，并且缺少及时准确的价格信息，那么以市场为导向的结构调整就无从谈起。基于期货市场的价格发现和预期指导功能，农民会按照市场需求安排和组织生产，有利于调整粮食商品供给，提高粮食生产效益。规避市场风险，实现产销"双赢"。粮食产业化发展有利于稳定粮食生产、保护粮农和企业的利益。已有的"公司+农户"或订单农业模式对于签约企业来讲要承担很大的经营风险，一旦收获季节粮食价格下跌，企业要按照合同价格收购粮食，被动承受市场价格变动带来的损失。期货市场作为风险转移和再分配的市场，可以将集中于企业的风险细化、分解、转移给众多市场投机者，既有利于企业实现利润，也能保证合同的履行和农民预期收入的兑现，实现生产者和经营者"双赢"。近年来，江苏省按照有利于各类主体参与期货市场、降低交割成本的原则，积极探索发展粮食期货业务，完善相关制度规则，有效推动了粮食期货市场的发展。如在全省交易市场尝试期货、拍卖等现代化交易模式，鼓励企业入驻全省电子交易平台开展期货业务，控制经营风险，根据价格信息调整粮食商品生产和进出口，利用期货市场转移国内国际粮食价差风险、实现套期保值等，期货与现货结合，搞活了粮食交易和流通，推动了粮食产业发展。

四、江苏粮食商品流通业的主要特点

（一）市场主体多元，市场结构多样

经过十几年发展，江苏省已初步形成涵盖多元市场主体、多种交易方式、多层次市场结构的粮食商品流通市场体系，在搞活粮食流通、调节粮食供求、配置粮食资源等方面发挥了积极作用。市场主体多元。多元化、成熟的市场主体有助于在粮食商品流通市场中引入竞争机制，促进粮食商品流通市场发育。随着粮食流通市场化改革的推进，江苏省粮食商品流通市场主体呈多元化发展，国有粮食企业、非国有粮食企业、个体工商户、粮食经纪人、农户等不同规模、不同性质的市场主体共同参与到粮食商品流通市场中，为粮食商品流通市场良性竞争创造了条件。此外，江苏省继续深化国有粮食企业改革，建立现代企业制度，持续发挥主渠道作用，切实掌控粮源，确保口粮自给。鼓励企业采用连锁、配送、电子商务等新兴形式，发展订单农业、品牌农业，前延后伸产业链，密切产销合作，支持企业"引进来"、"走出去"，提高粮食商品流通效率。市场结构多样。基于期货市场价格发现和规避风险功能，现货市场和期货市场结合对于化解粮食价格波动风险、调整粮食种植结构、降低农业生产风险、维护市场流通秩序等方面意义重大，符合我国粮食流通体制改革需求。按照"改造、提升、扩量、完善"的基本思路，江苏省重点扶持销区口粮批发市场和产区特色粮食批发市场，发展沿江、沿海、沿运河区域性中转市场，不断提升粮食批发与中转市场服务功能，提高市场运行效率。探索发展粮食期货业务，按照有利于各类主体参与期货市场、降低交割成本的原则，完善相关制度规则，鼓励企业入驻全省电子交易平台开展期货业务，支持有条件的批发市场引入期货交易机制。在全省交易市场普及电子结算、建立数据分析系统，促进价格形成机制的建立，进一步发展电子商务、挂牌交易，尝试期货、拍卖等现代化交易模式。期货与现货结合的形式，不仅搞活了粮食交易和流通，更推动了粮食产业持续健康发展。

（二）注重产销平衡，合作渠道增加

粮食生产的集中性和粮食消费的分散性决定了粮食商品流通的特殊性，随着粮食流通体制市场化改革的不断推进，江苏省粮食商品流通市场在区域协调和产销协作等方面做出了重要努力，且成效显著。协调产销区域不平衡。江苏省地处全国粮食产销过渡带，近年来，粮食外流量呈扩大趋势，省内粮食产销布局不平衡性逐年突出。在此背景下，江苏省积极推进省内及省内外粮食产销合作，熨平粮食区域供给失衡，保障粮食安全。省粮食局和上海市、浙江省粮食局分别签订产销合作战略协议，先后与苏州、无锡、镇江市政府以及省农垦集团签订战略合作协议，连续在上海举办东南沿海省际产销合作洽谈会，举办上海粮油精品展，建立互信互通互惠产销合作机制。建立苏南苏北产销区联动联防机制，依托畅通物流优势，保障安全应急快速响应。支持主销区企业到主产区投资建设粮源基地和仓储物流设施，鼓励主产区企业在主销区建设仓储物流设施和营销网络，建立粮食主销区、产销平衡区与主产区更加紧密稳定的产销关系。拓展产销合作渠道。2004 年以来，江苏省粮食产量每年持续增加，2016 年虽结束了"十二连增"进程，国有粮食企业库存总量屡创新高，受全国粮食产销格局影响，也出现了一定程度的"卖粮难题"。在此背景下，江苏省积极拓展粮食商品产销合作渠道，鼓励收储企业利用仓储、烘干等设施条件与大户合作，发展订单粮食，改进收购方式，推进生产基地建设。通过"公司＋基地＋农场和农户"的形式，积极促进跨区域产业化协作经营，适度开展苏粮"南粮北储"和"北粮南用"，深化产销对接形式，搭建产销合作平台，密切产销合作。同时加强粮食基础设施建设，加快沿江、沿海、沿运河、沿东陇海线粮食商品流通渠道和批发市场建设，支持主产区粮食就地加工转化，建设粮食产业园区。

（三）重视信息化建设，流通效率提高

粮食商品信息化对于粮食安全和粮食经济发展具有重要支撑作用，20 世纪 80 年代末 90 年代初以来，江苏省就不断推进粮食商品信息化建设，并在粮食商品收储、电子商务信息平台等方面成绩显著。粮食商品收储信息化。运用射频技术和无线网络传输技术，通过自动采集农户商品粮的销售数据，实时显示农民交易粮食的数量、方式和流向，准确记录收购企业、经纪人交易行为，建立粮食收购主体行为管理档案，全面掌握粮食生产、收购与价格信息。加强大数据、云计算、物联网等先进技术的应用，在省级储备库和物流产业园，建成数字粮库 55 家、收储信息管理系统 551 家，实现与省级平台的业务数据互联互通和视频信息实时监管。重点应用视频监控、仓前专用设备和新型传感技术，实现收储管理科学化；同时在粮食物流产业园区重点应用储运监管物联网技术实现全程追溯智能化。电子商务信息化。电子商务代表未来贸易的方向，同样也是粮食贸易的发展方向，对于推动粮食产业升级，提高粮食商品流通效率，建立现代化粮食大市场具有重要意义。结

合各地粮食产购销等实际情况，吸取国内外电子商务成功经验，江苏省积极推进粮食商品流通电子化，实现粮食商品流通业跨越式发展。依托全国统一竞价交易系统，联合省内各大有影响力的批发市场，建立信息共享、协同交易、技术支持的战略发展联盟，实现粮食商品网上实时在线交易，推进现货批发市场信息化建设，实现传统批发市场向电子商务方向转型升级。支持"南方小麦网"等信息网络平台做大做强，引导和支持企业自营粮销售通过批发市场电子交易平台实行竞价交易，降低交易成本，提高流通效率。

（四）健全市场监督体系，粮食市场稳定发展

成熟、健康的粮食经济必然是法制经济。按照"公开、公平、公正"原则，规范的运作方式、良好的交易秩序和健全的市场监督体系是粮食商品流通的生命力所在。为规范粮食商品市场流通秩序，实现粮食商品流通市场持续健康发展，江苏省粮食商品流通业以执法制度健全、流通管理完善、监管机制创新为特征深入推进依法治粮，运用法治思维和法治方式化解矛盾、深化改革，使法治成为行业核心竞争力，有效协调了粮食生产者、经营者和消费者之间的利益关系，维护了粮食商品流通市场的秩序稳定。执法制度健全。按照《粮食流通管理条例》等法律法规要求，江苏省认真履行全社会粮食行政管理职责，积极推进地方粮食法制建设，颁布《江苏省粮食安全保障条例》，完善《江苏省地方储备粮管理办法》配套制度，规定粮食经营者的责任和义务，相关行政部门在粮食流通中的职责等具体事项，为加强粮食商品流通市场监管、规范粮食执法创造了制度条件。流通管理完善。首先是增强法制思维。树立"法定职责必须为、法无授权不可为"的法治思维，建立包括行政执法责任制、行政执法案卷管理制度等在内的一系列粮食行政执法的配套制度，推进依法行政、依法办事。其次是提升执法能力。截至2014年，全省64个市县建立粮食专职执法队伍，试点推广粮食移动执法，创建全国粮食流通监督检查示范单位3家、省级示范单位10家。最后是加大执法力度。依法规范粮食经纪人管理，发挥粮食经纪人连接农户与企业、农村与市场的作用，认真执行粮食收购许可证的审核与发放，定期进行核查管理，严厉打击"转圈粮"、"打白条"、压级压价、缺斤少两等坑农害农行为。监管机制创新。实行部门联合执法机制、省内联动执法机制和省际联动执法机制，杜绝监管盲区。部门联合执法方面，重点建立长效机制，力争省、市级层面建立和工商、物价、公安等部门常态化联合执法的新模式。省内联动执法方面，由各有关市组织，推动相邻市县全部建立区域联动执法协调机制，并报省粮食局备案。省际联动执法方面，由省粮食局牵头，会同有关省份，抓紧建立覆盖所有外省毗邻区域的规范统一的协作通报、信息共享、案件移送、联动执法等制度。

五、江苏粮食商品流通业发展的对策思路

（一）深化国有粮食企业改革，完备粮食商品流通体系

国有粮食企业是国家收购掌握粮源和实施粮食宏观调控、促进粮食增产和农民增收、维护粮食市场与价格基本稳定、确保粮食安全的重要载体与得力助手。近年来，在国家大力倡导下，江苏国有粮食企业改革在转换企业经营模式、整合国有资产、培育优势产业等方面取得了积极成效。但是，在多元化的市场主体竞争中，国有粮食企业经营模式单一、竞争力弱、企业内部体制约束等突出问题的存在使江苏国有粮食企业"小、散、弱"状态没有得到根本改变，国有粮食企业的双职能受到影响。基于此，江苏应按照有利于保护种粮农民利益、有利于粮食市场稳定、有利于国家粮食安全的原则，推进地市、县国有粮食企业整合重组，促进优势资产和优势资源的集聚，改变国有粮食企业"买原粮、卖原粮"的传统经营方式，在有条件的县（市、区）推广"收储网络 + 批发零售网络"模式，同时组织以国有粮食企业为主的各类粮食收购主体与粮食规模经营主体对接，"一企一片"，农企联动，为种粮大户、家庭农场、粮食专业合作社等售粮提供便利。当然，混合所有制的探索发展也是必不可少的，在继续发挥国有粮食购销企业主导作用的基础上，鼓励和引导、支持符合条件的多元市场主体参与政策性粮食收购，作为粮食市场体系的有益补充。粮食商品流通还涉及粮食批发与零售——粮食进入消费领域的主要渠道，江苏粮食商品的批发与零售市场呈现出交易主体多元、交易方式较灵活等特征，有利于粮食商品流通效率的提高及粮食商品流通成本的降低。但传统交易方式的单调、商品流通管理体系不健全等原因阻碍了粮食商品流通市场的进一步壮大，江苏应在粮食商品流通市场完善工作等方面不遗余力。借助互联网平台，建立粮食商品批发零售新模式，实现线上交易与线下交易融合式发展；渗入金融元素，完善相关制度规则与预警机制，积极探索发展粮食期货业务，控制生产经营风险，搞活粮食商品流通，推动了江苏粮食产业发展。

（二）建立粮食产销区域合作机制，提高粮食商品流通效率

粮食产销区域合作是指逐步拆除粮食在产销区之间自由流动的壁垒，按照"政府推动、市场运作"的原则，使各类粮食市场主体及时获得充分的粮食产销信息，并在粮食生

产与流通的某个环节之间进行协商、对接的活动。发展粮食产销合作，有助于引导粮食有序流通和稳定粮食市场。江苏粮食生产和消费区域性特征明显，粮食品种结构存在余缺，同时全省粮食库存逐年增加、粮食销售不畅等直接导致新粮上市收购面临巨大压力，滞缓粮食商品流通。江苏应积极主动推进粮食产销合作，建立规范开放的粮食市场，以经济利益为纽带，与国内有条件的企业进行联合开发，重点培育扶持一批能发挥主渠道作用的粮食骨干企业；引导、鼓励本省经营企业到粮食产区建立基地，开展粮食购销贸易、库场租赁并购和联营，以及代收、代储、代销等多种形式的合作，直接参与产区的粮食生产、流通，通过与产区建立稳定的、长期的产销合作关系，稳定粮源采购渠道，提升粮食产销合作的广度与深度；充分发挥省内粮食产销区各自优势，确立互惠互利的粮食产销合作关系，实现资源共享、优势互补，支持和鼓励粮食产销区联合举办产销合作洽谈会、交易会，为粮食商品流通提供服务平台，形成产销区长期合作互利多赢的格局；当然，粮食产销区要因地制宜，探索新的产销合作形式，拓宽合作领域，着力培育产区优势品牌和产品，为粮食商品流通开通便利渠道，提高粮食商品流通运行效率。

（三） 加强粮食信息化建设，推进粮食商品流通现代化

江苏省粮食信息化建设起步较早，并取得了一定的成绩，如信息化组织制度建设显著加强，基础设施不断完善，重点领域信息化应用逐步深化等，但较其他先进部门仍存在信息共享程度低、管理体系不健全、对粮食商品流通发展支撑不足等问题。基于此，江苏省应紧紧抓住全国粮食信息化试点示范省建设的契机，以大数据、云计算、物联网等先进技术应用为基础，加强粮食信息化建设，在全国率先建成各类信息互联共享、主要业务可视可控、系统运转安全稳定的粮食信息化体系。粮库改造工程是近年来江苏省粮食行业投入最大、全省普遍受惠的基础设施建设工程，可以说，粮库信息化系统是粮食行业信息化的基础，围绕粮库核心业务，结合各地粮食产购销等实际情况，江苏省应注重粮库功能提升，支持粮食企业推广应用先进技术装备和新型材料工艺，进行技术改造升级，不断提升粮库功能效益，持续推进粮食收储作业机械化水平和粮库智能化建设。粮食管理平台的行政管理、公共服务等功能使其对于粮食商品流通的支撑意义重大，江苏应继续实施"1210"工程，建设全省智慧粮食管理中心，形成省、市、县及涉粮企业互联互通、信息共享的智能化管理体系。如在收储库，重点应用视频监控、仓前专用设备和新型传感技术，实现收储管理科学化。开发建设江苏粮油信息网，建立社会服务信息化窗口，通过网络、微信、短信等现代通信载体，实时发布国内外粮油生产、贸易、价格等信息，为涉粮企业和社会公众服务。同时粮食商品电子商务平台建设对于深化粮食商品流通具有重要推

进作用，江苏应做好粮食交易中心省级终端和现货批发市场的信息化建设，并逐步实现与国家平台的联网运行，并鼓励有条件的地方发展粮油电子商务，实体经营与网上销售相补充，积极推进粮食商品流通现代化。

（四）塑造粮食法制环境，维护粮食商品流通市场秩序

规范的运作方式、有序的流通秩序、健全的监管体系对于粮食商品流通法制化建设具有重要作用。近年来，江苏省始终重视粮食商品流通法制环境建设，并在执法制度健全、流通管理完善和监管机制创新等方面取得了一定的成就，但仍存在一定的不足。基于此，江苏省应以"部门明确、职责清楚、监管有力、管理规范"市场监督管理机制为导向，加强粮食商品流通市场监管，健全粮食商品流通监管体系。专职的粮食执法队伍对于粮食商品流通法制化建设具有基础性作用，但江苏目前有些地方粮食执法人员缺乏专门的执法培训，执法队伍执法水平不高现象仍有发生，所以江苏应加强执法队伍的培训，重点加强法律知识和业务知识的学习，提高执法队伍的素质和水平。同时，为强化各级粮食行政管理部门的行政执法与质量监测职能，还要为全省各级行政执法队伍配齐调查取证、执法车辆、移动执法终端等必要的执法装备，尤其要重点加强执法检查现场快检能力建设，并配备必要的快检设备。为方便各级粮食行政管理部门科学、动态地对监管对象进行有效管理和服务，降低粮食流通监督管理人员的劳动强度，节约行政成本，提高行政效率，江苏省应进一步拓展和完善粮食行政执法业务流程，加大粮食监督检查行政执法工作配套制度建设，细化粮食监督检查行政执法工作程序，明确工作标准和责任，从而实现对全省粮食商品流通监督检查的日常监管、奖罚情况、统计台账等功能，提高全省粮食商品流通监督检查工作水平。健全的粮食商品流通法律体系对维护粮食流通秩序具有两方面作用，一方面可以将粮食政策法制化，另一方面做到粮食商品流通行政管理部门监管工作的有法可依。目前，江苏省出台了一系列的法律法规，对于维护粮食商品流通市场秩序起到了良好的支撑作用，但法律层次仍然不够高，因此，江苏省仍要加强相关配套法律的制定和完善，实现法律法规对粮食商品流通各环节的无缝隙全覆盖，从而推动粮食执法走向成熟。

专题二：江苏粮食消费状况

江苏地处东南沿海，是全国经济发达省份之一，也是粮食生产、流通和消费大省。与全国粮食生产总体的发展趋势相同，自 2004 年恢复增产以来，2015 年的江苏粮食生产已实现"十二连增"，总产量达 3561.5 万吨，列全国第五位。在工业化、城镇化快速发展的

背景下，江苏粮食产量不仅没有下降，反而实现持续增产，为平衡全国粮食供应、保障国家粮食安全发挥了重要作用。但江苏粮食增产并不能直接简单理解为江苏粮食的完全安全，必须深入结合江苏粮食的实际消费状况。

一、江苏粮食消费总量波动增长

随着人口数量的持续增长、居民收入水平的不断提高以及城镇化、工业化水平的迅速提高，江苏粮食消费总量整体呈现上升趋势（见表 5 - 2）。2002 ~ 2015 年江苏粮食消费总量由 2872 万吨增至 3241 万吨，增长了 369 万吨，虽然粮食需求总量的增长程度不高，但是 2015 年全省人均粮食消费量达到 476.57 公斤，仍远高于全国平均水平，持续增长的粮食消费量直接影响江苏粮食产需平衡，影响江苏粮食安全保障。进一步将江苏粮食消费划分为两个阶段：第一阶段是 2006 年之前，2003 年之前，出于农业结构战略性调整的整体考虑，江苏粮食产量出现快速下降的局面。这一阶段，江苏粮食产需平衡也处于下行区间，直到 2006 年下降至 2568 万吨。第二阶段是 2007 年至今，这一时段江苏省粮食产量取得连年丰产，粮食消费总量也恢复了上涨趋势。从 2006 年的低谷 2568 万吨增长为 2015 年的 3241 万吨，年增长幅度达到了 2.62%。

表 5 - 2　1996 ~ 2015 年江苏省粮食消费总量

年份	消费量（万吨）
2002	2872
2003	2606
2004	2614
2005	2648
2006	2568
2007	2763
2008	2769
2009	2932
2010	2999
2011	3075
2012	3135
2013	3177
2014	3223
2015	3241

二、口粮消费持续下降，间接用粮成为粮食消费增长点

粮食消费可主要分为直接消费与间接消费，直接消费指城乡居民口粮消费，间接消费则是指饲料用粮、工业用粮、种子用粮、储运和加工损耗等几个方面消费用粮。随着居民生活水平的提高和膳食结构的改善，居民食物消费需求日益多元化，降低了对口粮直接消费的需求（见表5－3），与此同时，畜牧业、食品加工业的快速发展加快了对饲料用粮、工业用粮需求的增长。2002～2015年，江苏省口粮消费由1535万吨缓慢增长至1641万吨，但在粮食消费总量中的占比下滑幅度较大，比重从57.21%降至50.63%。与之相对应，2015年江苏饲料用粮消费达852万吨，占粮食总消费量的比重为26.29%，成为粮食消费的第二大主体，这无疑与居民以粮食为主体的消费向以肉食为主体的饮食消费结构改变相关。工业用粮消费也不容小觑，占粮食总消费量的比重为20.89%。此外，因作物改良、生物育种技术的改进及农业生产条件的改善，种子用粮的消费需求量及所占比重是稳中有降，2015年占比只有2.19%。

表5－3　2002～2015年江苏省粮食消费结构（单位：万吨）

年份	口粮消费	占比（%）	饲料用粮	占比（%）	工业用粮	占比（%）	种子用粮	占比（%）
2002	1535	57.21	877	32.69	189	7.04	82	3.06
2007	1550	60.95	735	28.90	191	7.51	67	2.63
2011	1621	58.06	797	28.55	311	11.14	63	2.26
2012	1631	52.03	830	26.48	608	19.39	66	2.11
2013	1636	51.50	842	26.50	633	19.92	66	2.08
2014	1639	50.85	850	26.37	664	20.60	70	2.17
2015	1641	50.63	852	26.29	677	20.89	71	2.19

三、供需存在少量缺口，粮食基本自给

江苏是全国13个粮食主产省，连续多年粮食产量在全国位居前列。但本省的消费量也很大，如果按照本省消费量和粮食产量之间的差距来衡量，除了2003年消费量大于产量，其他年份江苏省仍然有一定的供给盈余，还能够销售粮食给上海市和浙江省。因而省内粮食供给是基本平衡的，也达到了国家提出的95%的粮食安全底线。但如果按照需求量和粮食产量之间的差异来度量省内粮食自给率，显然江苏省已经成为了粮食短缺省。2007～2012年期间，全省粮食需求量超过粮食产量1000万吨以上。2013年以上，差距进一步扩

大，需求量超过产量 2000 万吨以上。这意味着江苏省的粮食自给率从 2002 年的 85.25%
下降至 2015 年的 57.9%。

作为我国东部重要的经济发达区域，江苏人口众多，2015 年全省总人口达到 7976.3
万人，为满足数量如此之多的人口对食物的需求，对江苏粮食需求总量提出了较高要求。
以"十二五"期间为例，2011～2015 年江苏人口增速为 0.98%，同期江苏人均粮食消费
量从 422 公斤增至 476 公斤，上升 12.79%，两者综合作用下推动同期粮食总消费量增长
14.03%，可见人口数量的增加成为江苏粮食消费总量增加的重要原因。江苏在全国省份
中经济发展水平位于前列，居民收入水平较高，2015 年全省居民人均可支配收入达到
29539 元，远高于全国 7573 元的平均水平，较高的收入水平会带来居民饮食结构的升级，
居民会逐渐增加动物蛋白的摄入量而减少对植物蛋白的需求，饲料用粮成为江苏粮食消费
的首要用途，而工业与能源产业的发展则带动了工业用粮的增长，两者大大增加了对粮食
的总需求量。

表 5-4　2002～2015 年江苏省粮食供求结构变化（单位：万吨）

年份	产量	需求量	需求差距	消费量	消费盈余
2002	2907	3410	503	2872	35
2003	2391	3490	1099	2606	-215
2004	2829	3543	714	2614	215
2005	2835	3897	1062	2648	187
2006	3041	3750	709	2568	473
2007	3132	4439	1307	2763	369
2008	3175	4316	1141	2769	406
2009	3230	4933	1703	2932	298
2010	3235	4908	1673	2999	236
2011	3308	4863	1555	3075	233
2012	3372	4929	1557	3135	237
2013	3423	5530	2107	3177	246
2014	3491	5798	2307	3223	268
2015	3561	6150	2589	3241	320

基于"十二五"时期江苏粮食消费量的变动，未来江苏粮食消费总量仍呈刚性增长，
其消费结构亦会更加趋于多元化，居民更追求粮食消费的营养与保健，饲料用粮、工业用
粮依然会是粮食需求的增长点，对粮食的需求量是不断攀升的。江苏粮食安全保障是脆弱
的和紧张的，壮大江苏粮食产业经济发展势在必行。

第六章　粮食仓储物流业

一、粮食仓储物流主体

（一）以政策性储备为主的粮食仓储物流主体

粮食储备是为保证非农业人口的粮食消费需求，调节粮食供求平衡、稳定粮食市场价格、应对重大自然灾害或其他突发事件而建立的一项物资储备制度。储备库点必须具备国家储备库的条件并拥有自主产权的粮食储备库，即国家政策性粮食承储库（简称承储库）包括中国储备粮管理总公司（简称中储粮总公司）直属企业（简称直属库）、受直属库委托承储国家政策性粮食的非直属企业（简称非直属库），其中，非直属库按照隶属关系分为中央企业粮库、地方国有粮库和非国有粮库。储备粮承储企业对储备粮通常实行滚动储备、动态管理，即在储备规模不变的情况下，为保证储备粮品质符合国家规定，承储企业根据储粮的品质检查认定结果，每年按照储备粮规模的 1/3 左右进行轮换，新粮替换储存粮。储备粮保管费用、利息补贴、轮换费用和价差亏损、损失损耗由粮食局及承储企业自行负责。储备粮轮换并不是一种经营，其轮换决策由上级主管部门发出，粮食承储企业只负责具体执行。

（二）以物流服务为主的粮食仓储物流主体

粮食仓储物流是指利用自建或租赁库房、场地，储存、保管、装卸搬运、配送粮食货物。传统的粮食仓储定义是从物资储备的角度给出的。现代粮食仓储不是传统意义上的"粮食仓库"、"粮食仓库管理"，而是在经济全球化与供应链一体化背景下的粮食仓储，是现代粮食物流系统中的粮食仓储，它表示一项活动或一个过程，是以满足粮食供应链上下游的需求为目的，在特定的有形或无形的场所，运用现代技术对粮食的进出、库存、分拣、包装、配送及其信息进行有效的计划、执行和控制的物流活动。以物流服务为主的粮食仓储物流主体主要包括粮食购销企业、粮食加工企业、粮食进出口企业、粮食批发商、粮食运输及代理企业等。近年来，江苏省建设了集粮食仓储、加工、中转、贸易和信息服务等功能于一体的粮食仓储物流配送中心，形成了功能完善、技术先进、运转高效、管理规范的重要粮食仓储物流集散地，省内粮食仓储物流各类主体同台竞争，央企、外企、地方国企、民企等多元主体共存。全省粮食仓储物流企业利用区域优势及交通优势，根据大型粮油加工企业的粮食需求承揽粮食仓储物流业务，推动粮食产购销一条龙、贸工农一体化粮食产业链的形成，最大限度地发挥了粮食仓储、加工、贸易和散装物流之间的优势互补，实现了粮食购销企业与加工企业以及相关企业间的有机联合，带动了全省粮食仓储物流业的发展。

二、粮油仓储物流设施

（一）粮油仓储建设成效显著

近年来，江苏省不断加大对粮油仓储物流设施建设的投入力度，全省粮油仓储建设成效显著。一是根据各地粮食产购销等实际情况，按照"数量减少、规模扩大、便民售粮、运转高效"的建设思路，对全省国有粮库进行重新优化布局，确定仓储物流规划布点，加大力度建设一批规模化的区域性粮食物流暨粮油食品产业园，完善中心粮库，扩建和改造骨干粮库，维修和改造收纳库。二是全省紧紧抓住全国粮库改造试点契机，对"危仓老库"进行全面改造，重点实施"三改造三提升"，即改造仓房、改造设施、改造环境，提升收储机械化水平、提升储粮科学化水平、提升管理信息化水平，维修改造后的粮库统一建设标准、统一仓储标识、统一外部色彩，粮库面貌焕然一新，粮库功能不断提升，成为江苏粮仓标志性建筑。2013年和2015年分别成功成为全国"危仓老库"改造和粮库智能化升级首批重点支持省，"危仓老库"改造、信息化建设、廉洁风险防控体系建设等多项工作成为国家试点示范。

截至2016年底，全省粮食行业完好仓容达到2643.74万吨，占标准仓房仓容的95.27%，相比上一年增长33.07%。在所有完好仓容中，1999年及以前建成的仓容为

图 6 - 1　南通粮食物流中心

736.62 万吨，占 27.86%；2000～2013 年之间建成的仓容约为 1386.09 万吨，占 52.43%；2014 年以来建成的仓容为 521.03 万吨，占 19.71%。全省需大修仓容 107.48 万吨，同比增长 3.41%；待报废仓容 23.82 万吨，同比下降 60.86%；另有简易仓容约 86.52 万吨，同比增长 181.68%。此外，全省油罐个数为 1657 个，油罐罐容达 267.41 万吨，油罐罐容同比增长 33.20%（见表 6 - 1）。在仓房建设标准化、整体维修统一化、功能提升针对化、项目监管制度化的原则下，全省粮库面貌焕然一新，粮库有效仓容、油罐罐容总规模基本满足粮油储备需要，形成了以物流中心为龙头、中心库为重点、骨干收储库为支撑、基层收纳库为补充的仓储体系。

表 6 - 1　2016 年江苏省粮油仓储基本情况

地市	库区面积（平方千米）	标准仓房仓容				简易仓容（万吨）	油罐个数（个）	油罐罐容（万吨）
		合计（万吨）	完好仓容（万吨）	需大修仓容（万吨）	待报废仓容（万吨）			
南京	2.38	130.77	118.33	11.35	1.09	0.68	55	11.64
无锡	1.82	156.7	145.12	8.14	3.45	1.6	64	4.41
徐州	5.02	329.54	323.95	4.78	0.8	1.96	90	9.06
常州	1.17	64.79	60.96	3.35	0.48	2.22	52	1.59
苏州	2.65	143.26	143.16	0.1	0	0	204	38.06

续表

地市	库区面积（平方千米）	标准仓房仓容				简易仓容（万吨）	油罐个数（个）	油罐罐容（万吨）
		合计（万吨）	完好仓容（万吨）	需大修仓容（万吨）	待报废仓容（万吨）			
南通	3.28	240.24	238.06	1.56	0.62	29.14	432	71.57
连云港	4.48	247.27	225.07	21.82	0.38	1.14	98	17.43
淮安	6.08	316.95	287.31	21.16	8.47	22.73	59	3.3
盐城	6.13	366.99	354.53	9.97	2.49	5.5	162	34.49
扬州	3	180.17	164.33	14.19	1.65	1.97	43	6.61
镇江	2.33	90.21	83.76	5.21	1.24	2.03	79	6.5
泰州	6.9	274.94	268.56	4.19	2.19	8.53	291	61.18
宿迁	4.34	233.21	230.59	1.66	0.97	9.04	28	1.58
合计	49.58	2775.04	2643.74	107.48	23.82	86.52	1657	267.41

（二）仓储物流附属设施建设不断加快

江苏省长江、运河、沿海等水上通道密集分布，陇海、京沪等铁路干线纵横交错，并拥有南京、徐州、连云港等全国性交通枢纽，连云港、南通港、张家港港及南京港等我国重要的货物集散港口，使得江苏在中国粮食现代物流中处于枢纽地位。省内水路网络发达，大部分粮库项目都是沿江建设，根据省内粮食物流特点，充分利用粮食仓储物流企业现有设施，突出重点因地制宜整合各种要素，加快粮食仓储物流主要附属设施建设，促进仓储与收购、运输、加工等流通环节的对接，推广散装、散运、散卸、散存技术，实现粮食仓储物流作业机械化、自动化、信息化。

截至2016年末，全省铁路罩棚与仓间罩棚共202918.8平方米，储粮罩棚达到36.51万吨，储粮罩棚相比上一年度增长了67.20%。地坪共11.96平方千米，同比增长25.32%。粮食烘干能力快速提升，全省粮食烘干设施增加至721台（套），烘干能力达到68490.0吨/日。全省铁路专用线有效长度长达15378米，专用码头总吨位达119.46万吨。此外，全省现代农业的发展推动着农业生产由分散经营向适度规模经营转变，而夏秋两季粮食收割期间，常遇连绵阴雨，加上农民粮食产后习惯的改变，高水分的潮粮短时间内大量上市，因此收获期内对机械化烘干的需求激增，现有烘干能力不能满足粮食收获新常态的要求，仍需加快建设。

表 6 - 2 2016 年江苏省仓储物流主要附属设施基本情况

地区	储粮罩棚（万吨）	铁路及仓间罩棚（平方米）	地坪（平方千米）	烘干设施（台，套）	烘干能力（吨/日）	专用码头总吨位（万吨）
南京市	0.85	35803.8	0.45	40	983	0.6
无锡市	1.86	19272	0.58	66	3055	2.05
徐州市	3.99	3663	1.45	12	3800	0.1
常州市	0.71	3836	0.27	41	1850	—
苏州市	1.05	11396	0.89	87	5994	1.6
南通市	3.77	8042	1.11	87	5840	4.31
连云港市	1.58	40331	1.27	35	9220	7.29
淮安市	3.63	18630	1.23	77	13681	0.77
盐城市	6.85	4795	1.03	72	8240	4.57
扬州市	0.98	19884	0.92	35	4950	0.42
镇江市	3.39	5836	0.32	89	4342	86.87
泰州市	3.6	12720	0.59	71	3685	10.44
宿迁市	4.26	18710	1.85	9	2850	0.45
合计	36.51	202918.8	11.96	721	68490	119.46

（三）科技储粮水平持续提升

"十二五"期间，江苏省加快粮食科技的推广和应用，不断提高粮食仓储物流科技化水平，采用环保、安全、节约、高效技术，逐步淘汰落后的粮食储存、运输设备和技术。在仓储新材料、新工艺、绿色高效储运、检测、信息传感和生物技术等方面，实现关键技术和装备的创新。全省大力推进储粮技术的应用、改进与提升，配备"四合一"技术的有效仓容在50%以上，全省多个粮库试点开展太阳能光伏发电、水源热泵等新能源技术应用，省级储备粮存放库点配备谷冷机、空调，全部实现低温准低温储粮，提升了粮食仓储科技水平。全省主要保粮设备进一步完善，截至2016年底，全省粮食仓储企业装备了环流熏蒸系统的仓容为1558.54万吨，占完好仓容的58.95%；应用了粮情测控的仓容为1937.01万吨，占完好仓容的73.27%；有2493.04万吨仓容实现了机械通风，占94.30%；实现了气调储粮的仓容为131.57万吨，占4.98%；实现了低温准低温储粮的仓容为1129.63万吨，占42.73%。

表 6 - 3　2016 年江苏省储粮技术应用基本情况

地区	应用环流熏蒸仓容（万吨）	应用粮情测控仓容（万吨）	应用机械通风仓容（万吨）	实现气调储粮仓容（万吨）	实现低温准低温储粮仓容（万吨）
南京市	73.21	70.86	106.36	0	71.78
无锡市	58.73	113.22	137.81	9	45.73
徐州市	237.52	301.67	329.29	0	201.13
常州市	26.81	26.07	51.55	0	14.75
苏州市	85.8	91.48	112.56	0	73.93
南通市	132.08	150.95	192.37	12.07	111.08
连云港市	125.84	192.73	235.95	0	39.62
淮安市	169.84	190.36	320.64	85.85	105.31
盐城市	167.25	232.84	283.85	0	8.13
扬州市	60.67	88.43	166.91	16.3	42.85
镇江市	38.22	40.98	66.91	0	27.22
泰州市	165.45	208.08	255.13	8.35	179.93
宿迁市	217.12	229.35	233.71	0	208.16
合计	1558.54	1937.01	2493.04	131.57	1129.63

三、粮食物流体系

（一）粮食物流体系总体布局

发展粮食现代物流体系，实现粮食"四散化"目标，对于提高粮食流通效率、降低粮食流通成本、保障粮食安全都具有重要意义。江苏位于沿海发达地区，属于粮食产销过渡带，疏通网络，强化节点，发展现代粮食物流体系，不仅是稳定粮食供给、提升粮食安全水平的重要保证，也是发展现代粮食流通产业、服务"两个率先"的迫切要求。近年来，根据江苏省粮食产销的区位特征和交通运输优势，以散粮中转港口为依托，以省内外粮食物流通道为衔接纽带，以发展海路、铁路、公路和内河航运干线为突破口，全省加快粮食仓储物流基础设施建设，整合现有粮食物流资源，构建"两纵两横"、高效顺畅的粮食现代物流通道，实现长江中下游地区散粮流出通道与华东沿海和华南地区散粮流入通道的对接；加快推广散粮运输方式，实现粮食物流"四散化"和整个流通环节的供应链管理；引导储运、加工、批发、信息等各类企业和中介组织集聚发展，提高粮食物流组织化程度，逐步在全省形成一个布局合理、结构优化、功能齐备、现代化水平高的粮食物流体系。苏北是江苏省重要的产粮基地，其自然条件和地理位置优越，目前已逐步建立了陇海线、京杭大运河、沿海通路等粮食物流通道，实现了粮食快速流出，缩短了流通时间，降低了流通成本。苏中属于粮食产销过渡区，江苏省着力提升苏中在粮食现代物流建设中的中转功能，进一步理顺主要的粮食物流通道，完善现有的粮食物流基础设施功能，并加快粮食加工、中转基地建设，充分发挥苏中在粮食物流建设中的产销过渡作用。苏南属于粮食主销区，河网密布，水路、铁路及公路发达，依托苏南地区优越的交通条件，应加快粮食仓储物流设施建设，使苏南地区成为重要的粮食中转与产业集聚基地。

（二）粮食物流功能区划

苏北地区是江苏省重要的粮源基地，对于保障江苏省粮食自平衡以及全国特别是上海、浙江和东南沿海地区的粮食安全具有重要作用。苏北交通发达，连云港是国家主枢纽港之一和欧亚水陆联运重要结合点，保障苏北粮食以及山东、东北、国外产区粮食沿海南运到苏南、上海、浙江、广东、福建等地；贯穿南北的京杭大运河是"北粮南运"的主要通道，保证苏北粮食沿河南下至苏南、上海、浙江等地；宁连、宁徐、连徐等数条高速公路发挥公路运输的短途优势作用；陇海铁路、新长铁路、京沪铁路等铁路，确保山东、河北、东北、苏北等地粮食与中部、西部地区以及苏南、上海、浙江等地粮食的东西和南北流动。对于苏北地区，重点加快了粮食物流节点建设，加强散粮储运基础设施建设，推动散粮运输技术设备研发和标准化工作，提高粮食物流的组织化程度，形成集仓储、加工、批发、配送、信息功能为一体的快捷高效、节能低耗的现代化粮食物流体系。

苏中是江苏省粮食现代物流的中转区，该地区承东启西、沟通南北、通江达海，是中西部地区与东部粮食物流的重要通道。苏北地区逐步完善中转区的沿江粮食物流通道，进一步提升运河沿线各市的粮食物流的功能地位；建设苏中粮食中转重要的海运通道，着力增强粮食中转辐射至上海、东南沿海各省市；京沪、宁通等高速公路纵横苏中全境，促进粮食便捷转运；宁启铁路、新长铁路、京沪铁路等重要铁路，以及江阴大桥、润扬大桥、启东至浦东过江通道把苏中与苏南紧密联系在一起，进一步保障粮食接运与中转。全省充分发挥苏中地区南北粮食物流的纽带和桥梁作用，大力发展铁路、公路、海路和内河航道等多式联运，逐渐形成接轨国际、跨越区域、连接省内外各主要产销节点的粮食物流通道。重点加强粮食仓储物流基础设施建设以及散粮运输工具建设，充分利用各种资源，统筹布局，强化粮食产销各环节无缝化对接，逐步构筑一个多层次的粮食物流网络体系，降低储运成本，发挥整体效益。

苏南地区是全国粮食主要转化与销售区。其中，长江粮食走廊是我国主要的粮食东西流向通道，京沪铁路、宁芜铁路和宁启铁路以及通向东北的粮食专运线确保粮食的流入与流出，宁徐高速、宁连高速、沪宁高速、宁通高速等高速公路发挥粮食物流通道的补充和保障作用。强化苏南粮食现代物流主要销售区功能，加快粮食物流"四散化"进程，推进粮食批发市场建设，建立储、加、销一体化的粮食经营企业，支持国有粮食企业、大型粮食加工企业和其他多元化龙头企业发展粮食精深加工、延长产业链、增加产品附加值，并以粮食龙头加工企业促进江苏粮食现代物流体系的建设。

（三）粮食物流通道

京杭大运河粮食现代物流通道是"北粮南下"的重要粮食物流通道。江苏省充分发挥京杭大运河运量大、成本低、能耗小、占地少等优点，进一步衔接山东、苏北等粮食产区散粮运输，优化苏中粮食中转区的散粮中转加工，提高向苏南、上海、浙江等粮食销区运输速度。加快修建、改造沿河的中转仓库及其装卸设施，提高大运河的粮食物流能力，加快内河船舶标准化进程，淘汰落后船型，促进内河粮食运输走集约化经营的道路，构建一个完整的包括粮食流、资金流、信息流的粮食现代物流网络体系。

沿海粮食现代物流通道是江苏省连云港、盐城、南通等沿海港口城市粮食接运、中转至长江中下游、东南沿海地区以及国际粮区的重要通道。按照江苏省构建沿海三大港口群思路，充分发挥了连云港、大丰港、南通港等沿海港口的优势地位，进一步承接东北粮食向南转移。加快对粮食专用码头、中转库散粮装卸系统的改进扩建与综合服务功能提升，扩大其粮食专用码头规模和靠泊能力，扩大散粮的接卸、中转以及与其配套的储存、加工功能，着力提高粮食中转速率和中转能力，有效提高港口的集约化、现代化和专业化程度。

长江和沪宁线粮食现代物流通道是国家发展"北粮南下"、"东粮西进"的重要通道，也是国际市场粮食进出我国的重要通道。近年来，江苏省充分发挥"长江粮食走廊"的龙头作用，建设和完善散粮接收和发放设施，加强对南通港、张家港等专用粮食接运码头的"四散化"改造或建设，增加中转仓库的仓容，提高长江的粮食接运、暂存能力，增强粮食中转输出辐射至长江沿线各省市。加快沪宁线苏南五市的粮食中转库专用铁路专用线建设或改造，增加散粮接收、发放、计量、输送设备，提升铁路粮食接卸、中转能力。

陇海线粮食现代物流通道是连云港、徐州、盐城、淮安、宿迁等产区粮食以及东北和进口粮食运往西部缺粮地区的重要通道。江苏省充分依托陇海线物流通道，加快江苏粮食现代物流体系建设。发展粮食专用铁路、专用线及装卸设施建设，大力发展粮食散装铁路专用线及装卸设施建设，实现铁路运输从"包粮"到"散粮"的转变；建立智能化的粮食物流信息平台，优化粮食铁路运输生产调度，全面强化散粮运输安全措施；普及粮食集装箱等散运方式，从而更有效地实现与沿海以及新长铁路、宿淮盐铁路等其他通道的有效对接。

图6-2　江苏省江海粮油集团张家港码头

（四）粮食物流节点

在主要的粮食生产基地、交通枢纽、集散地和主销区，依托现有或即将建设的散粮中转库、储备库、粮食专用码头、批发市场以及具有一定规模的粮油加工企业，按照区域产业分工和布局优化的原则，建立一批适合"四散化"运作的国际性和区域性主要粮食现代物流节点，以畅通散粮物流通道，加强通道与节点相互衔接合作，实现粮食流量、流向的高效对接；完善粮食运输网络，提高粮食物流组织化程度，实现跨省、省内、市内长短途运输方式的合理转换；提高粮食流通效率和快速中转能力，实现江苏省粮食物流铁路、水路和公路的无缝化连接；最终形成便捷、高效、节约的现代化粮食物流体系。按照比较优势理论，省级粮食流通节点的建设规划必须充分考虑区位特点、交通条件、运输条件、港口码头车站等基础设施的基础与现状。依据"两纵两横"的物流通道的总体布局，省级粮食物流节点必须位于各大物流通道。根据节点功能，省级粮食物流节点划分为三类：生产配送型、消费配送型、运输转运型。按照国家规划要求，结合"两纵两横"的整体布局，考虑到不同地区的区位特征和设施条件，规划建设的江苏省粮食物流通道上的省级节点共21个，分别是：南京、苏州、张家港、太仓、南通、海安、泰州、姜堰、兴化、徐州、新沂、连云港、无锡、常州、镇江、扬州、宝应、淮安、盐城、大丰、宿迁。

（五）粮食物流重点领域

一是加强粮食散储基础设施建设。粮食现代物流是以管理信息化、对接无缝化、作业高效化、储运"四散化"为基本特征，实现粮食流通方式的根本性转变。按照"四散化"的要求，整合收纳库，建设中心库，完善储备库。在主要物流节点上，加大对粮食仓储设施的维修及改造资金的投入力度，加快粮食仓储设施、设备的建设或改造。新建或扩建有利于粮食物流"四散化"运作的标准化浅圆仓、立筒仓或高大平房仓。对现有仓容进行整合改造，延长现有仓储设施的使用寿命，提高仓库的利用效率，优化仓容布局。继续推广机械通风、环流熏蒸、电子测温、低温干燥、三低（低温、低氧、低药剂量）等先进的储粮技术，逐步向绿色储粮的目标迈进，降低储粮损耗，形成现代化的江苏粮食仓储体系。

二是大力推广散粮运输方式。按照粮食物流的要求，整合江苏省粮食物流资源，以公铁水三路无缝转运为标志，加快建设专用码头、专用线、中转库、加工厂、装卸设施等，提高粮食收购、运输、加工、仓储、批发、配送等环节协作效率，实现物流、商流和信息流进行有效对接，建设高效率的江苏省粮食物流体系。建设粮食物流节点接收发放设施项目，包括粮食运输火车、汽车、船舶及集装箱、集装袋的接收、发放工作平台，装卸机械、计量、清理设备，提高粮食装卸、集并能力，实现粮食物流过程的高效化、机械化。建设粮食物流运输工具项目，按照散粮流量、品种、作业需求，积极引导粮食运输企业采用适用的散粮运输工具，鼓励大型粮食物流企业增加散粮火车皮、散粮汽车和内河散粮船舶及散粮集装箱。在主要的散粮物流节点，依托大型粮库、大型粮油加工企业、码头和批发市场建设与散粮车辆配套的卸粮坑、提升输送系统，提高散粮接卸能力；为物流节点上的大型平房仓配备吸粮机、散粮倒运车、出仓机、装车机等散粮接收发放设备，实现粮食物流过程散装、散卸和散运化。

三是提升粮食物流企业信息化水平。信息化是粮食现代物流的重要特征，要加强粮食物流企业信息管理系统建设，构建物流公共信息平台，形成全省统一的信息采集、传输、处理、发布系统，并与全国物流信息管理系统联网。研究开发粮食流通基础设施地理信息系统，完善全省物流中心、中心粮库、骨干粮库、一线收纳库网点布局，掌握各节点的仓容量、仓房质量、功能特点、设备配置、技术发展、人员构成等详细数据，同时具有数据的收集、更新、分析、汇总、查询、传递，为粮食行政管理提供技术支持。构建全省粮食物流信息平台，借助地理信息导航定位及物联网技术，实现对全省粮食物流园区资源共享，建立粮食电子交易和物流公共服务平台，提供物流资讯、运价、物流园区、物流企业、物流供求、物流交易管理，满足多产品、多客户、多地区等复杂的业务情况，形成统一的信息采集、传输、处理、发布、交易系统，实现物流和信息流的实时同步，并与全省、全国物流信息管理系统联网。

四是加强粮食物流节点城市的市场体系建设。江苏省重点培育粮食物流节点城市中设施齐全、功能完善、有发展潜力的粮食市场，不断强化和完善销区粮食批发市场建设以及区域性中转粮食批发市场建设。在销区粮食批发市场建设上，重点扶持南京、苏州、无锡等销区粮食批发市场，不断增强其联结粮食生产、收购、储存、加工、贸易的中介作用，并发挥其在区域性居民口粮批发、加工与配送的中坚作用，使其成为具有相当规模和现代化水平的区域性粮食中心批发市场。在区域性中转粮食批发市场建设上，重点扶持徐州、宿迁、扬州、南通等节点城市的粮食批发市场，连接粮食主产区与主销区节点城市，建立稳定的订单购销和配送业务关系，加快这些节点城市中转粮食批发市场散粮的装卸设施建设，提高其产供销一条龙服务能力，形成建设功能齐全、信息透明、与物流紧密联系的粮食综合批发市场。

五是加强粮食物流节点城市粮油检验检测体系建设。以现有的粮食质检机构为依托，按照市场化原则，完善设备配置、改造经营场所，适应市场发展要求，加快建设粮食物流节点集质量等级检验、粮油储存品质研究、品质测报、行业服务等功能为一体的粮油检验检测体系。建成与江苏省粮食物流体系相配套、功能齐全、区域性的重点粮食品质检测机构，加强省级及地市级粮油检验检测机构建设，形成覆盖全省的粮食质量检验检测体系。进一步完善省级物流节点粮油检验检测中心建设，建立相关粮食品种质量标准，开发高效快速的质检技术。对地级市物流节点粮油质量检测中心项目，加强检验检测仪器设备配置，改造基础设施条件，建立检测数据库及服务平台。

四、江苏粮食仓储物流业的主要特点

（一）粮食仓储物流设施建设不断加快

"十二五"期间，江苏省全面加快粮食仓储物流设施建设，整合优势资源，改善粮食仓储物流设施条件，在粮食现代物流设施、仓储烘干设施、储备油罐建设以及仓房维修改造、农户科学储粮装具配置等方面有了明显突破，提高了粮食仓储物流设施现代化水平。加快建设更高水平的粮食收储供应保障体系，实现快速反应、科学调度、精准调控，尽快适应粮食资源在全国范围内跨区域、长距离、大规模、高效率流通的新要求。加快打通粮食物流通道，加强粮食物流重要节点建设，全面提高粮食应急能力。建设粮食仓储物流及配套设施平台，加快更新换代粮食仓储物流基础设施，为粮食仓储物流业的发展提供坚实的基础设施保障，降低流通成本，提高流通效率，增强粮食流通辐射能力。全面推广"四合一"储粮、"四散化"流通等新技术、新能源、新工艺、新材料，促进"绿色储粮"、"生态储粮"。紧紧抓住全国粮库改造试点契机，对全省"危仓老库"进行全面改造，确定仓储物流规划布点，完善粮库布局，改造仓房、改造设施、改造环境，提升收储机械化水平、提升储粮科学化水平、提升管理信息化水平，维修改造后的粮库面貌焕然一新，粮库功能不断提升。

（二）粮食仓储物流信息化应用逐步深化

近年来，江苏省积极推进粮食仓储物流信息化工作，在物联网数字粮库、粮食收储可视化信息系统、粮食收储管理系统等方面进行了有效探索，粮食仓储物流信息化应用逐步深化。粮食仓储物流企业信息化建设得到强化，电子粮情检测系统、自动环流熏蒸控制系统得到了强制推广应用，并随着传感器技术、网络技术、通信技术的发展而在不断进行技术更新，部分仓储物流企业还建立了粮库防盗报警视频监控系统，应用了粮库业务管理信息系统，实现了粮库业务流程、仓储保管、日常管理的自动化、信息化，提高了工作效率和科技保粮水平。江苏省粮食局开发了省级储备粮管理信息系统，建设基层国有收储粮库可视化信息系统，实现与省级平台的业务数据互联互通和视频信息实时监管。无锡市应用了地储粮管理系统，实现区域内的储备粮温湿度变化情况的点、线、面显示、统计和预警。太仓市研究开发了"粮食银行"管理软件，极大地方便了农民的粮食存取，实现了县域范围的通存通兑，获得了农民、企业、政府的称道。许多中大型粮食加工企业也根据企业加工工艺实际，普遍推广应用自动控制系统等，重点业务领域信息化建设逐步深化。尽管近年来全省粮食仓储物流信息化建设取得了长足进步，但较之其他先进部门和系统还存在一定的差距。各地粮食仓储物流信息化建设在开发深度、应用广度和发展水平等方面存在较大差异，信息化系统间互联互通性差、信息共享度和利用率偏低，信息化建设、运行、维护的管理体系也不够健全，粮库作业自动化和管理智能化建设仍需进一步加强。

（三）粮食仓储物流专业技术人才匮乏

随着信息技术、电子商务、互联网等现代粮食流通技术的广泛应用，粮食仓储物流业人才匮乏问题凸显，特别是缺乏熟悉国际规划、掌握粮食物流及粮食期货理论与实践的高端人才，必将极大限制全省粮食仓储物流企业的创新能力。随着信息技术、自动仓储技术、包装技术、装卸搬运技术及相应设备大量在粮食仓储物流活动中应用，以及市场对粮食仓储物流服务质量的要求提高，高素质人才需求进一步加大。特别是随着全省粮食仓储物流行业的细化及需求层次的提高，对物流人才的要求越来越高，需求数量越来越大。目前省内各类粮食仓储物流企业中物流操作岗位的从业人员主要是从传统的仓储和运输企业的搬运、装卸等岗位转移而来或者直接招聘农民工，这部分从业人员年龄普遍偏大、文化水平偏低，且很少有人接受系统的物流操作培训，大部分不具备粮食仓储物流相关知识，对操作原理、各业务环节的衔接、作业流程、行业标准、服务规范、现代信息技术应用等知识知之甚少。

（四）粮食物流"四散化"发展不平衡

粮食物流"四散化"是粮食现代物流的发展方向，发达国家已经普遍采用。传统的"包粮作业"方式因整个流通环节需要经过多次灌包、拆包，包装资材耗费大、抛撒损失多、掺混杂质情况严重。与传统的"包粮作业"方式相比，粮食"四散化"作业方式有着节省人力投入和时间消耗、降低运营费用等诸多优势，可以较大程度提高流通效率。江苏省粮食物流的"四散化"作业起步较早，粮食仓储、运输、装卸、包装条件不断改善，为实现"四散化"奠定了基础。但迄今为止，全省还没有完全实现粮食仓储物流的"四散化"。目前，江苏省粮食仓储物流"四散化"发展不平衡，表现在汽车、火车的散装、散运、散卸率偏低，重要港口库散装、散运、散卸能力有待提高，中转接运方式散粮作业量仍然偏低。另外，散粮火车皮、散粮汽车、集装箱等粮食散运工具的匮乏以及设施设备的不配套，也制约了全省粮食物流技术水平的进一步提升。随着中国粮食对外贸易依存度不断提高，国外粮食企业不断渗入，粮食安全处于弱平衡，实现粮食仓储物流"四散化"迫在眉睫。近年来，江苏省加大了粮食仓储物流"四散化"基础设施的投入，部分地区已实现粮食"四散化"运输，全省范围内实现粮食仓储物流"四散化"的条件已基本成熟。

（五）粮食仓储物流体系有待进一步整合

现代粮食仓储物流体系是由完善的粮食流通基础设施、高效合理的运作方式、科学规范的管理方法和及时准确的信息服务所组成。它的重要标志是粮食流转过程以及物流管理过程的信息化特征，这也是对传统粮食流通方式的重大变革。因此，以信息科技为核心的现代物流技术对优化整合现有粮食物流体系资源及实现粮食流通过程的无缝化连接，推进形成专业化、信息化、标准化、国际化的粮食现代物流体系具有重要作用。江苏省粮食仓储物流体系有待进一步整合。建立在以粮食生产为导向的传统仓储物流体系已远不能适应以粮食销售为导向的现代物流体系，粮食物流的仓储、运输、供应等环节之间缺乏有效的衔接和整合，粮食迂回运输、无序流动的问题尚未得到根本解决，省内粮食仓储物流资源分散，利用效率低，适合粮食散装散卸的立筒仓、浅圆仓等数量偏少，粮食物流成本高、损耗大，粮食物流效率和效益亟待提高。缺乏"高效、低耗、便捷、顺畅"的现代粮食仓储物流体系是制约全省粮食流通产业发展的重要因素。随着江苏省粮食商品量的增加，粮食仓储物流体系的进一步整合势在必行。建立起以粮食安全为目标、以"四散化"为标志、以信息化为平台的现代粮食仓储物流体系，将对全省粮食流通产业的发展起到极为重要的推动作用。

五、江苏粮食仓储物流业发展的对策思路

（一）完善粮食仓储物流设施建设相关政策

积极争取各级政府及相关部门加大对江苏省粮食仓储物流设施建设的政策支持力度。在用地上，全力保障全省粮食仓储物流基础设施建设项目用地，支持重点项目建设，确保重点项目建设土地需求。在金融支持上，加大全省粮食仓储物流业的金融支持力度，争取各级中国农业发展银行继续支持粮食仓储物流设施建设，改善金融服务，全面落实政策性粮食仓储物流业务贷款优惠政策，解决粮食仓储物流业自有资金不足的问题。积极运用财政手段，发挥税收政策体系的调控作用，落实粮食仓储物流业的税收优惠政策，对江苏省粮食仓储物流重点建设项目予以扶持。创新江苏省粮食仓储物流业的投融资机制，积极引导和鼓励粮食仓储物流业自身通过资产重组、招商引资、实行股份制改造等方式直接扩大融资规模，拓宽融资渠道。通过国家投资引导，带动省内有实力的企业投资粮食仓储物流业，鼓励外资、民资等社会多元资本参与粮食仓储物流基础设施建设，提升粮食仓储物流现代化水平。

（二） 加强粮食仓储物流基础设施建设

加大粮食仓储物流和基础设施建设力度，以优化布局、调整结构、提升功能为重点，大力推进全省中心粮库功能升级改造和骨干收纳库点维修改造，提高机械化、自动化程度高的仓型比例，不断提升仓储设施的整体功能。完成江苏省粮食仓储物流基础设施建设任务，完成维修改造"危仓老库"。

图 6-3　灌南县白皂粮食收储点

加大对粮食烘干、整理和质检设施设备的投入，全面完成省级储备粮承储库基础设施配置。注重全省粮库功能提升，支持粮食仓储物流业推广应用先进技术装备和新型材料工艺，进行技术改造升级，提高粮食收储作业机械化水平。大力发展粮食物流网络基础设施建设，根据粮食安全省长责任制来发展粮食物流网络，尽快将粮油供应网络建设纳入各地城镇建设规划和商业网点规划，打造跨区域的粮食物流通道，改造码头接运设施，配置粮食散进散出设备，大力推进"四散化"。

（三） 继续推进粮食仓储物流业信息化建设

全面推进粮食仓储物流业信息化建设，广泛运用大数据、云计算、物联网等现代信息技术手段改造传统粮食仓储物流业，研究探索新型绿色生态储粮技术，培育科学储粮实验基地，推动精确化粮食监测监控技术、物联网技术等在粮食仓储物流领域的应用。打造智能监管平台，建设全省智慧粮食管理中心，形成省、市、县及涉粮企业互联互通、信息共享的智能化管理体系，建成储备粮可视化远程监管、粮食收储移动执法监管、库存粮食数量质量动态监管、市场监测分析预报四个子系统和全省智慧粮食综合管理平台，在所有储备粮库及无锡、苏州等市实现库存粮食识别代码运行全覆盖。推进智慧粮库建设，运用信息化手段推动粮库管理变革和流程创新，根据粮库不同功能定位，分类制定智慧粮库建设标准，在粮食物流产业园区重点应用储运监管物联网技术，实现全程追溯智能化；在储备粮库，重点应用最新储粮模型和专家系统，实现储备监管可视化；在收储库，重点应用视频监控、仓前专用设备和新型传感技术，实现收储管理科学化。

（四）加大粮食仓储物流专业人才培养力度

拥有一批高素质、专业化的粮食行业基本建设人才队伍是粮食仓储物流业持续发展的重要保障。江苏省应加大力度培养和引进粮食仓储物流业管理人才、专业技术人才、企业经营管理人才和高技能人才，为粮食仓储物流业的发展提供智力支撑。加大人才引进力度，通过构建合理的粮食现代仓储物流人才激励机制引进人才，为江苏省粮食仓储物流业提供人力资本的数量和质量保障。加大人才培养力度，充分依托南京财经大学、江南大学、江苏财经职业技术学院及连云港工贸高等职业技术学校等省内涉粮院校资源，加大粮食仓储物流从业人员的培训力度，尤其要加大培养网络信息技术人才的力度，大力培养粮食质量检测技术、粮食安全储存技术、粮食加工机械设备技术、粮食加工工艺技术等方面的专业人才，对相关的从业人员组织培训学习，聘请专家、学者对从业人员进行专业理论知识学习，注重中青年仓储物流人才的培养。加强与大专院校、科研院所、设计部门的合作，积极引进高技术人才研发仓储物流设施建设的新工艺、新设备和新材料。建立健全公正客观、透明高效的人才评价激励制度，完善员工福利，打通晋升通道，充分调动粮食仓储物流业中各类人才干事创业的积极性和创造性，为全省粮食仓储物流业发展提供人才保障。

（五）推动粮食仓储物流业向更高层次转型

加强技术革新和品牌建设，围绕促进科技兴粮，加快粮食科技新成果的转化和应用，提升江苏省粮食仓储物流业层次，保持全国领先水平。继续推进科学储粮，提升全省粮食仓储功能，推广符合节能减排要求和适应地方自然条件的新仓型，拓展新技术、新材料、新工艺、新能源在科学储粮方面的应用，继续加大机械通风、粮情检测、环流熏蒸、低温储粮等技术在粮食仓储物流中的应用。紧密结合"一带一路"、长江经济带等战略，围绕优化布局结构，加快完善江苏省粮食物流通道，优先支持沿海、沿大运河、沿东陇海线、沿长江的粮食仓储物流项目建设。支持建设一批粮食接发设施，支持建设一批中转仓、铁路专用线、内河沿海码头，支持建设一批重要物流节点项目和综合性物流园区。加强粮食物流新技术的研发应用，推广新型专用运输工具及装卸设备。鼓励引导企业建设以物流信息采集、传输、存储、处理、共享为核心的智能化平台，积极开展粮食仓储物流企业标准化试点，大力推进标准化仓库和专业仓库建设，建立以信息化、标准化为支撑的现代粮食物流体系。引进国内知名物流企业先进理念和经营业态，鼓励大企业通过兼并重组等方式做大做强，带动全省粮食仓储物流业快速发展。

专题三：江苏粮食仓储物流发展规划要点

"十三五"时期是高水平全面建成小康社会的决胜阶段，为加强粮食产业发展，根据《江苏省国民经济和社会发展第十三个五年规划纲要》，结合粮食行业实际，省发展改革委、省粮食局组织编制了《江苏省"十三五"粮食发展规划纲要》，其中，江苏省粮食仓储物流发展规划要点主要包括优化仓储物流布局、夯实基础设施建设、提升仓储物流装备水平、提高粮食现代物流效率四个方面。

一、优化仓储物流布局

"十三五"期间，江苏省以优化布局、调整结构、提升功能为重点，结合粮食生产、流通形势和城镇规划，结合现有收储库点、园区分布，将粮食收储能力保持在合理水平。注重仓储经济规模，合理改建、扩建和新建粮食仓储设施，以功能划分为基础，优选仓型，优化布局，实现资源效益最大化。产区重点完善收储网点、调整仓型结构、提高设施水平；产销平衡区重点提升收储网点的收购、储备、保供综合能力；销区重点加强储备库建设、提升应急保供能力。注意引入社会资金投资粮食仓储设施，增强粮食收储能力，优化设施产权结构。

二、夯实基础设施建设

一是继续优化仓储设施建设。整合集并库点，逐步置换或撤并1万吨以下的库点，集中财力物力建设5万吨以上储备库和2.5万吨以上骨干收纳库，提高仓储规模经济效益；更新改造，提升仓储设施质态，分类提升现有仓储设施；统筹安排粮食收储库点，重建、扩建和新建仓储设施，应用先进适用的储粮技术和装备，大幅提升收储能力。二是重点推进物流基础设施建设。在重点线路上建设中转仓容，提升散粮接收发放等物流设施现代化水平；在东陇海铁路沿线，改造或新建散粮集装单元化接卸设施；在长江沿线、运河沿线，改造或新建 15 个内河码头散粮接发点；在沿海、沿江线上，重点完善提升连云港、南通、盐城、苏州、泰州、镇江的港口集疏运设施。三是努力加快粮食烘干能力建设。到 2020 年国有粮食收储企业粮食烘干能力需达到年粮食产量的 20%；国有粮食收储企业应加快以节粮减损、节能降耗、强化产后服务的新理念的粮食烘干能力建设；新建 300 个烘干中心，新增烘干能力 450 万吨/年，切实提升国有粮食企业服务"三农"的水平。四是推广应用先进适用储粮新技术。推进储粮新技术、新工艺、新装备的应用，鼓励粮食收储企业推行低温准低温储粮，推广绿色生态储粮技术，探索配套基于横向通风的"四合一"升级新技术和气调储粮技术。五是推动试点粮食产后服务中心。在粮食主产区，发挥预约收购、整晒烘干等服务经验，建设粮食产后服务中心，开展代清理、代烘干、代储存、代加工、代销售等"五代"业务，切实减少粮食产后损失，从源头保证粮食质量，促进粮食生产流通提质增效。

三、提升仓储物流装备水平

一是全面提升装备水平。坚持系统化、标准化、高效化、绿色化、科技化发展方向，推广配备现代物流装备；推广平房仓散粮快速进出仓设备，提高作业效率，提升平房仓物流水平；结合新仓型的建设提升配套装备水平，配备高效自动化设备，完善粮库以及粮食加工企业散接散卸设施装备；试点内河散粮运输装备标准化改造；开发粮食集装箱装卸及运输设备，推动集装箱运输多式联运；完善船运散粮、集装箱散粮标准化运输设施设备，推广系统化公、铁、水中转接卸装备。二是应用自动智能设备。充分重视信息化与粮食装备工业化的融合发展，应用自动化、智能化、光电一体化等粮食作业设备，并充分融入智能粮库的建设，全面实现粮库作业自动化、智能化；应用粮食自动称重系统、智能化粮情测控系统、智能化通风系统以及包含码头作业机械、烘干整理设备、工作塔内设备、粮库内其他机械的集成作业控制系统，实现粮食收储作业可视化管理、粮食仓储业务智能化管理、粮食机械作业系统自动化管理。三是推广粮食产后服务装备。配备高效清理筛、色选机等进行粮食杂质清理，针对机械化收割粮食水分偏高的问题，开发和应用节能、低耗、环保烘干装备；加大对粮食产后服务系统装备的补贴力度，支持承担省级和市县储备任务的国有粮食企业根据自身所需配套相应的粮食产后服务装备；运用大数据等现代技术手段，提高装备使用信息化水平。

四、提高粮食现代物流效率

一是提升"两横、两纵"四沿线路。优化长江沿线和运河水网节点布局，强化粮食集并江海联运发运能力和海运来粮中转至长江流域的分拨对接能力；完善港口对接的内河、铁路、公路等疏运系统；提升水运散粮物流设施的现代化水平，发展散粮（集装箱）船舶运输；促进内河码头水水、公水联运无缝衔接，增强沿江沿河的辐射能力；建设从连云港到中部地区的水路进口粮食散粮火车发运设施及中哈散粮火车接卸设施；建设沿陇海线到西北地区的集装箱散粮发运接卸设施。二是打造大流通枢纽。连云港定位为"一带一路"粮食交汇点核心先导区，容纳粮食产业集聚，辐射全国，面向国际的粮食产业大枢纽；南通定位为长三角北翼粮食物流产业群，辐射全国、面向国际的粮食产业大枢纽；苏州定位为集聚产业、稳定物流、对接消费，面向苏浙沪，辐射长江中上游的粮食产业大枢纽。三是构建快速物流体系。加强粮食流通和电子商务对接以整合粮源和运输网络；发展"原粮储存、成品粮轮换"模式的服务本地区的保供物流，激活粮食产业链，提升粮食企业综合效益；完善加工企业散粮接收系统和产品配送系统，鼓励采购、运输、仓储、配送等物流业务外包给社会第三方物流企业；支持大型粮食物流企业加大资源整合和兼并重组力度，采取联营、租赁等形式联合铁路、航运集团重构粮食物流链条；打造全省粮食物流公共服务平台，构建一体化供应链。

第七章　粮食加工业

江苏省既是粮食主产省、粮食流通大省，同时也是粮食加工业强省。从产业规模来看，近十年以来，江苏的粮油加工业规模在全国名列前茅。就粮食加工结构而言，江苏省粮油加工在多个细分产业具有地域特色和相对优势，多个企业扬名国内外市场，多个品牌被认定为全国知名品牌、驰名商标等。从产业内容来看，目前，第二产业中与粮食相关产业包括农副食品加工业，食品制造业，酒、饮料和精制茶制造业，化学原料和化学制品制造业，专用设备制造业和仪器仪表制造业。本部分主要集中分析农副食品加工业，食品制造业、并将按照粮食加工业的主体、规模、结构、特性等多个维度展开深入分析。

2011～2016年期间，江苏省粮食加工行业的加工主体呈现较快增长态势。2011年，全省入统的粮油加工企业数量仅为909家。但2016年，全省入统的粮油加工企业增长至1256家，累计增长率高达38.2%，年均增长7.6%。

一、粮食加工业规模与结构

（一）粮食加工业规模与结构

江苏省的成品粮油加工规模和加工结构如表7－1所示。表7－1表明，相对2011年，全省日处理小麦能力增长较快，五年期间处理能力增长了54.19%。全省日稻谷加工量从2011年的47330.1吨增长到2016年114982.4吨，累计增长幅度为142.94%。但相对于2011年，2016年全省日处理玉米能力所有下降，日处理玉米为2624.9吨，降幅25.82%。2016年全省日处理杂粮及薯类能力为335吨，相对三大主粮，这一规模显然偏小。

处理油料能力方面，2016年全省日处理油料粮超过8万吨，相对于2011年，增长幅度为35.38%。日处理大豆能力增长较快，2011年全省日处理大豆约为3.3万吨，2016年全省日处理大豆约为6.5万吨,累计增长了96.35%。日处理油菜籽能力也有小幅增长,相对于2011年,2016年全省处理能力提高了23.55%。全省日精炼油脂能力、日精炼大豆油、日精炼菜籽油方面在2011~2016年期间,分别累计增长了47.2%、76.74%和72.65%,2016年分别达到了日处理能力超过3万吨、1.58万吨和0.9万吨。可见,全省的油脂精炼能力在这五年期间均得到了较大幅度的提升。全省日精炼棕榈油能力也较强,2016年为5106.2吨。全省日灌装小包装油脂能力2011年为3333.7吨,2016年增长为9711.1吨,增长幅度惊人,累计增长率达到了191.3%。

表7-1　江苏省成品粮油加工能力变化

品种指标	单位	2011年	2016年	2016年相比2011年增长率(%)
日处理小麦	吨	45064.1	69485.4	54.19
日处理稻谷	吨	47330.1	114982.4	142.94
日处理玉米	吨	3538.4	2624.9	-25.82
日处理杂粮及薯类	吨	—	335	—
日处理油料	吨	59873.4	81054.8	35.38
日处理大豆	吨	33356.2	65493.8	96.35
日处理油菜籽	吨	12287.7	15181	23.55
日精炼油脂	吨	20645.2	30390.5	47.20
日精炼大豆油	吨	8928.2	15779.3	76.74
日精炼菜籽油	吨	5215.9	9005	72.65
日精炼棕榈油	吨	—	5106.2	—
日灌装小包装油脂	吨	3333.7	9711.1	191.30

　　饲料加工能力方面(见表7-2),2016年全省日饲料生产能力达到58714.7吨,相较2015年有较大幅度增长,相对于2015年,增幅达到了40.4%。饲料加工中的日处理粮食能力也较强,合计达到60321.2吨。结构方面,日处理玉米能力27142.8吨,占日处理粮食总量的45%,是饲料中占比最高的粮食原料,占比为18.43%。饲料中小麦的占比居于第三位,全省日处理小麦能力为7684.5吨,占比为12.74%。稻谷较少被用于饲料加工,全省日处理稻谷能力只有1904吨,占比只有3.16%。另外,全省日处理其他粮食能力也较大,占到了日处理粮食产量的1/5多。上述结果表明,玉米和豆粕是省内饲料加工中最主要的饲料原料。

表7-2 2016年江苏省饲料加工能力

品种指标	单位	2016年
日饲料生产能力	吨	58714.7
日处理粮食合计	吨	60321.2
日处理小麦	吨	7684.5
日处理稻谷	吨	1904.0
日处理玉米	吨	27142.8
日处理豆粕	吨	11117.7
日处理其他粮食	吨	12472.2

粮食深加工能力方面（见表7-3），2016年，全省单日粮食深加工产量合计为5132吨。其中日处理小麦150吨，占比只有2.92%。日处理稻谷与小麦能力接近，占粮食深加工能力的3.11%。全省日处理玉米能力较强，达到了2562吨，占到了粮食深加工量的近五成。全省日处理大豆量较少，占比只有1.17%。全省日处理杂粮及薯类能力也较大，占比达到42.89%，日处理量仅次于玉米处理量。上述分析表明，全省粮食深加工主要加大玉米、杂粮及薯类两大类深加工能力的比例。

表7-3 2016年江苏省粮食深加工能力

品种指标	单位	2016年
粮食深加工合计	吨	5132
日处理小麦	吨	150
日处理稻谷	吨	160
日处理玉米	吨	2562
日处理大豆	吨	60
日处理杂粮及薯类	吨	2200

从加工转出产品产量视角来看，从2011年到2016年，江苏省取得的成绩也是十分突出的。小麦粉产量方面（见表7-4），年产专用粉实现了从120万吨级别向130万吨级别的飞跃，累计增长率达到了8.79%。相对于专用粉，全麦粉增长更为迅速，累计增长幅度为121.3%，规模实现了翻一番有余。其他小麦粉产量则出现了大幅下滑，从776万吨下降至480万吨左右，累计下滑幅度为38.21%。

大米加工产量方面（见表7-4），大米（含二次加工）年产量从2011年的604万吨增长到2016年866万吨，年均增长率达到了7.22%，累计增长率高达43.3%。其中，一级大米产量增长最为迅速，累计增长率达到了167.7%。二级大米增长率也较高，达到了

82.05%，三级大米增长率仅次于一级大米，累计增长率达到了160.3%，但是四级大米的年产量大幅下滑，累计下降率达到了98.14%。因而，上述变动表明，江苏省的大米加工产量在5年期间在数量和质量两个层面都取得了飞跃，产能规模更大，加工结构更加合理，优质大米的产能得到有效提升。

表7-4　江苏省加工转化小麦粉和大米产量变化

品种指标	2016年产量（吨）	2011年产量（吨）	2016年相比2011年增长率（%）
专用粉	1325230.3	1218209	8.79
全麦粉	904893	408890	121.30
其他小麦粉	4796076.1	7762126	−38.21
大米（含二次加工）	8661349.4	6043779	43.31
一级大米	6983646	2608676	167.71
二级大米	1452225.4	797695	82.05
三级大米	225386	86590	160.29
四级大米	92	4948	−98.14

精炼食用植物油产能方面（见表7-5），2011年全省产量为515.8万吨，2016年增长到547.8万吨，累计增长幅度为6.2%。其中，精炼菜籽油产量有所下降，2016年产量为72.6万吨，累计下降幅度为9.76%。精炼花生油也有较大提升，2016年产量为6.9万吨，累计增长了62.02%。精炼大豆油产能有较大提升，累计增长幅度为19.24%。精炼葵花油的增幅最大，实现了跨越式发展，从2011年不足7万吨快速增长到2016年的29万吨多，累计增长率高达329.37%。类似的，精炼米糠油也实现了很大程度的增长，累计增长幅度为400.75%。而精炼玉米油的产量则有较大幅度的下降，减幅高达65.22%，是所有食用植物油中下降程度最大的油脂品种。

表7-5　2016年江苏省加工转化产品产量：食用植物油

品种指标	2016年产量（吨）	2011年产量（吨）	2016年相比2011年增长率（%）
精炼食用植物油	5477896.70	5158067	6.20
精炼菜籽油	725878.60	804345	−9.76
精炼花生油	68777.40	42449	62.02
精炼大豆油	3247172.60	2723292	19.24
精炼葵花油	292170.70	68047	329.37
精炼油茶籽油	13500.00	—	—
精炼玉米油	19542.90	56182	−65.22
精炼米糠油	95273.10	19026	400.75

主食产品加工转换产量方面（见表7-6），2016年主食食品达到了43.8万吨。其中馒头产量为1129吨，方便米饭为4058吨，分别占比0.26%和0.93%，占比非常小。挂面产量在2016年达到了18.2万吨左右，占到了主食产品的41.6%，几乎是半壁江山。可见，江苏省的主食产品中，挂面是绝对优势品种之一。并且相对于2011年，挂面的产能增加了39.61%。2016年全省的方便面产量为4.9万吨，占11.2%，累计下降幅度为25.66%。2016年米制品产量达到了9.7万吨，占到了主食产品产量的22.25%。速冻米面制主食是省内主食产品的又一主要品种，占到了全省产量的24.76%。

表7-6 2016年江苏省加工转化产品产量：主食产品

品种指标	2016年产量（吨）	2011年产量（吨）	2016年相比2011年增长率（%）
主食产品	438249.4		
馒头	1129		
挂面	182249.6	130545	39.61
方便面	48890.9	65765	-25.66
米制品	97488.9		
方便米饭	4058		
速冻米面制主食	108491	3382	3207.89

粮食深加工产品产量方面（见表7-7），江苏省2016年的总产量为233.3万吨。结构方面，商品淀粉占比为8.29%，淀粉糖占比10.29%，发酵制品占比13.02%，酒精占比27.75%，其他深加工产品占比40.48%，多元醇和大豆蛋白则分别占比0.05%和0.13%。可见，省内粮食深加工主要以其他深加工产品、酒精和淀粉三种主要类型为主。

表7-7 2016年江苏省粮食深加工产品产量及其结构

品种指标	2016年产量（吨）
粮食深加工产品	2333453.70
商品淀粉	193442.50
淀粉糖	240000.00
多元醇	1200.00
发酵制品	303705.00
酒精	647472.90
大豆蛋白	3020.00
其他深加工产品	944613.30

（二）江苏省粮油加工业规模的分布

按照地市分布，全省粮油加工领域的稻谷加工量如表7-8所示。不难发现，淮安市日加工稻谷量最高，宿迁市居全省第二位，泰州和盐城分列第三位和第四位。可见苏北城市在稻谷加工方面具有相对优势，苏南地区则较为薄弱。按照区域分布来看，苏北地区5市的日稻谷加工量占全省规模的60%以上，而苏南和苏中地区分别占比19.5%和19%左右。鉴于苏北地区是全省的稻谷生产集中区域，说明稻谷加工能力和生产地是高度吻合的。

表7-8 2016年各地市日处理稻谷能力

地区	日处理稻谷能力（吨）
南京市	6352.00
无锡市	4778.00
徐州市	7600.00
常州市	5035.00
苏州市	1869.00
南通市	7105.00
连云港市	6747.00
淮安市	24991.40
盐城市	10520.00
扬州市	7110.00
镇江市	4190.00
泰州市	11423.00
宿迁市	16962.00

粮油加工领域的小麦加工能力的区域分布如表7-9所示。省内13个地市的差距较大，苏北两市徐州和宿迁分列全省第一位和第二位，日加工量分别占到全省规模的23.4%和17.3%。全省排名靠后的分别是常州市、无锡市、南通市和苏州市，可见苏南地区在小麦加工方面较为落后。这一点也可以从区域加工量的占比差异体现出来。苏北地区5市日处理小麦量占到全省的58.3%。苏中地区的小麦加工能力居于其次，苏中三市占比反而高于苏南5市，占比达到了22.4%。苏南地区最为薄弱，占比只有19.3%。

表7-9 2016年各地市日处理小麦能力

地区	日处理小麦能力（吨）
南京市	600

续表

地区	日处理小麦能力（吨）
无锡市	1050.00
徐州市	16071.00
常州市	1980.00
苏州市	3060.00
南通市	3025.00
连云港市	5200.00
淮安市	5885.00
盐城市	3310.00
扬州市	2975.40
镇江市	6667.00
泰州市	7002.00
宿迁市	11860.00

　　全省日处理油料能力的分布如表 7–10 所示。结果表明，各地市的油料加工能力差异非常大。全省排名靠前的前五名分别是泰州市、苏州市、南通市、盐城市和连云港市。仅这五市的油料加工量就占到了全省日产规模的 86.86%。从全省三大区域分布来看，苏中地区具有相对优势。苏中只有三个地市，但油料加工处理能力占到全省的 46.5%。苏南地区居于其次，占比 30.2%，稍高于苏北地区的 23.3%。

表 7–10　2016 年各地市日处理油料能力

地区	日处理油料能力（吨）
南京市	3,440.00
无锡市	480
徐州市	442
常州市	360
苏州市	15450.00
南通市	15302.80
连云港市	6085.00
淮安市	1550.00
盐城市	8320.00
扬州市	765
镇江市	2030.00
泰州市	17430.00
宿迁市	400

全省日精炼油脂加工能力分布如表 7 – 11 所示。从表 7 – 11 不难发现，南通、泰州、苏州和连云港四市分列全省第一、第二、第三和第四名。仅上述四市的生产能力就占到了全省的 83.1%。说明全省精炼油脂加工是十分集中的，表现为产业聚集特征。就三大区域而言，苏中地区占据绝对优势，全省精炼油脂加工能力的近五成集中在苏中三市。苏南 5 市和苏北 5 市的加工能力接近，苏南稍强于苏北地区，两大区域占比分别为 26.9% 和 21.5%。

表 7 – 11　2016 年各地市日精炼油脂能力

地区	日精炼油脂能力（吨）
南京市	866.2
无锡市	320
徐州市	0
常州市	110
苏州市	5568.00
南通市	7065.30
连云港市	3600.00
淮安市	200
盐城市	2075.00
扬州市	500
镇江市	545
泰州市	6681.00
宿迁市	60

各地市粮油食品加工领域日处理粮食量如表 7 – 12 所示。结果显示，无锡、盐城、宿迁 3 市位列前三。全省 13 个地市的加工能力层面分明，日处理量超过 700 吨的有 3 个地市，超过 600 吨的有 2 个地市，超过 500 吨的有 2 个地市，达到 400 吨及以上的有 2 个地市，低于 300 吨的有 2 个地市。从省内排名来看，苏南和苏北地区的粮油食品加工能力都较强，日处理粮食量都较大。

表 7 – 12　2016 年各地市粮油食品加工领域日处理粮食量

地区	食品加工领域日处理粮食能力（吨）
南京市	429.8
无锡市	751.8
徐州市	636.5
常州市	655

地区	食品加工领域日处理粮食能力（吨）
苏州市	549.1
南通市	7
连云港市	577.7
淮安市	
盐城市	745
扬州市	400
镇江市	
泰州市	240
宿迁市	741

各地市日生产饲料产量如表 7 - 13 所示。从表 7 - 13 不难发现，南通市、徐州市、盐城三市名列前茅，加工规模均超过了 8000 吨/天。按照区域划分，苏北地区确实在饲料生产方面占据优势，该区域的产能占到了全省的 52.75%。苏中地区也较强，占比达到了 28.2%。

表 7 - 13 2016 年各地市日生产饲料量

地区	日饲料生产产量（吨）	日饲料生产产量（吨）
南京市	1275.00	1258.00
无锡市	1370.00	1490.00
徐州市	12268.00	11462.50
常州市	5604.00	5655.00
苏州市	1513.00	1219.00
南通市	8254.00	13828.80
连云港市	3840.00	3572.00
淮安市	7016.90	5993.40
盐城市	9316.80	9179.20
扬州市	1523.00	970
镇江市	1640.00	1868.00
泰州市	2800.00	2214.30
宿迁市	2294.00	1611.00

二、粮食加工业经济效益

2016 年，江苏省的粮油工业总产值达到了 2510.54 亿元，相比 2011 年的 171.4 亿元，累计增长幅度为 46.44%，大幅领先全国同期平均增长率（见表 7 - 14）。2016 年全省工业销售产值为 2363.9 亿元，相比 2011 年的 1706.1 亿元，也实现了 38.56% 的增长。其中，2016 年主营业务收入达到了 2355.9 亿元。2016 年，销售收入达到了 2478 亿元，相对于 2015 年增长了 5.47%。而互联网销售收入也达到了 24585.4 万元，只占销售收入的 0.1%，表明互联网渠道销售仍然处于萌芽之中，规模很小。同期，销售成本为 2113.4 亿元，占到销售收入的 85.29%，表明销售成本较高。由于销售成本较高，同期全省粮油工业的利润为 129.41 亿元，相比 2011 年的 44.3 亿元，大幅增长了 192.07%。可见 2011 ~ 2016 年期间，全省粮油工业发展十分迅速，粮油企业利润较为客观。

2016 年全省粮油企业的资产总额为 1608.1 亿元，也实现了较快增长，相对于 2011 年的 66.4 亿元，增长幅度为 142.05%。负债总额为 591.1 亿元，占到资产总额的 36.76%，表明全省粮油企业资产十分健康，整体负债水平并不高。2016 年全省粮油企业的固定资产投资达到了 43.4 亿元，相当于当年资产总额的 2.7%。

表 7 - 14　2016 年江苏省粮油企业主要经济指标

经济指标	单位	2011 年	2016 年	2016 年相比 2011 年增长率（%）
工业总产值	万元	17143821.9	25105427.6	46.44
工业销售产值	万元	17060576.6	23639250.7	38.56
主营业务收入	万元		23558684	
销售收入	万元		24779737.6	
互联网销售收入	万元		24585.4	
销售成本	万元		21133579.2	
利润总额	万元	443084.7	1294136.3	192.07
应交增值税	万元		289587.8	
资产总额	万元	6643470	16080641.6	142.05
负债总额	万元		5911128.2	
当年固定资产投资	万元		433774.50	

从地区的经济指标分布情况上看（见表7－15），宿迁、南通、泰州、苏州、盐城是全省粮油加工产业产值较高的地区，分列前五名。从苏南、苏中和苏北差异来看，苏北仍然是占优势的区域，苏北地区为全省2016年粮油加工业产值贡献了42.3%，苏中地区产值紧随其后，达到了全省产值的29.4%。苏南5市的产值稍低于苏中3市，只占到了全省产值的28.1%。

表7－15　2016年各地市粮油加工业工业总产值

地区	粮油加工业总产值（万元）
南京市	909721.8
无锡市	627098.8
徐州市	2132213.5
常州市	1204989.8
苏州市	2770142.1
南通市	2994232.1
连云港市	1303958.7
淮安市	1557731.6
盐城市	2307378.1
扬州市	1307061.7
镇江市	1349246.4
泰州市	2874244.9
宿迁市	3017222.4

各地市的粮油加工销售产值如表7－16所示，不难发现，与表7－15基本一致，宿迁、南通、苏州、盐城、泰州分别是全省排名第一到第五的地市。从区域分布来看，苏北的工业销售产值占到了全省规模的41.9%，苏南稍高于苏中地区，占比接近30%，苏中地区占比约28%。

表7－16　2016年各地市粮油加工业销售产值

地区	加工业销售产值（万元）
南京市	906157.5
无锡市	639579.6
徐州市	1570944
常州市	1172375
苏州市	2815348.1
南通市	2904795.2

地区	加工业销售产值（万元）
连云港市	1290796
淮安市	1522139.3
盐城市	2259469.6
扬州市	1265470
镇江市	1319139.9
泰州市	2240464.1
宿迁市	2961659.4

类似的，各地市粮油加工业的主营业务收入如表 7 - 17 所示。南通、宿迁、苏州三市在全省具有绝对优势，2016 年业务收入均超过了 250 亿元，占到全省粮油加工业主营业务收入的 12.77%、12.71% 和 12.59%。盐城和泰州紧随其后，业务收入均超过 200 亿元。

表 7 - 17　2016 年各地市粮油加工业主营业务收入

地区	主营业务收入（万元）
南京市	846460.2
无锡市	635160.4
徐州市	1857838
常州市	1140677.8
苏州市	2872565.4
南通市	2913095.3
连云港市	1286763
淮安市	1515248.5
盐城市	2174060.3
扬州市	1257280.2
镇江市	1306649.9
泰州市	2032987.5
宿迁市	2899706.1

全省加工业销售收入和互联网销售收入地市分布如表 7 - 18 所示。显而易见的是，南通、苏州、宿迁、泰州四地市占据优势地位，这与前述保持一致。从区域划分来看，全省粮油加工企业销售收入中苏北仍然占比最高，达到了 42.7%。苏南虽然占比为 29.8%，但除了苏州市，其他四市的规模在全省排名靠后。苏中地区的实力较强，南通、泰州、扬州在全省分别排名第一、第四和第九。互联网销售作为一种新兴的销售渠道，在近几年也快速发展。但是在省内的分布十分不均衡，全省 2016 年互联网销售收入总计 24585.4 万

元，其中苏南地区就达到了20056.4万元，占比高达81.6%。苏中地区的销售收入也有所发展，占比达到了15.22%，而苏北地区十分薄弱，占比只有3.2%。如果从地市层面来看，互联网销售就更为集中了，苏州、南通和镇江三市就占到了全省互联网销售收入的92.2%，仅苏州一市占比就高达30.1%。

表7-18　2016年各地市粮油加工业销售收入和互联网销售收入

地区	销售收入（万元）	互联网销售收入（万元）
南京市	848903.1	635
无锡市	648756.4	0.2
徐州市	2119965.1	738
常州市	1197411.2	
苏州市	2873728.3	7405
南通市	2965361.5	3242.8
连云港市	1288863.9	28
淮安市	1537309.6	0
盐城市	2227028.8	13.2
扬州市	1256997.2	500
镇江市	1342537	12016.2
泰州市	2750505.9	0
宿迁市	2899662.1	7

2016年各地市粮油加工业销售成本和利润总额分布如表7-19所示。南通、苏州、泰州三市的销售成本最高，均超过了250亿元，盐城和宿迁紧随其后，分别超过200亿元和150亿元。表明销售收入和工业产值高的地市，销售成本也相应较高。销售成本最低的三个市苏南、苏中和苏北各占其一，分别是南京、扬州和淮安三市。从亚区域来看，苏北地区的销售成本高于苏中地区，苏中地区的销售成本又高于苏南地区，苏北、苏中和苏南分别占比为38.39%、32.14%和29.14%。同期，各亚区域销售收入占比为41.92%、29.02%和28.76%。表明苏北地区的粮油加工业的比较效益较高，苏中地区次之，苏南地区又次之。

不同地市的利润表现也差距较大，2016年，利润额最高的宿迁市实现销售利润596198.8万元。从亚区域分布来看，苏北地区粮油企业竞争力最强，利润总额占到了全省的67.82%，而苏中地区尽管工业产值和销售收入与苏南地区接近，但表现不佳，利润只占到全省的8.51%。苏南5市企业的利润额达到了303406.1万元，占全省规模的

23.68%，表明苏南粮油加工企业的竞争力也较强。

表 7 - 19   2016 年各地市粮油加工业销售成本和利润

地区	销售成本（万元）	利润总额（万元）
南京市	706857.8	10687.9
无锡市	515641.3	23492
徐州市	1719162.5	71448.6
常州市	982648	83187.5
苏州市	2630988.4	100997.9
南通市	2805595.9	67992.1
连云港市	1197749	38893.3
淮安市	1120568.5	114936.5
盐城市	2059013.6	47627
扬州市	1189139.1	-2778.6
镇江市	1123656.5	85040.8
泰州市	2578869	43891.4
宿迁市	1755183.5	596198.8

　　除了利润外，税收贡献也能够体现区域产业竞争力。2016 年江苏省各地市粮油加工业的应交增值税如表 7 - 20 所示。不难发现，应交增值税曲线与利润曲线的趋势基本一致，宿迁市的表现最佳，仅宿迁一市就占到全省应交增值税规模的 57.76%。苏南地区的镇江和苏州两市分列第二名和第三名，占比分别为 11.78% 和 7.27%。从区域分布来看，苏北地区的应交增值税最高，占比达到了 66.7%，这与其利润占比高度吻合。苏南地区的占比则达到 28.39%，再次证明苏南地区的企业竞争能力较强，而苏中地区的企业竞争力有待提高。

表 7 - 20   2016 年各地市粮油加工业应交增值税

地区	应交增值税（万元）
南京市	3429.7
无锡市	5622.2
徐州市	7069.3
常州市	17975.4
苏州市	21054.4
南通市	1825.8
连云港市	5040.5

续表

地区	应交增值税（万元）
淮安市	2772
盐城市	11026.7
扬州市	8570.8
镇江市	34124.2
泰州市	3773.4
宿迁市	167258.2

2016 年各地市粮油加工业的资产情况如表 7－21 所示。从表 7－21 不难发现，宿迁市的资产总额仍然在全省居于首要地位，仅宿迁一市就占到全省规模的 25.27%。苏州市在全省位居第二，资产总额超过 200 亿元，占到全省的 15.38%。泰州市的资产规模接近 150 亿元，位列全省第三，占比为 9.47%。从省内亚区域分布来看，资产总额也表现为苏北超过苏南，苏南超过苏中，三大区域分别占比 45.13%、33.82% 和 20.89%。

表 7－21　2016 年各地市粮油加工业资产情况

地区	资产总额（万元）
南京市	412202.1
无锡市	585003.6
徐州市	734283.2
常州市	1009364
苏州市	2416676.8
南通市	1320592
连云港市	1005438
淮安市	539754.2
盐城市	841342
扬州市	473806.8
镇江市	890596
泰州市	1488002.2
宿迁市	3970781.1

三、不同产业粮油加工效益及其分布

为了进一步分析江苏省粮油加工业的经济，后续分析将按照行业细分，并对各市的产业发展进行对比分析，以深化江苏省不同地市在具体粮油加工领域的特征、优势和不足。

第一是大米产业。表7-22展示了2016年江苏省大米产业产值和主营业务收入分布。不难发现，大米产业的工业总产值曲线、工业销售值曲线和主营业务收入曲线的变化趋势高度一致，三条曲线是高度相关的。就具体地市而言，盐城市在省内13个地市中的表现最好，无论是工业总产值、工业销售值，还是主营业务收入均位居全省第一名，三项指标分别占到全省规模的15%、15.22%和14.89%。从区域层次来看，苏北具有相对优势，苏北5市的大米工业产值达到了全省规模的55.34%，工业销售值占到全省的55.37%，主营业务收入占到全省的53.98%。

表7-22　2016年江苏省大米产业产值和主营业务收入分布

地区	大米工业总产值 （万元）	大米工业销售值 （万元）	大米主营业务收入 （万元）
南京市	314367.7	309098.5	304454.4
无锡市	208116.9	208559.9	205121
徐州市	429405.1	371365.4	394949.3
常州市	129306.1	129345.7	126710.4
苏州市	40915.1	37923.1	90687.1
南通市	197291.1	187077.2	201025.5
连云港市	186174	178045.7	177460.4
淮安市	510022.4	505038	501303.3
盐城市	638096.6	623834.8	616234.1
扬州市	336445.4	300119.6	295951
镇江市	76693.5	74703.6	74397.8
泰州市	585205.6	570412.2	572189.4
宿迁市	591584.2	591584.2	544320.8

表7-23显示了省内各个地市大米产业的销售收入和销售成本情况。显而易见的是，销售收入和销售成本的变化保持高度一致，两个指标是高度相关的，高销售收入通常对应

高销售成本。盐城和泰州仍然是全省排名前两位的城市，宿迁、徐州、南京和南通四市紧随其后。销售成本与销售收入之比能体现大米产业的盈利能力，研究表明，全省大米行业平均"成本—收入比"为90.49%，表明大米产业的成本仍然较高。

表7-23 2016年江苏省大米产业销售收入和成本分布

地区	大米销售收入（万元）	大米销售成本（万元）
南京市	305447.4	278142
无锡市	205131	191961.2
徐州市	428095.2	342380.7
常州市	126709.7	113660
苏州市	90624.3	87735.4
南通市	201463.7	186131.7
连云港市	177919.4	156324.9
淮安市	506012	465806.7
盐城市	620870.2	568090.2
扬州市	296069	288131.6
镇江市	75049.8	69366.6
泰州市	578910.4	497271.3
宿迁市	544320.8	513586.3

2016年全省大米产业的应交增值税和利润总额如表7-24所示。泰州市和宿迁市遥遥领先于其他地市，盈利状况良好。从区域分布来看，苏北地区大米产业的利润总额绝对规模最高，占到了全省的46.45%。苏中地区紧随其后，利润占比为30.79%。但苏北地区的税收贡献反而最大，占比高达74.05%，表明苏北地区大米产业的税负过重。

表7-24 2016年江苏省各地市大米产业利润总额和应交增值税

地区	大米利润总额（万元）	大米应交增值税（万元）
南京市	5326.9	97.4
无锡市	4149.5	341.8
徐州市	5036.4	1954.2
常州市	1543.8	2
苏州市	388.3	44.3
南通市	3620.4	60.6
连云港市	4873.3	620.6
淮安市	5608.3	2288.6
盐城市	5815.1	2863.3

续表

地区	大米利润总额（万元）	大米应交增值税（万元）
扬州市	5760.1	1410.4
镇江市	3123.1	166.3
泰州市	10288.8	1445.4
宿迁市	8333.2	2458.2

从资产和负债视角来看（见表7-25），苏州、盐城和宿迁三市仍然在全省排名靠前。从区域分布来看，苏北地区大米产业资产规模在全省处于领先，占全省资产总额的比例达到了41.56%。同时，苏北地区的负债总额也是全省最大区域，该地区大米产业的负债总额占到全省了44.49%，这表明苏南地区大米产业是比较健康的。从资产负债率来看，全省大米产业发展态势良好，负债率低于45%。

表7-25　2016年江苏省各地市大米产业资产与负债情况

地区	大米产业资产总额（万元）	大米产业负债总额（万元）
南京市	153467	97795
无锡市	53069	23042
徐州市	98315.4	13748
常州市	73083	2562
苏州市	317365.8	92417.1
南通市	88952.9	42963
连云港市	67197.9	29761.3
淮安市	147478	83341.5
盐城市	233286.9	160020.5
扬州市	114522.7	83389.5
镇江市	46316.7	20016.5
泰州市	151301.6	49778.4
宿迁市	163482.3	53061

第二是小麦粉产业。2016年全省各地市小麦粉产业的产值和主营业务收入如表7-26所示。徐州、泰州和宿迁三市在全省的表现十分突出，上述三市的小麦粉产业工业总产值、工业销售产值、主营业务收入就占到了全省规模的45.8%、39.93%和44.24%。从区域分布来看，苏北作为小麦的主产区域，小麦粉产业的工业总产值、工业销售产值和主营业务收入却是最高，三项指标占全省的比例分别为48.5%、44.2%和50.39%。苏南地区的三项指标则在苏北之后，苏中地区的三项指标则稍低于苏南。

表7-26 2016年江苏省小麦粉产业产值和主营业务收入分布

地区	小麦粉工业总产值（万元）	小麦粉工业销售产值（万元）	小麦粉主营业务收入（万元）
南京市	32127.3	32127.3	32228.3
无锡市	26305	36317	36534
徐州市	538639.9	296534.5	554974.3
常州市	77263.6	77263.6	75049.6
苏州市	228579	227020	226394.5
南通市	171630	173167.8	170181.8
连云港市	125373.9	122614.7	120857.8
淮安市	162475.8	162570.7	159634.8
盐城市	182441.8	180998.5	180435.6
扬州市	127486.1	127090.1	125833.6
镇江市	389836.1	374255.8	379933.8
泰州市	392512.7	370946.2	290304.6
宿迁市	390591	390150	379575

表7-27显示了小麦粉产业的销售收入和销售成本情况。再次表明徐州市小麦粉产业的比较优势，销售收入和销售成本分别占到全省规模的19.87%和17.67%。泰州市在全省排名第二，镇江、苏州、盐城、南通也在全省排名靠前。从区域分布来看，依然表现为苏北地区的销售收入和销售成本占比最高，两类指标方面，苏北占比都超过45%，而苏南地区紧随其后，销售收入和销售成本两类指标分别占比25.87%和27%。从成本收入比来看，淮安和徐州两市这一指标较低，盈利效率较高，其他地市则在89%到97%之间，表明上述两市小麦粉的市场竞争力较强。

表7-27 2016年江苏省小麦粉产业销售收入和成本分布

地区	小麦粉销售收入（万元）	小麦粉销售成本（万元）
南京市	32228.3	28861.6
无锡市	36534	34238
徐州市	577797.6	457978.7
常州市	75049.6	67160
苏州市	226964.5	212176
南通市	169726.8	160012.5
连云港市	122319.7	111920.9
淮安市	166325.2	110113.1
盐城市	182011.2	169051.7
扬州市	125833.6	121838

续表

地区	小麦粉销售收入（万元）	小麦粉销售成本（万元）
镇江市	381211.8	357167.6
泰州市	393716.5	368713.4
宿迁市	379575	355946.3

2016 年江苏省各地市小麦粉产业利润总额和应交增值税情况如表 7 - 28 所示。不难发现，两类指标是高度相关的，变化趋势基本保持一致。徐州市小麦粉的产业利润总额在全省表现最为优异，再次证明徐州市小麦粉产业在全省具有比较优势。苏中地区，南通市和泰州市的两类指标在全省也处于领先位置，分列第二名和第三名。苏南地区镇江市的小麦粉盈利较强，在全省排名也靠前。从区域分布来看，苏北地区小麦粉产业的利润占到了全省的 46.53%，苏中地区表现居中，占比为 33.26%。苏北地区的应交增值税也是全省最高的，占比达到全省规模的 56.74%，表明苏北地区的小麦粉负担也较高。苏中地区的应交增值税占到了全省的 11.23%，税负贡献在全省最低。

表 7 - 28　2016 年江苏省各地市小麦粉产业利润总额和应交增值税

地区	小麦粉利润总额（万元）	小麦粉应交增值税（万元）
南京市	716.8	0.6
无锡市	357	280
徐州市	22598.5	1880.7
常州市	3032	1320
苏州市	4834	8.5
南通市	17026.6	192
连云港市	2286.9	312.7
淮安市	6540.1	122
盐城市	3758.4	3144.9
扬州市	954.1	176.5
镇江市	12095.5	1808.1
泰州市	16949.9	845.2
宿迁市	13691.8	672.8

2016 年小麦粉行业的资产和负债情况如表 7 - 29 所示。镇江市的资产规模在所有地市中占比最高，达到了 20.45%。资产规模靠前的还有徐州、泰州和宿迁三市。负债额度较高的当属连云港、南通、宿迁、扬州四市。小麦粉产业中苏北地区的资产总额在全省最高，占到全省规模的 41.99%。苏南地区紧随其后，达到了 36.2%，而苏中地区这一指标

占比最低。负债额度方面，苏南超过苏北，位列第一，苏北和苏中分列第二、第三名。资产负债率方面，全省的平均规模为 40.63%，表明全省小麦产业是十分健康的。徐州和宿迁两市小麦粉产业的负债率最低，分别只有 15% 和 24.4%。低于全省平均水平、按照负债率从低到高排序的还有南京、淮安、南通、泰州四市。负债率最高的是无锡和苏州，负债率高达 95.96% 和 70.26%，表明两市的小麦粉产业发展不容乐观。

表 7－29　2016 年江苏省各地市小麦粉产业资产与负债情况

地区	小麦粉资产总额（万元）	小麦粉负债总额（万元）	小麦粉资产负债率（%）
南京市	16204.9	5461.8	33.70
无锡市	14793	14195	95.96
徐州市	163728.3	24536.1	14.99
常州市	45000		0.00
苏州市	110709	77785	70.26
南通市	81103.9	30391.1	37.47
连云港	77102	36851.4	47.80
淮安市	66865.2	23701.5	35.45
盐城市	69997.5	43652	62.36
扬州市	44573.2	28022.1	62.87
镇江市	242374.5	114805	47.37
泰州市	122156.3	46947	38.43
宿迁市	119969.7	29219.7	24.36

第三是食用植物油行业。2016 年江苏省食用植物油产业产值和主营业务收入情况如表 7－30 所示。工业总产值、工业销售产值和主营业务收入三类指标的变化趋势高度一致，苏州、南通、泰州的各项指标在全省占据翘楚地位，仅上述三市的工业总产值、工业销售产值和主营业务收入就占到全省规模的 68.23%、66.25% 和 67.11%，表明省内植物油产业的产业聚集特征十分明显。从区域分布来看，苏中地区的食用植物油具有比较优势，苏中地区的工业总产值、工业销售产值和主营业务收入占到全省的 47.2%、42.5% 和 42.6%。苏南地区的实力居中，三类指标分别占比 30.4%、33.6% 和 33.5%。苏北地区在食用植物油方面最为薄弱，上述三类指标的占比均低于 24%。

表 7 - 30 2016 年江苏省食用植物油产业产值和主营业务收入分布

地区	工业总产值（万元）	工业销售产值（万元）	主营业务收入（万元）
南京市	417135.1	415639.9	340559.9
无锡市	9133	11229	11229
徐州市	155110	155110	115209.3
常州市	11000	11000	11000
苏州市	1912803.5	1995933.3	2007265.4
南通市	1898420.2	1850222.6	1905827.8
连云港市	644543.4	653887.2	653887.2
淮安市	74535	74535	74535
盐城市	853838.4	829640.3	825226
扬州市	222298.4	221296	219815.7
镇江市	87550	74802	73504
泰州市	1664498.3	1103585.7	983630.1
宿迁市	74677.5	74677.5	74677.5

2016 年江苏省食用植物油产业的销售收入和销售成本如表 7 - 31 所示。不难发现，销售收入和销售成本排名前面的依然是苏州、南通和泰州三市，这与表 7 - 30 保持一致。从区域分布来看，苏中地区的销售收入和成本分别占比为 46.74% 和 47.84%，具有相对优势。苏南相较苏北具有一定优势，销售成本和销售收入占比均超过 30%，而苏北各市占比均保持在 22% 左右。

表 7 - 31 2016 年江苏省食用植物油产业销售收入和成本分布

地区	销售收入（万元）	销售成本（万元）
南京市	340559.9	261413
无锡市	11113	10507
徐州市	115312	92899
常州市	11000	10000
苏州市	2007544	1924286.5
南通市	1897282.1	1841209.4
连云港市	653887.2	624102.3
淮安市	69874	66743
盐城市	831699.1	794759.4
扬州市	219414.7	214487.2
镇江市	95188	63225
泰州市	1578549.6	1537947.9
宿迁市	74677.5	70433.7

全省食用植物油产业应交增值税和利润总额分布如表 7 - 32 所示。盐城市的两项指标在全省位列第一，徐州、南通、连云港和苏州分别为第二、第三第四和第五名，上述五市的应交增值税和利润总额占到全省规模的 83.25%、80.89%，再次表明食用植物油产业的聚集特征也十分显著。盈利能力方面，苏北地区占据绝对优势，利润总额和应交增值税占到全省的 59.62% 和 50.65%，表明苏北地区的盈利能力较强，税收贡献也较大。苏中地区的利润额占比超过苏南地区，但应交增值税方面，苏南地区占比超过苏中地区，达到了全省税收规模的 31.73%。

表 7 - 32　2016 年江苏省各地市食用植物油产业利润总额和应交增值税

地区	食用植物油利润总额（万元）	食用植物油应交增值税（万元）
南京市	4346.2	621.2
无锡市	584	87
徐州市	25411.5	2039.8
常州市	316	56
苏州市	12780.8	2708.1
南通市	18286.2	1225.8
连云港市	16830.2	608.2
淮安市	393	
盐城市	29723.7	3134.8
扬州市	1357.5	555
镇江市	4125.7	339.7
泰州市	8175.1	335.5
宿迁市	1431.6	300.6

从资产和负债情况来看（见表 7 - 33），南通、连云港和盐城的资产总额分列第一、第二和第三名，无锡、常州资产总额在全省垫底，表明上述三市的食用植物油产业的规模较小。从负债来看，泰州的负债额最高，南通、苏州、盐城紧随其后。从区域来看，苏中地区食用植物油资产总额占比为 45.73%，再次表明苏中地区在这个领域具有相对优势。苏南地区和苏北地市的资产总额分别占比 32.1% 和 22.2%。但苏北地区的负债额度在全省也最高，占比为 52.43%，苏中地区占比 25.70%，苏南地区的负债额最少，占全省比例只有 21.87%。资产负债率方面，全体整体水平为 57.97%。扬州和盐城两市的负债水平全省位列第一和第二，负债率均超过 86%。无锡、常州、宿迁、镇江、苏州等市的资产负债率则低于全省平均水平。

表7-33 2016年江苏省各地市食用植物油产业资产与负债情况

地区	资产总额（万元）	负债总额（万元）
南京市	144242.3	78488.5
无锡市	8425	10
徐州市	105100	16502.9
常州市	11602	3845
苏州市	1142946	437102.3
南通市	872702.2	558240.6
连云港市	473938	323532
淮安市	38999	28246
盐城市	305460.2	265111.9
扬州市	59852.3	51654
镇江市	75811	27114.2
泰州市	1038517	700094.8
宿迁市	33044.6	8652.5

第四是食品及副食酿造加工产业。表7-34显示了2016年全省各地市食品及副食酿造加工产值和主营业务收入分布，三类指标依然高度相关，变化态势保持高度一致。苏州市的三项指标在全省名列前茅，仅苏州一市的工业总产值、工业销售产值和主营业务收入就分别占到全省的32.37%、30.53%和30.18%。无锡、镇江和宿迁紧随其后，分列二、三、四名。从区域分布来看，省内食品及副食酿造加工业主要集中在苏南地区，苏南地区的三项指标占到全省的74%左右。

表7-34 2016年江苏省各地市食品及副食酿造加工产值和主营业务收入分布

地区	工业总产值（万元）	工业销售产值（万元）	主营业务收入（万元）
南京市	45387.1	45055.2	49011.2
无锡市	165531.8	157852.6	157795.8
徐州市	35329	35062	32888
常州市	23317	23238	22974
苏州市	300599.4	272450.7	260648.9
南通市	12092	11839	11839
连云港市	9984	9937	9563
淮安市	7329.8	7329.8	7329.8
盐城市	21068.6	20968.8	20834.3
扬州市			
镇江市	156606	159371.5	143920.8

续表

地区	工业总产值（万元）	工业销售产值（万元）	主营业务收入（万元）
泰州市	52261.1	51660.8	51660.8
宿迁市	99120	97599	95051.1

食品与副食酿造销售收入和销售成本如表 7-35 所示。销售收入与销售成本两条曲线变化保持高度一致，两者是高度相关的。苏州市的销售收入与销售成本均位列全省第一，无锡市的两项指标均位列第二，镇江市两项指标均位居第三。前三名均是苏南地区的城市。从区域对比来看，苏南地区仍占据绝对优势，占全省销售收入和成本的比例分别为 74.02% 和 73.44%，苏北地区也有一定规模，两项指标占全省的比例为 18.97 和 19.12%。成本收入比指标方面，全省平均水平为 79.09%，淮安市的这一指标在全省最低，镇江市的这一指标也较低，其他各市均超过全省平均水平。

表 7-35　2016 年江苏省各地市食品及副食酿造销售收入和成本分布

地区	销售收入（万元）	销售成本（万元）
南京市	50442.7	37910.2
无锡市	171256.3	164527.2
徐州市	35763	32291
常州市	22974	19200
苏州市	258597.7	206793.5
南通市	11839	10264
连云港市	9663	8606.6
淮安市	7750.6	900
盐城市	20834.3	16361.5
扬州市		
镇江市	156310.9	89181.7
泰州市	50573.8	42137.3
宿迁市	95051.1	76599.1

2016 年江苏省食品及副食酿造产业应交增值税和利润总额如表 7-36 所示。各地市的利润总额和应交增值税方面，苏州市的表现仍然最为优异，利润总额和应交增值税占到全省的 51.1.6% 和 38.2%。镇江市居于第二位，占比达到了 19.4% 和 26.1%。从区域分布来看，苏南地区的利润占比最高，达到了 79.2%。应交增值税方面，也是苏南地区贡献最大，达到了 84.7%，苏北地区次之，苏中地区的税收占比最少，贡献比例尚不足 6%。

表 7-36　2016 年江苏省各地市食品及副食酿造应交增值税和利润情况

地区	利润总额（万元）	应交增值税（万元）
南京市	3690.2	2583
无锡市	143.5	4181.4
徐州市	347.9	222
常州市	918	
苏州市	27767.9	12673.4
南通市	272.8	263
连云港市	361.8	159.8
淮安市	517.6	
盐城市	537.4	469.7
扬州市		
镇江市	10529.9	8668.7
泰州市	4996.1	796
宿迁市	4257.2	3186.6

各地市食品及副食酿造业资产和负债情况如表 7-37 所示，资产总额方面，苏州排名第一，无锡排名第二，镇江排名第三，仅上述三市的资产总额就占到全省资产规模的83.3%，表明食品及副食酿造产业也是高度聚集的。负债总额方面，苏州仍居全省第一，镇江紧随其后，位居第二，无锡排名第三。

表 7-37　2016 年江苏省各地市食品及副食酿造业资产和负债情况

地区	资产总额（万元）	负债总额（万元）
南京市	43899.5	28005.6
无锡市	290227.8	47777
徐州市	23854	11395.4
常州市	12900	200
苏州市	308722	111595.5
南通市	10816	7197.4
连云港市	13631	7517
淮安市	7000	
盐城市	8234	3428.6
扬州市		
镇江市	239227	71499.9
泰州市	53303	16948.5
宿迁市	62372	24064

第五是饲料加工产业。表 7 – 38 显示了 2016 年江苏省各地市饲料加工产值和主营业务收入分布情况。全省排名前四的分别是徐州、淮安、南通、盐城，上述四市的工业总产值、工业销售产值和主营业务收入分别占到全省规模的 70.16%、69.79% 和 69.17%，表明饲料产业也呈现聚集特征。从区域分布来看，苏北地区具有相对优势，三项指标均超过 60%，苏中地区占比在全省居中，三类指标均超过 21%。

表 7 – 38　2016 年江苏省各地市饲料加工产值和主营业务收入分布

地区	饲料工业总产值（万元）	饲料工业销售产值（万元）	饲料主营业务收入（万元）
南京市	96815.6	100412.6	104696.4
无锡市	46619.9	45834.6	46050.1
徐州市	614953.4	573321.5	606236.1
常州市	140180	139610	139610
苏州市	93792.9	94411.7	94470.2
南通市	479906.7	478022.7	403007.3
连云港市	75141.4	76417.4	75245.6
淮安市	542283.6	511580.8	511360.6
盐城市	379001.3	378228.4	334815.3
扬州市	85688.7	84129.1	83372.9
镇江市	32955.8	32815.8	32815.8
泰州市	109295	93285	92750.4
宿迁市	177046.7	173345.7	158010.7

2016 年各地市饲料加工销售收入和成本如表 7 – 39 所示。常州市排名第一，淮安和南通紧随其后。从区域分布来看，苏北地区的两项指标在全省排名靠前，优于苏南和苏中地区，占到全省规模的 60% 以上。全省平均销售收入和销售成本之比约为 86.84%，其中镇江市的这一指标最高，达到 94.26%，无锡、盐城、泰州也超过 91%，表明上述四市饲料产业的盈利效率偏低。宿迁和苏州依然是全省这一指标最低的两个地市，表明两市饲料产业的经营效率较高。

表 7 – 39　2016 年江苏省各地市饲料产业销售收入和成本

地区	饲料销售收入（万元）	饲料销售成本（万元）
南京市	104699.8	86545
无锡市	46291.6	42812.8
徐州市	607946.3	521499
常州市	143895.8	121353

续表

地区	饲料销售收入（万元）	饲料销售成本（万元）
苏州市	94484.2	70195
南通市	459144.5	408820.2
连云港市	75325.6	67313.8
淮安市	535123.8	476805.7
盐城市	359965.5	330496.2
扬州市	83372.9	73576.8
镇江市	32698.8	30822
泰州市	108784.4	100073.5
宿迁市	157966.7	109567.1

2016 年各地市饲料产业的利润总额如表 7 - 40 所示，宿迁市在两个指标方面均遥遥领先于其他各地市，说明宿迁市在这一领域的优势十分明显。南京市饲料产业的利润总额为负，在全省排名位居倒数第一，无锡、镇江和连云港市的饲料产业在利润方面的贡献也较小，排名在全省靠后。从区域分布来看，苏北地区实力最强，占比达到了 57.4%，而苏中和苏南地区占比较为接近，大约只有 20% 左右。

表 7 - 40　2016 年江苏省各地市饲料产业利润情况

地区	饲料利润总额（万元）
南京市	- 3405.1
无锡市	277.4
徐州市	9438.9
常州市	2607.9
苏州市	17082.8
南通市	10936.9
连云港市	1436.8
淮安市	8247.5
盐城市	7356
扬州市	3082.5
镇江市	396.6
泰州市	2040.4
宿迁市	18051.9

2016 年江苏省各地市饲料产业资产和负债情况如表 7 - 41 所示。苏州市的资产总额在全省排名第一，徐州的资产总额居于全省第二，南通和盐城分列第三和第四。仅上述四市

就占到全省饲料产业资产规模的 60.65%。负债总额方面，苏州仍然位居第一，占到全省负债总额的 27.78%。常州、镇江、扬州和泰州四市的负债规模则较小。从区域分布来看，资产总额方面苏北占优，占比达到了 49.24%，苏南紧随其后，占比为 32.1%。负债总额方面，苏北依然占比最高，达到了 43.66%，苏南和苏中分别为 35.16% 和 21.18%。资产负债率方面，全省平均为 42.74%，说明饲料产业的整体情况较为健康，负债水平不高。常州、徐州和淮安 3 市的负债率较低，负债率最高的是无锡市，表明无锡的饲料产业竞争力最为薄弱，仍然有待提升。全省负债率最高的区域是苏中地区，苏南地区次之，苏北地区的负债率最低。

表 7-41 2016 年江苏省各地市饲料产业资产和负债情况

地区	饲料资产总额（万元）	饲料负债总额（万元）
南京市	24901.4	14854.8
无锡市	13591.9	11276.1
徐州市	222499.9	62120
常州市	77436	445
苏州市	240679.3	142107.2
南通市	159104.3	79571
连云港市	37499.1	17545.6
淮安市	127412	35235.4
盐城市	103562.9	58318.5
扬州市	35926.4	17062.2
镇江市	27121	11170
泰州市	28652.4	11744.9
宿迁市	98443.5	50131.1

四、江苏粮油加工业的主要特点

（一）企业数量较多，龙头企业占比有待提升

作为东部发达省份，江苏省同样也是一个粮油加工大省。江苏省拥有数量众多的粮油加工企业，绝对数量为 1335 个，占全国粮油加工企业数量的比例为 7.34%，在全国排名

第七。超过江苏省的前六名省份分别是湖北、黑龙江、山东、江西、安徽、湖南。其中，山东省同样是东部经济大省，其他省份都是中部地区的农业大省。这表明江苏省的粮油加工产业发展在全国处于领先地位，详见表7-42。

表7-42 江苏省各类粮油加工企业数量及排名

企业类型	小麦粉加工企业	大米加工企业	食用植物油加工企业	饲料企业	食品及副食酿造企业
全国总计（家）	2479	8634	1296	3145	1335
江苏（家）	177	583	85	136	98
江苏排名	4	6	6	9	5
江苏占比（%）	7.14	6.5	6.56	4.32	7.34

资料来源：根据《2016粮食行业统计资料》整理而来。

就各个类型的企业数量而言，江苏小麦粉加工企业数量在全国排名第四，食品及副食酿造企业、大米加工企业和食用植物油加工企业数量分列全国第五名、第六名和第六名，居于第一梯队。饲料加工企业排名全国第九，居于第二梯队。但整体而言，江苏拥有的各类粮油加工企业数量在全国排名较为靠前。

虽然江苏拥有数量众多的粮油加工企业。但集中表现为中小企业多，而龙头企业偏少的特点。其一，省内的粮油加工产业以中小企业为主，不仅产能分散，规模不大；而且实力不强，科技水平低。小规模的企业不仅让整个行业处于高度竞争状态，不利于资源整合和企业获取利润，而且小企业面临较高的生产成本，加工效率也不高。以面粉产业为例，据测算，美国面粉加工企业劳动生产率为中国面粉加工企业的2倍以上，全美国只有约100家面粉加工企业，日加工能力超过1000吨的面粉厂却占总生产能力的50%以上；省内面粉加工产业中，江苏省的生产效率大大低于欧美等发达国家；而省内小麦粉产业中，日加工小麦原料超过1000吨的企业占比只有7%。其他加工产业也是如此，产能多集中在中小企业中，如大米产业日处理原料超过1000吨以上的企业不足2%，油料产业日处理原料超过1000吨以上的企业占比较高，但也不足20%。

表7-43显示了全国各个省份龙头企业数量。2016年，全国共拥有龙头企业2558家，其中国家级龙头企业410家。同期，江苏拥有145家龙头企业，国家级龙头企业有26家。从龙头企业总数量上来说，江苏排名全国第六。从国家级龙头企业来看，江苏也是排名第六。从省级龙头企业数量来看，江苏依然排名第六。因而，如果按照五名为一个梯度，江苏省显然不属于第一梯队，只能属于第二梯队。这意味着江苏省的粮油企业质量仍然有待提升。由于龙头企业能够整合更多资源，资金实力也更强，也更有能力加大科研投入，提

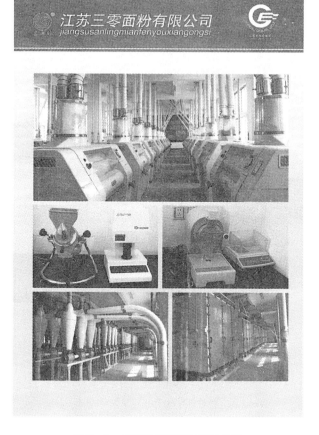

图 7 - 1　江苏三零面粉有限公司

升生产效率和研发出新的产品，并且能够以较低的生产成本进行生产，所有更有实力形成品牌效应，因而，要促进粮食加工产业的良性发展，后续还得加大对龙头产业的扶持，创建一批新的有影响力的粮油龙头企业。

表 7 - 43　2016 年省级龙头企业数量

单位：家

地区	企业数量	国家级	省级
全国总计	2558	410	2149
北京	10	1	9
天津	9	1	8
河北	90	19	71
山西	23	7	16
内蒙古	53	11	42

地区	企业数量	国家级	省级
辽宁	76	9	67
吉林	99	14	85
黑龙江	122	26	96
上海	11	2	9
江苏	145	26	119
浙江	45	8	37
安徽	329	27	302
福建	42	3	39
江西	158	19	139
山东	123	25	6
河南	200	32	168
湖北	245	27	218
湖南	194	39	155
广东	84	32	52
广西	33	11	22
海南	3	1	2
重庆	33	5	28
四川	93	14	79
贵州	59	6	53
云南	37	1	36
西藏	4	1	3
陕西	72	11	61
甘肃	45	16	29
青海	14	2	12
宁夏	45	7	38
新疆	63	7	56

资料来源：根据《2016 粮食汗液统计资料》整理而来。

（二）粮食加工业产值高，但产能过剩现象依然存在

江苏省的粮油加工产业不仅规模大，而且在经济效益方面也是全国领先的。以食品加工为例，2015 年和 2016 年江苏省食品工业领域利润总额分别为 2651.1 亿元和 2510.5 亿元，分别位列全国第三和第四名，属于全国第一梯队（见表 7 - 44）。江苏省粮油加工产业效益良好还可以从销售收入规模看出，2015 年全省销售收入为 2591.1 亿元，位列全国第三名。2016 年江苏省销售收入相对 2015 年下降了 4.4%，但依然位居全国第三名。只

有山东和湖北两省超过江苏，因而江苏省展现了较强的发展实力。

表 7 - 44　粮食产业工业总产值和销售收入前 10 位

序号	地区	工业总产值（亿元）			销售收入（亿元）		
		2016 年	2015 年	增幅（%）	2016 年	2015 年	增幅（%）
	合计	20195.6	18081.6	11.7	19904	17725.4	12.3
1	山东	3654.3	2873.7	27.2	3615.1	2821.4	28.1
2	湖北	2810.1	2889.8	-2.8	2687.5	2761.2	-2.7
3	安徽	2511.7	2259.9	11.1	2350.8	2161.9	8.7
4	江苏	2510.5	2651.2	-5.3	2478	2591.1	-4.4
5	广东	2024.1	1832.2	10.5	2049.1	1816	12.8
6	河南	1867.7	1403.7	33.1	1756.6	1420.9	23.6
7	四川	1558.1	1162.8	34	1737.2	1160.9	49.6
8	湖南	1269.6	1259.7	0.8	1206.2	1206.2	0
9	河北	1110.4	899.8	23.4	1152.9	939.9	22.7
10	江西	879.1	848.8	3.6	870.7	845.5	3

资料来源：根据《2016 粮食汗液统计资料》整理而来。

产能过剩不仅造成了资源浪费，让资产和机器处于闲置状态，而且企业的经济效益也会因此而受到拖累。江苏省粮食加工产业的盈利能力在全国相对较强，但省内粮油加工的一个突出问题仍然需要警惕，即产业产能过剩较为严重。当然这一现象并不是江苏省独有的。在全国层面，2016 年稻米产业的产能利用率仅仅达到 43% 左右，小麦加工产能也只有 60% 左右。但是，江苏省的产能过剩现象较为严重，产能过剩率超过了全国平均水平。以稻米产业为例，2016 年省内产能利用率也只有 45%，略微超过全国平均水平。以小麦粉加工业为例，2016 年全省入统小麦粉加工企业全年日生产能力 6.95 万吨，而小麦加工企业的年产量只有 702.62 万吨，利用率尚不超过 70%。可见，江苏省的食品加工产业虽然产能高，但实际利用率仍然有待提升。

（三）区域分布不均衡，产业聚集特征明显

按照地理区隔和经济发达程度，江苏省可分为苏北、苏中和苏南三大亚区域。通过上述分析不难发现，全省粮食食品加工业的规模以及经济效益均呈现明显的区域产业聚集特征，产业的地区分布很不均衡。

从加工规模来看（见表 7 - 45），水稻和小麦两大粮食作物的主要加工优势区域均位于苏北，这与粮食种植优势区域高度一致。苏中地区是南北缓存区，水稻和小麦加工规模

仅次于苏北地区，而全省经济最为发达的苏南地区，在水稻和小麦加工方面的劣势较为明显。油料和精炼油脂方面，苏中地区是绝对的优势地区，加工规模在全省居于领先位置。苏南地区的精炼油脂加工能力也较强，仅次于苏中地区，而苏北地区在油料和精炼油脂方面的劣势都很明显。随着经济社会的发展，饲料需求越来越大。从区域分布来看，苏北地区仍然占优，苏中地区则领先于苏南地区。

表 7 – 45　粮食产品加工规模优劣区域

品种	优势地区	次优地区	劣势区域
水稻	苏北	苏中	苏南
小麦	苏北	苏中	苏南
油料	苏中	苏南	苏北
精炼油脂	苏中	苏南	苏北
饲料	苏北	苏中	苏南

从产品产值规模来看（见表 7 – 46），苏北地区依然在大米、小麦粉和饲料三个主要品种方面具有相对优势，是省内的优势地区，但苏北在食用植物油方面处于劣势。苏中地区依然在食用植物油产业具有相对优势，并在大米和饲料生产方面，在省内实力居中。食品及副食酿造产业则是苏南地区的相对优势产业，小麦粉和食用植物油实力居中，而饲料和大米加工在三大区域中排名靠后。

表 7 – 46　粮食产品加工产值优劣区域

品种	优势地区	次优地区	劣势区域
大米	苏北	苏中	苏南
小麦粉	苏北	苏南	苏中
食用植物油	苏中	苏南	苏北
食品及副食酿造	苏南	苏北	苏中
饲料	苏北	苏中	苏南

从上述分析中不难发现，省内粮食加工业存在明显的区域集聚现象。大米加工产业、小麦粉加工产业和饲料加工产业主要集中在苏北 5 市，食用植物油加工产业主要集中在苏中 3 市，食品及副食酿造业主要集中在苏南 5 市。

产业聚集现象从地市层面可以看得更为清晰，将各个产业加工规模或工业产值规模最大的前三名占到全省规模的比例，命名为首位聚集度（见表 7 – 47）。以全省粮食产品产值规模首位聚集度为例，大米产业，前三名地市占到全省规模的 42.64%，小麦粉产业占到了 45.79%，食用植物油高达 68.23%，食品及副食酿造为 67.06%，饲料产业也达到了 56.97%。

表 7 - 47　粮食产品产值规模首位聚集度

品种	前三名城市	前三名占比（%）
大米	盐城、宿迁、泰州	42.64
小麦粉	徐州、泰州、镇江	45.79
食用植物油	苏州、南通、泰州	68.23
食品及副食酿造	苏州、无锡、镇江	67.06
饲料	徐州、淮安、南通	56.97

（四）加工品种丰富，但结构存在短板

目前，江苏省的粮食加工体系涉及大米加工、小麦粉加工、食用植物油加工、食品及副食酿造加工、饲料加工、淀粉加工、米面制食品、速冻食品、粮食深加工等多个产业。因而，从结构上来说，江苏省的加工结构是十分完善的，加工品种是十分丰富的。这再次表明，江苏省的粮食加工产业的实力是十分雄厚的。在承认优势的同时，也要看到全省粮食加工产业的一个缺陷：结构和品种短板。

其一，部分品种的特色不足。尽管江苏省内的诸多产业在全国具有一定优势，比如粮机制造、食品制造在全国居于前列，但在多个产业并不具备相对优势。如小麦粉加工产业，全国具有相对优势的是河南、河北等北方省份。稻谷加工产业，全国具有相对优势的是黑龙江、湖南、湖北、四川等省份。油料加工产业，黑龙江、内蒙古、山东等省份具有相对优势。内蒙古、云南在马铃薯加工方面具有比较优势。河北、四川和山东在甘薯加工方面具有相对优势。

其二，优质和特色产品的规模较小。江苏省粮油加工产业规模较大，但优质和特色加工产业规模较小，实力有待提升。优质产品供给方面，比如大米产业中，优质一级大米占比为 42.6%；小麦粉产业中，一级小麦粉占比 37.9%；菜籽油中，一级菜籽油占比为 23.6%。特色产品的供给规模较少，比如米面主食品中，国外主食品中融入了创造性因素，如现代营养学、加工学、工程学等技术，形成了标准化流程，创造了肯德基、麦当劳、汉堡包等多个知名品牌。而省内的米面加工，目前仍然以本土的馒头、挂面、方便面、米粉、饺子为主，发酵工艺老化，风味单一，产品分类十分有限，营养也亟须加强。而传统的米面主食、杂粮主食的产业规模较小，加工工艺也尚需改进，并且在标准化、规

格化等方面与国外相关产业也有较大差距。

（五）粮食产业链较短，科研投入有待提升

发展和繁荣粮油产业的一个关键因素在于延长产业链，最大化产业经济效益和企业利润。在发达国家，粮食加工后可增值 1~4 倍，农产品加工业产值与农业产值之比在 3∶1 以上。然而，江苏省粮油加工产业存在产业链仍然较短、衍生效益较低的整体态势，农产品加工业产值与农业产值之比低于 0.6。以稻米和小麦加工为例，传统加工的主要产物就是大米和小麦粉。加工后，积累了大量的稻壳、碎米、米糠、麦麸、小麦胚芽等副产品。在落后的工艺和较短的产业链中，这些材料可能是废物，很难凸显出市场价值，但一旦得到适当利用，稻壳可以用来发电以提供能源供给，碎米和米糠可以用来进行粮食深加工，麦麸和小麦胚芽可以提取生物肽。由于缺乏有效的深度开发与利用研究，江苏的粮食加工产业链很不完善，形成了副产物综合利用率低和副产品附加值低的局面。省内加工主要副产品是大米产业，形成了一定规模的碎米加工、米糠制油、稻壳发电和供热，但米糠用于制油和深加工的不足 10%，稻壳发电和供热率只有约 5% 和 25%，并且，省内秸秆稻壳板材和秸秆饲料的发展滞后；小麦产业副产品的深度开发、油料产业和其他副产品的加工方面也十分落后，创新产品较少，产能很低，这与发达国家存在明显的差距。

江苏省的粮油加工产业链较短和技术水平较低的一个关键因素在于科研投入不足。2015 年和 2016 年，全省粮油加工产业的科研投入占行业总产值的比例分别只有 0.41% 和 0.35%，远远低于发达国家 2%~3% 的平均水平。虽然企业是市场的主体，但政府的投入十分关键，尤其是基础性研发需要政府给予支持。江苏省内的政府投入非常少，2015 年和 2016 年，政府累计投入只有 9680 万元。2016 年，政府科研投入只达到产业总产值的 0.1%，水平之低，令人惊讶。由于科研投入少，粮油加工产业面临着基础研究薄弱、技术支撑力度不够的不利局面，制约了粮食加工业的产业结构调整与升级。

（六）缺乏产业政策支持，产品保障体系有待完善

无论是推拉理论、起飞理论等发展经济学经典理论，还是中国改革开放三十多年的成功经验都表明，粮食产业经济飞速发展离不开地方政府的产业政策支持。江苏省虽然是加工大省，但在政府宏观产业政策支持方面，需要向其他省份看齐。在加工环节，地方政府支持粮油加工业的措施少且比较零散，扶持政策（如技改、科技等）难以落到粮油加工企业。各地在税费、金融等政策扶持上差别也很大。目前，广西、湖南、湖北、安徽、山东等省均以省政府名义出台了支持粮油加工业发展的专项文件，而江苏没有出台过支持粮油

加工业发展的专项政策。

省内的粮油加工产业虽然在规模上取得了长足进步，但在粮食产品标准、质量安全保障体系建设两个方面仍然较为落后。产品标准方面，比如大米产业，省内仍然采用四级分类制，质量标准尚停留在一些物理指标，如水分、杂质、灰分、碎米含量及色泽等感观指标。这与国际先进标准有较大差距，如泰国大米分 15 个等级，5 个粒形指标和 12 个含杂指标。产品质量安全保障体系建设方面，省内很多家企业没有通过 HACCP、ISO9000 等认证体系，虽然苏垦集团的质量安全追溯制度在省内进行了初步推广，但是当前大部分企业仍然没有有效建立起这一体系。在当前食品安全事件频发的时代背景下，完整的、便捷的和有效的安全保障体系有利于恢复消费者信心，让产销之间能够基于制度信任而紧密合作，增加产品销售量，让企业和消费者都能够获利。

五、江苏粮油加工业发展的对策思路

（一）整合产能，拓展市场

当前，粮食价格逐年上涨，用工价格也逐年攀升，原料和用工成本占到总成本的70%以上。尤其是中小企业，多为粗加工，加工成本尤其高，利润空间狭小，并且中小企业过多造成了产业竞争过度，造成大量闲置产能。中小企业也很难产生规模效应和品牌效应，市场影响力和生存能力都较弱，这导致了中小企业抵御风险的能力和良性发展的能力都不强。比如，当前稻谷和小麦收购价走强，大米和面粉市场价疲软，"稻强米弱"和"麦强粉弱"现象让不少粮食加工企业陷入困境。因而，为了增强企业竞争力，提高企业经济效益，让粮油加工产业经济更加健康，需要做出以下应对：

其一，整合产能，增强企业竞争力。中小企业过多，企业开工率不足，闲置产能过多，拖累了企业效益，降低了企业竞争力。因而，可以通过整合优质资源，让企业通过合并、重组、联合，组建产业联盟，压缩过剩产能，增强企业竞争力，实现联动发展、抱团取暖。比如，淮安市组建大米产业联盟就是一个很好的举措。虽然淮安是大米产能大市，也是大米加工大市，但是却不是大米加工强市。认识到这一点之后，淮安市组建了大米产业联盟，共同发展，组合冲击市场，打造具有市场影响力的淮安大米产业品牌。

其二，降低产能过剩和解决企业开工率不足的另一个关键途径在于拓展市场。诸多的粮食加工企业采用传统的营销模式，受众十分有限，市场影响力也不高。近年来，互联网经济的快速发展，让很多产业都面临了新的挑战，但这同时也是一次宝贵的机遇。借助互联网平台，企业能够拥有更广阔的市场，接触更多的潜在消费群体，从而有助于企业消化产能，提升企业效益。这方面无锡粮宝宝是一个典型代表，"粮宝宝"电子商务服务平台通过网络、电话等现代信息技术手段，赋予了传统粮食行业新的生机与活力，为消费者带来了全程可追溯的网上粮食供应链，2015年公司被评为无锡市电子商务示范企业。但整体而言，省内的互联网销售平台的销量占比并不高，提升的空间很大。

（二）强化产业聚集，形成差异化竞争局面

江苏省粮油加工业呈现出明显的产业聚集现象，这得益于经济发展规律，即产业的发展到了一定程度必然会出现聚集化趋势。当前，省内大米、面粉和饲料产业优势区集中在苏北，食用植物油、食品及副食酿造产业的优势区集中在苏中。在当前这种产业分布情景下，需要从两个方面来做出改进：

一是保优势。将优势区产业做大做强，形成差异化竞争局面。产业聚集降低了企业经济成本，让企业更容易形成分工局面，企业的信息流互动也更加便捷，这对企业发展和行业发展都大有裨益。当前，苏北、苏中和苏南的粮食加工产业均形成了相对优势，各地应该立足本地的内在条件和外在约束，对本地的优势产业进行整合、升级，打造特色产业高地，形成差异化竞争策略。

二是补短板。苏北地区大米、面粉和饲料产业具有相对优势，苏中地区在食用植物油、食品及副食酿造产业也形成了相对优势，但这并不代表各个区域就必须停留在原有层面的竞争格局，而是应该补短板，在具有相对劣势的产业寻找出路。但补短板并不是简单地重复其他地区的发展路径，而是应该结合自身的优势，对相对劣势产业进行本土化改造，开发具有地域特色的产品。

（三）整合企业资源，扶持龙头企业发展壮大

江苏省的中小企业数量众多，这些中小企业之间有着很强的替代性，相互之间竞争也很激烈。但中小企业自身实力始终不足，难以形成规模效应和品牌效应。国际经验表明，一个行业的竞争力体现在龙头企业的竞争力强弱。农业龙头企业在引导生产、带动农户、拉长产业链、提高附加值、开拓市场等方面的带动、辐射和放大作用，能够全面提高农业产业化经营水平。为了引领行业良性发展，应壮大龙头企业：其一，加大财政支持力度。积极整合项目资源，充分发挥现代农业扶持资金的作用，采取"以奖代补、

先建后补"等方式，加大对农业龙头企业的培育扶持力度。其二，全面落实各项税收优惠政策，切实减轻企业规费负担。其三，完善土地利用政策。大力支持农业发展，合理安排农业龙头企业发展用地，用于保障龙头企业进行农产品加工、仓储物流、产地批发市场等辅助设施建设。其四，创新金融服务"三农"模式。加强金融支持和服务农业龙头企业，深化银企合作，降低门槛、简化手续和流程，逐步减少融资成本，更好地发挥为农服务作用。

（四）立足地域特色和优势，提升优质产品供给

就全国而言，江苏省的粮食加工结构是相当完善的，产品也是十分丰富的。这是江苏省的一个优势，但在多个粮食加工细分产业，其他省份形成了特色产品供给，江苏省在这些领域并不具备竞争优势。但这并不意味着应该放弃上述领域，而是应该实行差别化竞争策略。在国内市场充分竞争时，江苏省应当遵循"人无我有，人有我特"的思路来进行产业布局。对于自身具有优势的产业，要维持竞争优势，不断做大做强，成为领跑者和标准制定者。对于竞争激烈的产品，如普遍生产的大米、面粉和食用植物油等领域，要根据本省特色，开发出品质好、市场认可度高、与其他省份产品具有差异识别性的品牌性产品。树立"地域就是特色，特色就是市场"的竞争思维。将本地产品包装后，推向全国市场。特色是基础，质量是关键。在明确上述思路之后，还得坚持质量为本的理念，向市场提供优质产品。目前，国内和省内消费正在升级转型，人们从要求吃饱向要求吃好转变，这是机遇，也是挑战。

（五）加大科研投入力度，延长产业链

江苏省的粮油加工产业虽然在全国具有一定优势，但相对于发达国家和地区，劣势仍然是十分明显。之所以如此，很关键的一个原因是省内粮油科技水平低，加工工艺水平不高。江苏省的粮油加工产业投入在绝对水平上较低，结构上表现为政府投入少，主要依靠企业自主投入。因而，为了改善省内科研投入不足、企业和行业整体水平较低的态势，一方面，政府要予以充分重视，加强对粮油加工业的资金和人力投入。尤其是基础性的投入，具有很强的社会经济影响，这是一种准公共产品，但是，投资周期长，企业多不愿意投入。在这个领域政府要承担起相应的责任。政府还可以通过奖励扶持和补助政策，借助资金、税收等发挥杠杆效应，对企业科研投入行为进行鼓励。另一方面，企业自身需要重视科技投入。企业是市场经济的主体，要想在激烈的竞争中求生存，获得更多利润，只有努力提升科技水平，改善加工工艺，不断推陈出新，推出新的产品。

　　针对江苏省内粮油加工企业的产业链较短，企业效益有较大提升空间的局面，可以从下述三个方面作出改进。首先，意识上的改变。传统理念多关注主产品，聚焦主产品加工，对产品加工产前和产后的关注度不足，没有意识到副产品的作用，也没有意识到产业链纵向链接能够带来更多的效益。这是延长产业链的前提条件。其次，技术层面的改进。只有在技术层面做到充分利用副产品，提升副产品利用率，将副产品开发成新的产品，将传统不能利用的副产品"变废为宝"，才能够做到延长产业链。技术上的改进是延长产业链的必备基础。最后，加强上下游联动，共同发展，共同获利。延长产业链可以在企业内部实现，但也可以以企业间的合作完成，即通过纵向一体化来实现延长产业链。上游企业加工后剩余的、无法再利用的，正好成为下游企业加工的原料，这既避免了资源浪费，又能够获得可观的合作盈余。

（六）出台优惠扶持政策，加快推广产品质量保障体系

　　粮油加工产业的发展壮大离不开地方政府的大力支持。为了繁荣地方粮油产业经济，多个省份出台了相关扶持鼓励政策。相对于其他省份的举措，江苏省尚未出台实质性的帮扶、鼓励措施，这使得本省的粮油加工企业在全国市场竞争中已经在起跑线上输了一步。因而，建议省委省政府结合本省省情，借鉴其他省份的发展经验，尽早出台普遍性和转向性的扶持政策，帮助省内粮油加工企业减负，改善企业外在体制环境。

　　食品安全问题越来越引起消费者的关心，能否让消费者对产品予以充分信任，就需要建立起信任制度，让产销双方能够持续合作。达到这一目标的关键在于：其一，提升产品生产标准。当前，中国包括江苏的粮油产业食品标准相对于国际产品，质量标准仍然较低，无法与国际接轨，限制了产品的竞争力。因而，为了提升消费者认可度，产品本身需要得到有效提升，产品标准也需要与时俱进，提升到更高的层次。其二，也是最为关键的，建立完善的、可追溯的粮食产品安全管理体系。早在20世纪90年代，许多发达国家就建立了可追溯体系来推进粮食产品质量安全管理。江苏省已经意识到推进这一体系的重要性，并开始予以推广，但覆盖面很低，体系也很不完善。因而可以借鉴美国、欧盟和日本等较早开展食品追溯标准化工作的经验，尽快建立起健全的法律法规和执行机构。全面形成以预防、控制和追溯为特征的食品质量安全监管体系，保障人们对食品安全日益增长的需求。

专题四：江苏粮食产业外资企业发展状况

江苏省是东部沿海省份，也是全国较早进行改革开放的省份。外资在促进江苏经济繁荣方面做出了重要贡献，这一点在省内粮油加工领域也得到了充分体现。外资以其先进的理念、管理、技术设备和工艺，产生了"鲇鱼效应"，通过市场竞争机制带动了省内粮油加工产业不断转型升级发展。从全国层面来看，江苏省的外资企业发展较好，省内外资企业数量在全国居于领先地位。从省内分布来看，大部分外资企业集中在苏南地区，苏北地区的外资企业数量最少。

从行业来看（见表7－48），大米产业是外资企业影响力最弱的产业，面粉行业中，外资的盈利也较为微弱。食品加工领域外资的影响力也较强，外资企业数量占比超过了15%，利润额占比达到了17%。在油脂产业和饲料产业，外资企业展现出强劲的竞争力，在省内，这两个加工产业，外商及港澳台企业工业总产值占比都超过了30%，利润额占比均超过16%。

表7－48　江苏省外资企业发展概况

品种	外商及港澳台商投资企业数量占比（%）	外商及港澳台投资企业工业总产值占比（%）	外商及港澳台投资企业利税总额占比（%）
大米	0.7	0.5	0.3
面粉	2.3	8	6.1
油脂	12.4	33.9	16.7
食品	15.2	12.7	17
饲料	17.4	30.9	16

为了进一步刻画外资企业在江苏省粮油加工产业的影响力，以面粉、大米和油脂三个产业为例，按照企业工业产值排名，计算三个行业的全省排名前十的企业名单及其企业类型。面粉行业，只有益海嘉里1家是外资企业。大米产业，只有作为中外合资的益海（盐城）粮油工业有限公司入围。油脂行业中，外资强劲的实力再次得到验证，纯外资企业有4家，包括嘉吉粮油（南通）有限公司、益海（泰州）粮油工业有限公司、邦基（南京）粮油有限公司、路易达孚（霸州）饲料蛋白有限公司张家港分公司，还有1家中外合资公司益海（连云港）粮油工业有限公司。可见，在大米和面粉这两种主食品种领域，内资企业仍然占据一定优势，而油脂行业外资在省内的影响力度较大。

图 7 - 2　益海嘉里油脂生产线

第八章　粮食装备制造业

按照产业分类而言，粮食装备制造业也属于第二产业，是粮油加工下属的细分产业。对江苏省而言，粮食装备制造业是本省粮食经济产业的优势领域之一。江苏省拥有数量众多的粮食装备企业，制造规模大，产品全；而且还有很多驰名中外的装备产品商标，有着良好的社会影响力。2016 年，全省入统的粮油加工企业一共有 21 家。从区域分布来看，整体而言，苏南地区的粮食装备制造企业在省内最强，大多数粮机制造企业都位于苏南。苏中地区的实力居于其次，有 5 家企业属于苏中，而苏北地区则是全省粮机制造最为薄弱的地方。

一、粮食装备制造业规模与结构

从粮食装备制造规模来看（见表 8 - 1），江苏省的机械制造规模相当大。2011 年，全省粮油制造规模达到了 105836 台（套），遥遥领先其他省份。2013 年，全省粮油制造企业虽然增加了 6 家，但制造规模有所下降。2016 年，全省入统粮油机械制造企业实际产量 97264 台（套），相比 2015 年增加 11.01%，其中，通用设备 42495 台（套），占 43.69%；饲料加工主机 28413 台（套），占 29.21%；大米加工主机 16755 台（套），占 17.23%。可见，2016 年江苏省的粮油机械设备仍以饲料加工和通用设备为主。相比 2011 年，全省粮油机械制造特点既有不变的地方，也有新的变化。

其一，饲料加工和通用设备仍然是全省制造比重最大的两类粮食装备产品，但相对比例有所下降。最高的通用设备从 2011 年占比超过 50% 下降到不足 44%，饲料加工主机从 2011 年占比 36.5% 下降至 2016 年的不足 30%。

其二，大米加工主机和小麦加工主机在省内粮机制造结构中的比重得到有效提升，尤其是大米制造装备实现了较大突破，从 2011 年的占比不足 3% 快速增长至超过 17%。小麦粉加工主机则稍微有所增长，相对 2011 年的 5%，2016 年这一比例上升至 6.7%。

其三，省内油脂加工主机和仓储设备的制造规模和相对比重都有较大程度的下降。2011～2016 年期间，省内油脂加工主机制造规模一直较小，每年的绝对数量都没有超过 600 台（套）。从比例来看，从 2011 年 0.6% 下降至 2016 年的 0.1%。仓储设备则有较大程度的下降，从 2011 年超过 5000 台（套）下降至 2016 年不足 1000 台（套）。比例则从 2011 年 4.93% 下降至 2016 年的 0.71%。

表 8-1 2011 年、2016 年全省粮机制造概况

指标	单位	2016 年	2011 年
粮油机械制造	台（套）	97264	105836
小麦粉加工主机	台	6509	5330
大米加工主机	台	16755	3133
油脂加工主机	台	107	588
饲料加工主机	台	28413	38592
仓储设备	台	695	5216
通用设备	套	42495	52941

从单位性质来看（见表 8-2），全省粮机制造规模中，内资非国有企业仍然占据主导性地位。2016 年，内资非国有企业的制造规模达到了全省规模的 88.4%。港澳台商及外商企业在粮食机器制造方面的实力也较强，占到了全省规模的 11.6%。全省的港澳台商及外商企业主要集中在无锡市，苏州市也有一定比例，其他各地市的外资企业则较少。可见，江苏省粮食机器装备制造表现为内资具有相对优势、外资多元竞争的整体态势。

表 8-2 粮油机械制造规模：按单位和区域分布（单位，台/套）

地区	合计	内资非国有企业	港澳台商及外商企业
江苏省	97264	85938	11316
南京市	127	127	
无锡市	11243	983	10260
徐州市			
常州市	11756	11756	
苏州市	1504	448	1056
南通市			
连云港市			
淮安市			
盐城市	205	205	

地区	合计	内资非国有企业	港澳台商及外商企业
扬州市	36379	36379	
镇江市	34838	34838	
泰州市	1057	1057	
宿迁市	145	145	

从地区分布来看（见表8-3），扬州和镇江的粮机制造规模在全省居于第一梯队。扬州和镇江两市的制造规模均超过 34000 台（套），两市的机器制造数量占到全省的 73.23%。无锡和常州两市的粮机制造在省内居于第二梯队，两市的制造规模均超过 11000 台（套），分别占到全省规模的 12.1% 和 11.6%。苏州市和泰州市的制造规模居于全省第三梯队，两市粮食机器制造数量均超过 1000 台（套）。其他各地市的粮食机器制造规模均较小，在省内的影响较小。

表8-3　2016 年各地市主要粮油机械制造分布（单位，台/套）

地区	小麦粉加工主机	大米加工主机	油脂加工主机	饲料加工主机
南京市				
无锡市	5885	456	107	247
徐州市				3
常州市				840
苏州市	10	994		
南通市				
连云港市				
淮安市				
盐城市	26	34		72
扬州市	588	602		17669
镇江市		14669		9582
泰州市				
宿迁市				

从粮油机械制造结构来看，在小麦粉加工主机方面，全省共有 4 市有所涉及。其中，无锡市和扬州市分列第一和第二，占据绝对主导地位，而其中又以无锡市的产量最高，仅一市的制造产量就占据了全省小麦粉加工主机产量的 90.4%。

大米加工主机方面，镇江市的产量最高，产量占全省的比例高达 87.5%。苏州、扬州和无锡三市的大米加工主机产量分列第二、第三和第四名，占比分别为 5.9%、3.6% 和

2.7%，远低于镇江的制造规模。

油脂加工主机制造方面，全省13地市中只有无锡市有所涉及。但无锡市的产量仍然没有形成规模，2016年油脂加工主机产量仅仅只有107台（套）。

饲料加工主机制造方面，全省13地市中共有6地市有所涉及。其中扬州市年产17669台（套），占全省的比例高达62.2%，镇江市紧随其后，产量达到9582台（套），占比33.7%。可见两市在全省饲料加工主机制造方面占据绝对优势地位。无锡、徐州、常州、盐城四地市虽然有所涉及，但是绝对数量都很小。

仓储设备制造方面，江苏省的整体规模并不大（见表8-4），全省只有5地市有所涉及，且制造量最高的常州市的年产量也不超过300台（套）。苏州和宿迁的制造规模紧随其后，但制造规模相差并不大。

通用设备制造方面，江苏省的制造规模较大，全省2016年的产量为42495台（套）。全省分布来看，扬州市、常州市、镇江市和无锡市的制造规模都较大，分列全省第一、第二、第三和第四位，产量分别为15436台（套）、10587台（套）、10656台（套）和4521台（套），分别占36.3%、25.1%、24.9%和10.6%。

2016年，全省的粮油质检仪器制造规模仍然发育不足，只有苏州市有很小规模的制造。其他设备方面，扬州市的优势非常明显，产量高达2084台（套），其他地市方面，只有南京和无锡有少量制造，省内其余地市并没有相应的制造产能。

表8-4 2016年各地市其他类型粮油机械制造分布（单位，台/套）

地区	仓储设备	通用设备	粮油质检仪器	其他设备
南京市				127
无锡市		4521		27
徐州市	6	1		
常州市	260	10656		
苏州市	248	200	52	
南通市				
连云港市				
淮安市				
盐城市	61	12		
扬州市		15436		2084
镇江市		10587		
泰州市		1057		
宿迁市	120	25		

二、粮食装备制造业经济效益

2016 年，江苏省的粮食装备制造业仍然展现出良好的经济绩效。这一年全省粮油机械制造业实现工业总产值 148.24 亿元、工业销售收入 147.24 亿元，分别同比增长 36.01% 和 39.19%。主营业务收入也高达 141.99 亿元，相对于 2015 年也实现较快增长。

各地市的工业总产值、工业销售产值和主营业务收入分布如表 8-5 所示。不难发现，三个指标是高度相关的，变化趋势也高度一致。从各地市的分布来看，省内粮食装备制造产业效益最好的当属镇江市，镇江市的三项指标都位列全省第一名。扬州市、常州市、无锡市的三项指标分列全省第二、第三和第四。相对上述四市，省内其他地市的三个指标均比较小。从区域分布来看，苏南地区占据绝对的优势。苏南地区的工业总产值、工业销售产值和主营业务收入分别占到了全省的 65.03%、64.93% 和 63.67%。苏中地区的表现也较好，上述三个指标分别占到全省的 34.73%、34.84% 和 36.10%。

表 8-5　2016 年江苏省各地市机械工业产值与收入情况

地区	工业总产值（万元）	工业销售产值（万元）	主营业务收入（万元）
南京市	2587	2587	2587
无锡市	70369	72063.6	72063.6
徐州市			
常州市	272264.7	264264.7	213680.8
苏州市	23833	24288	24121.2
南通市	3615.2	3615.2	3615.2
连云港市			
淮安市			
盐城市	2256.4	2256.4	2152.3
扬州市	506929.1	504963.7	504716
镇江市	595034.8	592803.8	591690.3
泰州市	4330	4330	4330
宿迁市	1200	1200	1026

2016 年江苏省各地市机械产业销售成本与收入分布如表 8-6 所示。从表 8-6 可见，镇江市、扬州市、常州市和无锡市四个城市的销售收入和销售成本均在全省名列前茅。上

述四个市的销售收入占到了全省规模的 97.43%，销售成本占到全省的 97.65%，表明省内的粮食机器制造业存在十分显著的产业聚集现象。并且苏南三市和苏中地区的扬州市在地理上为邻市，说明产业在区域分布上也是十分集中的。

表 8-6　2016 年江苏省各地市机械产业销售成本与收入情况

地区	销售收入（万元）	销售成本（万元）
南京市	2587.00	2175.00
无锡市	72063.60	58054.10
徐州市		
常州市	266123.70	222275.00
苏州市	24121.20	17970.80
南通市	3615.20	3782.00
连云港市		
淮安市		
盐城市	2152.30	1925.70
扬州市	504716.00	468826.50
镇江市	591690.30	505762.00
泰州市	4330.00	3777.00
宿迁市	1026.00	590.00

表 8-7 显示了省内 2016 年各地市机械装备制造产业的成本—收入比。除了徐州、连云港和淮安三市外，省内其他地市的成本—收入比均比较高。南通市的这一数字达到了 104.61%，位列全省第一。扬州、盐城、泰州和镇江四市的成本—收入紧随其后，位列第二、第三、第四和第五，上述四市的成本—收入比均超过了 85%，表明上述省份的相对盈利效率较低。这一指标最低的是宿迁市，只有 57.5%，苏州市的这一指标也低于 75%，说明这两个地市的粮机制造业的盈利效率较高。

表 8-7　2016 年江苏省各地市机械产业成本—收入比

地区	机械产业成本—收入比（%）
南京市	84.07
无锡市	80.56
徐州市	
常州市	83.52
苏州市	74.50

地区	机械产业成本—收入比（%）
南通市	104.61
连云港市	
淮安市	
盐城市	89.47
扬州市	92.89
镇江市	85.48
泰州市	87.23
宿迁市	57.50

税收贡献和利润获取最能够体现某一产业的比较优势。从应交增值税和利润分布来看（见表8-8），2016年全省粮食机器制造业的利润总额达到了6.85亿元，同比增长了23.16%，显示出良好的态势。从税收贡献来看，2016年全省粮机行业应交增值税达到了3.3亿元，持续5年实现较快增长。从区域分布来看，苏南地区的粮食机器制造产业的盈利能力较强，苏南5市在2016年的利润总额达到了8.3亿元，占到了全省利润总额的121.6%。苏南地区的税收贡献也最多，占到全省应交税收总额的83.3%。苏中地区的税收贡献仅次于苏南，占到了全省规模的16.5%，但该地区的粮食机械装备制造业的亏损较为严重，2016年亏损额度达到了1.52亿元。

表8-8 2016年江苏省各地市机械产业应交增值税和利润情况

地区	利润总额（万元）	应交增值税（万元）
南京市	-167.00	127.00
无锡市	8,156.60	663.40
徐州市		
常州市	20,619.80	3,927.40
苏州市	557.00	
南通市	-136.00	
连云港市		
淮安市		
盐城市	152.40	18.30
扬州市	-15,211.80	5,453.80
镇江市	54,107.20	23,129.30
泰州市	195.00	63.00
宿迁市	200.00	36.00

从地市分布来看，镇江市仍然是全省粮食装备制造业盈利能力最强的地市，该市的利润总额和应交增值税达到了全省规模的 79% 和 69.2%，具有绝对的统治力。常州市和无锡市的两个指标位列全省第二和第三，也遥遥领先其他各地市。有三个地市的粮食机器制造业处于行业亏损状态，其中扬州市的亏损最为严重，2016 年亏损额达到了 1.5 亿元，南通和南京的粮机制造也小幅亏损，但绝对规模较小。

2016 年各地市粮机装备制造业的资产总额和负债总额如表 8 - 9 所示。从资产总额来看，常州市的资产总额位列全省第一，镇江市、扬州市和无锡市紧随其后，分别位列全省第二、第三和第四。仅上述四市的资产总额就占到了全省的 96.2%，再次表明粮食机械制造的产业聚集特征十分显著。

表 8 - 9   2016 年江苏省各地市机械产业资产与负债情况

地区	资产总额万元	负债总额万元
南京市	5517	1989
无锡市	72059.9	19694.1
徐州市		
常州市	505343	237347
苏州市	26142.9	7704.1
南通市	1200	320
连云港市		
淮安市		
盐城市	874.6	426.2
扬州市	194308.2	184377.1
镇江市	257323.2	104260.4
泰州市	6291	1872
宿迁市	500	100

资产额度高的地市也常常伴随较高的负债，负债额度方面，常州依然位居全省第一，达到了 23.7 亿元，占到了全省负债总规模的 42.53%。扬州市和镇江市的负债规模也较大，分别达到了 18.4 亿元和 10.4 亿元，位列全省第二和第三。无锡市的负债额度虽然相较上述三市较小，但相对其他地市，仍然较多，达到了 2 亿元左右。表明上述四市不仅是粮机行业资产较大市，同时也是负债较大市。

无论从资产还是从负债来看，苏南地区都是省内的佼佼者。2016 年，苏南地区粮食机械装备制造业占到全省规模的 81%，负债规模占到了全省的 66.5%。苏中地区仍然实力居中，资产规模占到全省规模的 18.87%，负债规模占到全省的 33.43%。苏北地区则由于粮机制造业规模较小，两项指标占比都很低。

从资产负债率来看（见表 8 - 10），这一指标低于30%的有宿迁、南通、无锡、苏州和泰州五市，表明上述五市的粮食机器装备制造业的产业结构良好，企业负担轻。南京、镇江、常州和盐城的负债率在全省居于第二梯队，负债率均低于50%，负担也不是那么重。唯独扬州市的资产负债率很高，达到了95%左右，这表明该市的粮食装备制造产业的负担较重，整个行业的盈利状况堪忧。

表 8 - 10　2016 年江苏省各地市机械产业资产负债率

地区	资产负债率（%）
南京市	36.05
无锡市	27.33
徐州市	
常州市	46.97
苏州市	29.47
南通市	26.67
连云港市	
淮安市	
盐城市	48.73
扬州市	94.89
镇江市	40.52
泰州市	29.76
宿迁市	20.00

三、江苏粮食装备制造业的主要特点

粮油装备业是粮食产业的重要构成和基础，是延长粮油产业链、发展粮油工业、提升综合效益、助力产品增值的关键，同时也是满足城乡居民消费需求、带动农民增收的核心环节，更是保障国家粮食安全不可或缺的重要节点。进入 21 世纪以来，随着我国经济发展持续向好，人民生活水平日益提高，粮油加工业有了很大程度的发展，这就为粮油装备制造业提供了更为广阔的市场。通过对江苏省粮食装备制造业定性和定量的分析，发现本省粮食装备制造产业具备以下几个显著特点：

（一）制造实力领先其他省份，但与国际水平有差距

近十年来，江苏省粮食装备制造产业得到了较快发展，在本领域涌现了一批高档次的产品、代表性企业和品牌，部分产品和品牌甚至打入了国际市场，如江苏牧羊等。与国内其他省份相比，正如前述分析中所指出的，江苏是有比较优势的。无论是在粮食装备企业产量方面，还是粮食机器制造技艺方面，江苏均显著领于其他省份。2016 年全国拥有粮油机械制造企业 88 家，江苏省有 21 家，占比近 1/10。所有省份中，只有湖南省的粮机制造企业数量超过江苏。并且，诸多国外大型粮食装备企业选择在江苏建厂，立足江苏开拓中国市场。通过模仿和学习效益，也间接带动和提升了江苏省内粮机制造水平。如果说全国的粮食装备制造产业呈现明显的产业聚集现象，那么江苏肯定是最重要的核心地带，这一点毋庸置疑。

现代中国经济是开放性的，产业和企业在全球化大潮中能否生存和发展壮大，不仅要和国内同行比，还要与国际上其他国家的企业进行竞争。虽然江苏省的粮食装备产业领先全国，但站到国际平台上，江苏省的粮食装备企业的劣势也是十分明显的。第一，在产品质量方面，我们的粮食机器可靠性差，产品配件和构件使用寿命短，安全性能较差。第二，在产品性能方面，我们的机器能源消耗高，运行效率差，加工损失率较大等。第三，在标准方面，与发达国家相比，我国加工产业所制定的标准较低，仅为发达国家的一半左右。第四，在核心竞争力方面，我们更是全面落后。省内大多数企业的技术水准都低于国外同行，多数企业缺乏核心技术，只是单纯地模仿和吸收。目前，国内包括省内的粮食装备企业起码落后发达国家 10 ~ 20 年，主要差距体现在机电一体化、工程化、大型化和成套设备上。国家粮食局对粮食装备制造内资企业的一次调查也证实了上述判断，该次调查发现内资企业原材料质量和工艺与国外差距较大，强度和耐磨性能较差；加工器械落后，关键部件达不到应有的精度和外观要求；自动化控制技术研发落后，机电一体化控制部件需进口。因而，必须要正视我们与国外粮食装备制造企业之间的差距。

（二）企业经济效益好，品牌影响力较强

江苏省粮食装备制造业雄劲的实力不仅取决于企业数量多和产业规模大，更体现在行业利润和企业效益方面。2011 年，全省粮机制造实现利润 5.3 亿元。2016 年，全省粮机制造利润总额上升至 6.85 亿元，5 年累计增长了 30% 左右，表明整个行业的盈利能力持续增长，行业向着积极的方向发展。由于这五年全省粮食装备制造企业仅仅增长了 5 家，因而这一数据也表明，省内粮食装备制造企业的盈利也得到了较大程度的提升。从区域分

布来看，省内实力强、盈利状况良好的粮食装备制造企业大多分布在苏南地区，该地区的利润水平超过了全省净利润。虽然苏中地区的粮食制造规模和产值规模在省内居中，但是盈利水平不容乐观，2016年苏中三市的粮食装备制造产业反而是亏损的。

牧羊磨粉机（炒麦用）

图8-1　扬州牧羊生产的机型：磨粉机

　　江苏省的粮食装备制造业之所以走在全国前列，在全国居于首屈一指的地位，关键在于省内有一批优秀的粮食装备制造企业，打造了一系列享誉全国的优秀粮食装备制造品牌。江苏省既拥有扬州牧羊集团、江苏正昌集团这样的内资大企业，也拥有无锡布勒、常州布勒、苏州佐竹这样的著名外资企业。这些大企业、大集团不仅生产规模大，而且产品质量相对较高，具有很高的市场占有率。在具体类型粮食装备机械品种方面，牧羊集团的饲料主机制造享誉全国，而且逐渐走出国门，出口到多个国家。无锡布勒在小麦粉粮食主机制造方面领先全国，在中高端市场，布勒品牌的市场认可度很高。苏州佐竹机械则是著名的大米主机制造商，江苏晶谷米机的大米主机产品也具有很强的竞争力。

（三）产业聚集特征明显，区域发展不均衡

　　在现代经济中，一个非常有影响力的理论就是"增长极理论"，该理论认为经济的发展需要一个发动机或者说是"增长极"。通过整合资源，实现以点带面，逐渐形成良性发展局面。中国的改革开放的成功和经济的繁荣印证了这一理论。在宏观经济中如此，在产业经济发展中也是如此。繁荣和发展粮食装备制造业，也需要打造行业和产业的"增长极"，形成一定的产业聚集，起到龙头带动作用。从这一点来说，江苏省做得相对不错。

　　从企业分布来看，全省一共有27家粮食装备制造企业，有22家集中在无锡、常州、

苏州、扬州、镇江五市。可见省内粮食装备制造企业主要集中在苏南地区。从装备制造产量来看，2016年全省粮机制造产量中，扬州市和镇江市名列全省一二名，年产量均超过34000台（套）。常州和无锡两市分别列第三和第四名，年产量也超过11000台（套）。仅上述四市的产能就占到了全省的96.87%，表明江苏省内粮食机器装备制造业存在明显的产业聚集特征。从品种来看，产业特征也十分明显。省内小麦粉加工主机生产能力主要集中在无锡市，大米加工主机产能主要集中在镇江市，饲料加工主机产能主要在扬州和镇江两市，通用设备制造主要集中在扬州、镇江和常州三市。

有产业聚集就存在极化现象，如同一枚硬币的两面，这必然意味着区域发展的不平衡。省内粮食装备企业主要集中在苏南5地市以及苏中3市，苏北地区除了盐城和宿迁外，其他地市均无代表性的粮食装备制造企业。在产业属性上，粮食装备制造产业也属于粮食加工产业的一部分，这表明省内经济发达地区在这一类型具有相对优势，次发达的苏中地区实力也不俗，苏北地区无论在粮食机械装备制造企业数量，还是在企业产值规模和效益方面，占全省的比例都很小，是典型的弱势地带。

（四）粮机结构特色和短板并存

粮油加工装备主要是指小麦制粉、稻谷加工、玉米加工、杂粮加工、植物油加工、饲料加工等过程中所使用的机械装备，从加工品种来看，江苏省的粮食装备制造产业的品种结构是相对完善的。截至2016年，全省能够制造的粮机品种有大米加工主机、小麦粉加工主机、油脂加工主机、饲料加工主机等专用型机械，也包含通用设备、仓储设备、粮油质检仪器等其他类型机械。在国内31个省份中，能够拥有如此全面品种的省份很少。从加工类型来看，江苏的粮食制造结构具有地域特色。本身在全国具有竞争性的粮机品种主要有饲料加工主机、大米加工主机、小麦粉加工主机。上述四个品种也是江苏粮机制造实力的体现。

然而，江苏省的粮食机器制造也存在很明显的短板。其一，省内油脂加工主机产能低，竞争力不足。江苏虽然是一个油脂加工大省，拥有益海粮油、南通家惠等大型油脂加工企业，但是在油脂加工机械制造方面却是一个不折不扣的弱省，全省油脂加工机械制造年产能低于1000台（套）。其二，粮油质检仪器的产量很低，供给严重不足。随着粮食加工产业的结构变化，以及消费水平的升级，对此类机械的需求会越来越大，但全省只有苏州有少量生产，根本无法适应当前的市场需求。其三，粮食装备制造产业结构中，通用设备占比过高。这一状况不是江苏独有，实际上全国层面的粮食装备制造产业也存在这个问题。江苏省内通用机型多，也是占比最高的机械品种，而全省粮机行业对特殊要求和特殊物料加工设备的供给相对短缺。除了上述三个微观层面的不足，在整体层面，省内粮机制造的不足表现为"三多三少"，即粮食装备制造产业单机多，成套设备少；主机多，辅机少；技术含量低、结构简单的产品多，高技术附加值、高生产率的产品少。因而，江苏省的粮机制造虽然取得了一定成绩，但是仍然存在很大的提升空间。

（五）外资实力强劲

目前，江苏省内粮食装备制造业存在三分天下的局面，国有企业、民营企业和外资企业均占据了粮机市场的一席之地。但总的而言，民营企业占据市场份额最高，外资企业居中，国有企业实力最弱。但对比其他省份，仍然不难发现，外资企业在省内的表现十分瞩目。表8-11展示了按照产量规模排名的前8个粮食装备制造企业，可以发现，外资企业几乎占据了半壁江山。目前，多个著名的外资企业进入江苏，试图以江苏省为基地，在中国粮食机器制造市场分一杯羹。例如瑞士布勒公司1994年通过中外合资形式，在无锡建立了研发和生产基地，这是布勒集团位列于瑞士和德国之后的全球第三大生产基地。公司主要产品包括制粉、饲料、碾米、压铸和其他设备。2002年，布勒公司又收购了无锡布勒中方股东的全部股权成立了布勒（中国），成为完全外资性企业，负责布勒集团在中国境内的产品销售和服务，并参与产品研发和提供成套设备。再如，日本佐竹为了进军国内市场，选择在苏州成立了佐竹公司机械（苏州）有限公司。这些著名的国际粮食装备制造企业落户江苏，说明江苏省对它们具有吸引力。但引进外资是一把"双刃剑"，这同时也给国内和省内的粮食装备制造企业带来了严峻挑战。

图8-2　无锡布勒生产车间

外资企业由于起步早，规模大，技术先进，管理和组织架构更合理，整体实力强于中资企业。国内粮机企业在产业中，处于模仿者的地位，所生产的机械质量和层次都低于外资企业，这导致了高端粮食装备制造严重依赖外资企业和进口，大部分中高端市场都被外资企业所占据。外资企业还通过收购省内和国内企业，来实现消灭竞争对手、获取垄断性超额利润等行为，这无疑不利于整个粮机行业的发展。并且，国外粮机价格远远高于国内，进口设备比国产价格平均高 5~8 倍以上，这也增加了粮机需求方的生产成本。

表 8-11　江苏省较大规模的粮食装备制造企业

粮机设备制造产品总量排名	企业名称	企业性质
1	牧羊有限公司	有限责任公司
2	扬州宝飞机电有限公司	有限责任公司
3	江苏晶谷米机有限公司	有限责任公司
4	江苏正昌集团有限公司	有限责任公司
5	无锡布勒机械制造有限公司	中外合资经营企业
6	江阴福鑫机械有限公司	港澳台商投资企业
7	布勒（常州）机械有限公司	中外合资经营企业
8	镇江市丹徒区粮油机械修造厂	私营企业

（六）缺乏核心技术，研发能力弱

江苏省的粮机制造在全国的实力相对较强，但和其他省份一致，本身的粮食装备制造产业缺乏核心技术，企业的研发和创新能力较低。一个企业的核心竞争力在于其拥有无法替代的、他人无法复制的核心技术，这在任何时候都是企业的立身之本。然而，省内的粮食装备制造企业在发展理念方面，仍然落后于国外企业，多重视生产加工以及销售环节，而轻视研发环节，大多数企业的技术人员占职工总数的比例低于10%，并且其中真正从事开发研究的人员更是少之又少。造成企业研发能力弱的因素是多方面的，除了企业的意识和理念落后外，地方政府重视程度不够，产学研链接松散也是其中两个非常重要原因。

粮食装备制造产业的发展壮大离不开政府的支持，尤其是科技政策的支持。特别是基础性的粮食装备研制花费巨大，收回成本时间长，属于外部性较强的科研投入，但是长期以来，政府对粮食加工产业和装备制造业的财政投入十分有限，投入资金占销售收入的比例低于0.5%，远远低于发达国家2%~3%的水平，基本上依靠企业自我投入。这一方面增加了企业运行成本和风险，另一方面在市场机制的选择下，必然出现基础性研究不足的局面。当前，省内只有无锡于2011年成立了我国首家、也是唯一一家粮食加工机械装备国家实验室。但这远远不能满足市场需求，无法根据市场变化提供新的粮食机械品种。绝大部分省内企业在产品开发上，多是采用对一些国外机器进行模仿和改进局部的方式完成研制工作，层次较低。

人才是一个行业兴旺发达的关键，省内虽然拥有众多的高校，但是涉农，尤其涉粮的专业院校较少，只有南京农业大学、南京财经大学、江南大学、江苏科技大学的部分专业有所涉及。聚焦到粮食装备制造方面，省内尚无高校专门培养此类人才，造成了江苏省的粮食装备制造产业技术人员整体学历水平不高、后备力量不足的局面。并且，全省产学研的链接十分松散，企业和高校、科研院校的对接较为薄弱，利益链接机制仍很不完善，这就造成了科研成果的转化率较低。当前，据国家粮食局、国家农业部的统计数字表明，我国粮油加工装备的科研成果在装备制造业中的转化率不足60%。整体而言，我国关键技术装备的开发多处于仿制阶段，产品技术含量不高。

四、江苏粮食装备制造业发展的对策思路

（一）立足优势，发挥产业聚集的正面效应

江苏省的粮食装备制造业在全国领先，有一批影响力大、盈利能力强并驰名全国的企业和品牌，这是江苏省的优势所在。在后续产业发展中，要立足江苏省的优势，在激烈的差异化竞争中取得一席之地。省内粮食装备制造业的企业，尤其是龙头企业应当对自己有信心，在做到全国领先的同时，将目光放长远，争取做世界一流。做到这一点要坚持"三个必须"。一是企业必须不断加大科研投入，通过引进、消化吸收和自我创新等多种途径来掌握核心技术，打造核心竞争力。二是必须紧跟市场形势，满足客户需求。既要判断形势，不断推出新的机型来满足市场需求，还需要注重销售过程服务和售后服务，树立客户第一的理念。三是必须严把质量关。只有质量过硬，才能够赢得消费者的信赖，获得良好的口碑，企业才能够有长久的立足之地。

江苏省的粮食装备制造业存在明显的产业聚集特征，经济学理论已经表明，产业聚集能够减少产业内企业的成本，有利于企业之间的交流，有利于产业创新的达成。江苏省的若干地市在不同类型粮食机械品种中已经找准了定位，建立了初步的优势。因而，后续产业发展中，要继续扬长避短，发挥自己本地区产业的优势，形成更大规模的产业聚集。对

于空白区和落后区域而言，在推进粮食装备产业发展中，要加强区域合作联系，向邻近地区的产业聚集靠拢，依靠"中心—外围"联动，共同发展。

（二）学习外资先进经验，加快内资企业消化吸收再创新的进程

江苏省的粮食装备制造业之所以走在全国前列，与江苏省有着诸多外资或合资企业密切相关。然而，一个行业中外资企业若是过于强大，内资企业无法匹敌，这个行业就很可能陷入由外资主导、垄断经营的局面。江苏省粮食装备制造业中，有多家外资企业。这些外资企业大致可分为两类：一类是以布勒公司为代表。这类企业在华设立加工基地，将公司的核心技术转移过来生产，同时在华建立研发中心和培训基地，因而对于我国行业发展有一定的技术溢出和正的外部效应。另一类是以日本佐竹公司为代表。这一类企业将核心部件的生产和技术留在国内，只是在华进行组装生产。从技术引进的角度看，这一类企业对我国提高自主创新能力帮助较少。对于上述两类外资企业，要予以区别对待，对于第一类企业可给予一定优惠政策，鼓励其与内资企业进行全方位合作。对于第二类企业，要扶持国内企业与其进行竞争。

粮食装备制造业必须立足"以我为主"。目前，省内粮机企业普遍规模较小，生产技艺水平低，大多数尚处于仿制阶段，吸收消化后进行再创新则很少。作为改革开放的桥头堡，以及工业强省和粮食加工业强省，必须在粮食装备制造产业中有所作为。一方面，要鼓励省内企业加大科研投入，将眼光放长远，而不是一味地仿制和跟风，在较低的层次进行激烈竞争，这样永远只能在市场中居于下风，获得的利润也是很低的。另一方面，企业要尽快完成转型升级，争取将中国制造转为中国创造。在这一方面，江苏有着良好的粮机制造基础，也有牧羊和正昌这样的大型内资企业，可以在全国率先发展，有所突破。

（三）培育龙头企业，打造优秀粮机品牌

一个行业是否强大取决于其是否有核心企业和龙头企业，通常而言行业中的龙头企业也是这个行业中实力最为雄厚、技术最为先进的企业。特别是在开放型经济中，内资企业要与国外粮食装备制造产业巨头同台竞技、相互竞争，如果没有龙头企业，失去市场的结果是必然的。省内大多数粮食装备制造企业的产能低，制造层次不高，没有品牌效应，缺乏科研投入，整体实力远远弱于国外同行，面对它们的攻城略地，只能被冲垮或者被收购。因而，为了全省粮机行业的长远发展，必须按照产业细分，每个粮机品种都针对性地选择龙头企业进行重点培育。江苏省的内资企业整体实力强，已经有了很好的基础，初步打造了质量过硬、市场认可度高的品牌，如扬州牧羊、江苏正昌这样的大型企业，生产规

模和实力在全国居于前列。但是和国外粮食装备制造业的巨头相比，在各个方面仍然是落后的。要重点发展龙头企业，让其做大做强，让其步入"技术升级—质量提升—市场扩大—研发能力—定价权增强—技术再升级"的良性循环发展轨道。省市政府应该通过税收、财政、土地、金融等政策大力支持龙头企业发展壮大，鼓励龙头企业在行业内部收购、整合，对资源进行优化配置，积极打造粮食装备制造的航空母舰，使之有实力与国外粮机巨头竞争。

品牌是企业发展的基础条件。对加工装备产品来说，品牌产品具有一定的社会影响力和公信力。因而，在重点培育龙头企业的同时，粮食机械企业还得强化品牌意识。品牌意识差是省内大多数企业的通病，除了少数企业注重树立品牌和保护自己的品牌，大多数企业把主要精力放在人际关系的拓展和公关上。良好的品牌是宝贵的无形资产，与我们的企业不太重视品牌相反，国外优秀企业都很珍视自己的品牌，在维护品牌方面投入较大。因而，为了提升省内粮机装备制造产业实力，必须发展壮大和新打造一批粮食装备制造业品牌。一方面，对初步树立的品牌要予以保护，支持其发展壮大，不断提高市场认可度；另一方面，要扶持新的品牌，在很多细分市场，江苏省仍然缺乏代表性的优秀粮机品牌，这是差距，也是潜力。

（四）加大科研投入，扩大人才储备

科技是兴业的第一生产力，科研是企业兴旺发达的第一秘诀。在当前科学技术水平日新月异的背景下，无论如何强调科技的重要性都不为过。当前，江苏省内的粮食装备制造产业的科研力量薄弱，科研投入水平较低、人才匮乏、产学研链接机制缺乏三大问题并存。正是有上述问题的制约，导致了本省粮机制造的技术水平较低，新型器械研发速度较慢，面对外资竞争处于不利的局面。因而为了改善上述不利局面，需要针对性做出下述对策：

其一，加大多个主体的科研投入水平。当前，省内粮机产业的科研投入主要来自企业自主投入，政府的投入很少。建议后续中央和地方都应该充分重视粮机制造研发的重要性，加大资金投入。其二，培育人才。人才是科研的主体，省内有多所涉粮高校，以及全国唯一一家粮食装备实验室——无锡粮食加工机械装备国家实验室，这是江苏省的优势所在。但当前，上述院校和科研机构针对粮食装备研发的学科、项目和人才培养都很不足，需要予以改进。同时，加强对一线工人的培训，解决目前我国粮油加工业一线工人的技术不熟练和创新能力不足的问题。其三，要创新产、学、研、用结合的机制。当前，粮食装备制造业的科研转化率不高也制约着产业水平的提升。因而鼓励以企业需求为中心，探索

建立由粮油加工企业、粮油加工机械制造企业、科研院校和机构共同参与的联合研发，让产学研更加紧密结合的利益联结机制。从而一方面提升科研机构科研转化率，另一方面也可以让科研机构的研制工作更有针对性，按照市场需求和企业定制进行科学研究，在企业资金投入的资助下，发挥双方的比较优势。除此之外，企业还可以与科研机构分享新机型的利益，通过股份和授权等多种途径，增强科研机构的积极性。

（五）正确认识和发挥政府的重要作用

无论是具有影响力的发展经济学的大推进发展战略，还是最近国内著名的林毅夫和张维迎之间的"产业政策之争"，都聚焦于政府在产业发展中的作用。究竟政府在一个新兴产业崛起，或者政府在助力一个产业发展壮大过程中起到何种积极作用，这是一个有争议的话题。但不可否认的是，产业的健康发展，除了发挥市场这只无形的手的作用，还得利用好政府这只有形的手的作用。我们认为，为了实现江苏省粮食加工装备制造业的发展壮大。省政府和市县政府需要结合自身职能，从以下几个方面做好政策应对。其一，区域政策，对省内粮食装备制造产业较强的地市要予以重点支持，发挥产业聚集的正外部性，使其成为全省粮机行业发展的增长极。其二，市场政策。要加强知识产权保护，加大打击粮食机器仿制，保护企业研发新型器械的行为。其三，技术标准政策。目前国内粮油加工业方面的一些技术标准明显落后于市场的要求，对粮油加工机械制造技术创新和消费者（粮油加工企业）的消费均产生了不利的影响。因而，江苏省率先制定行业标准，规范企业生产行为。其四，企业政策。要加大对内资龙头企业的各项扶持，让其做大做强。对于外资企业，进行分类处理，重点支持那些外溢性强的外资或合资企业，鼓励其通过合作共赢方式转移最新技术。其五，中介政策。政府要搭建好平台，为企业之间的横向合作、企业和科研机构之间的纵向合作，以及企业和政府的沟通做好服务，最大化地便利企业，让企业生产力和创新力得以释放。

专题五：江苏国有粮食企业改革

为落实《国家粮食局中国农业发展银行关于进一步加强合作推进国有粮食企业改革发展的意见》（国粮财〔2012〕205号）要求，促进地方国有粮食企业转换机制、增强活力，充分发挥粮食流通主渠道作用，江苏省人民政府发布了《关于深化地方国有粮食企业改革的意见》（苏政办发〔2013〕79号），正式吹响了全省国有粮食企业改革的号角。

按照省委省政府的统一部署，此次改革需要面对三大任务：一是实施兼并重组，促进国有粮食企业做大做强。核心是鼓励支持基层国有粮食企业通过股权投资、土地置换、产业合作等形式兼并重组。进一步增强资产体量，减少企业数量，促进资产、资源向优势企业集中，提高企业筹集资金、掌控粮源和抵御市场风险的能力。二是转变企业经营模式，建立现代企业制度。建立完善现代企业制度，逐步完善法人治理结构，创新机制、规范运作，切实增强企业市场竞争力。积极转变企业经营模式，向生产、收购、储存、加工、销售等一体化发展，延伸和完善产业链条，拓展经营空间，实现多元化发展。三是完善政策措施，创造改革发展环境。要对重组、改制后的国有和国有控股粮食企业，在税收、信贷、土地划拨等方面，继续给予政策扶持。

为贯彻中央和省委的指导意见，进一步释放粮食行业发展活力，切实增强全省粮食安全保障能力，江苏省粮食局于 2014 年 5 月进一步制定了《深化全省粮食行业改革的意见》，指出要以推进粮食市场、产业、调控、执法监管、粮政管理五大体系建设来完成粮食行业改革。江苏省的经验得到了国家粮食局的高度认可，任正晓局长批示要在全国推广江苏的经验。

截至 2015 年底，全省 96% 的县（市、区）已经出台改革方案，25% 的划拨地变更为出让地，67% 的国有粮食购销企业实施兼并重组，60% 的县（市、区）基本形成购销总公司或集团总公司＋分公司（子公司）发展模式，企业融资和发展能力明显增强。在严峻的市场形势下，2015 年全省国有粮食购销企业实现盈利 3.85 亿元，居全国前列。

第九章 粮食科技与信息化

一、江苏省粮食科技创新主体及现状

粮食科技创新主体涉及到投入主体、研发主体和成果转化主体，江苏省粮食科技创新投入主要以国家投入为主，分别涉及到科技部、农业部、发改委、基金委等部委，而国家拨款支持的粮食科研主要分布在粮食加工领域，其余则涉及到储藏领域、物流领域、信息化领域等；科研创新主体主要涉及具有知识创新骨干和引领作用的高校、科研机构和企业，及其他部分公益科研机构；成果转化主体则为企业或产学研联盟主体，技术转化推广也涉及到政府相关机构。

在"十二五"期间，江苏粮油科技总投资为15687万元，分地区看，其中常州市1369万元、淮安市1083万元、南京市1683万元、苏州市1731万元、泰州市77万元、无锡市8078万元、宿迁市420万元、徐州市65万元、扬州市1080万元、中储粮南京分公司101万元。国家财政总预算为5437万元，其中科技部为3772万元，农业部60万元，基金委652万元，其他部门为6390万元。2016年江苏省粮油科技投资情况见表9-1。

表 9 - 1   2016 年江苏省粮油科技投资情况

财政预算	单位	金额	财政拨款	单位	金额
国家财政总预算	万元	5437	当年国家财政拨款	万元	2360
科技部	万元	1886	科技部	万元	270
发改委	万元	0	发改委	万元	0
农业部	万元	30	农业部	万元	48
基金委	万元	326	基金委	万元	30
其他部门	万元	3195	其他部门	万元	2012

财政预算	单位	金额	财政拨款	单位	金额
			地方财政拨款	万元	556
			单位自筹/接受委托	万元	7204
			其他	万元	130

2016 年，江苏省粮食科技项目共计 61 个，主要集中在加工领域，共有 43 个，占总数的 71%；储藏领域 3 个，物流领域 1 个，信息化领域 1 个，其他领域 13 个。根据项目来源的批复部门划分，分别是科技部 9 个，农业部 2 个，基金委 3 个，国家粮食局 1 个，地方财政项目 14 个，其他 32 个。从项目类别来看，支撑计划 4 个，公益专项 2 个，农转项目 1 个，国家自然基金项目 3 个，高技术产业化项目 5 个，地方科技项目 10 个，单位自主研发 27 个，横向委托研究项目 1 个，其他项目 8 个。

二、江苏省粮食信息化建设概况

粮食行业信息化是一个系统工程，涉及收购、储存、调运、加工、供应等各个环节，包括基础设施建设、硬件设备配置、应用软件开发、信息标准制定、信息安全管理、数据分析应用等相关内容。粮食信息化工程的建成和运行需要政府、粮食经营企业、粮食装备企业以及科研部门等共同参与、协同推进，以形成"1＋1＋4"信息化建设模式，即加强国家及省级粮食管理平台、粮库智能化升级改造、粮食交易中心和现货批发市场电子商务信息一体化平台建设、重点粮食加工企业信息化改造、粮食应急配送中心信息化建设，全面提升粮食行业信息化水平。

虽然我国粮食信息化取得了显著成效，但是现阶段粮食信息化依然存在一定局限性，不能很好满足现实需要。一是不能很好满足粮食流通各环节衔接和协调问题，未能较好涵盖粮食收购、储藏、加工、物流、消费等各个环节，形成互联互通、协同共享的信息化体系；二是现阶段信息化数据不能很好适应大数据技术在市场监管、库存监管、质量安全检测和企业信用等核心业务中的应用；三是未能形成较好的信息服务能力，为生产者、消费者、经营者和政府提供综合、高效、真实、便捷的信息服务。

江苏粮食信息化工程根据国家粮食局粮食信息化要求，先后进行和开展了粮食监管系统、智慧粮食系统、现货期货电子商务系统、数字粮食系统、应急供应系统的改造和升级。

图9-1 江苏智慧粮食云信息平台

（一）智慧粮食系统

江苏省建立了智慧粮食系统，推动了粮食管理信息化的发展。通过推进电子商务、物流配送等信息平台建设，启动了"1210"省级平台（即"1210"工程：打造一个中心，粮食流通管理数据中心；主要完善两个平台，粮政业务综合管理平台、公共服务平台；建设10个信息化子系统，包括粮食收储可视化管理系统、储备粮远程监管系统、价格监测与分析系统、粮食应急保障信息系统、粮食仓储管理系统、原粮质量安全追溯系统、监督检查执法系统、粮食财会管理系统、政策性粮食交易系统、粮食物流公共信息系统）、15个市级平台和131个粮库智能化升级项目建设，建成数字粮库55家、收储信息管理系统551家，基本实现粮食收购全程信息化、储备管理全程可视化。其中：

（1）连云港市建成"1+6+10+X"的粮食流通管理信息化体系（即建设完善1个市级粮食动态综合管理平台，6个县级平台，10个智慧粮库，实现所有库点可视信息化建设全覆盖）；

（2）南京市11个粮库智能化升级项目和市级监管平台列入省级"智能化升级"工程，目前11个粮库智能化升级项目基本完成；

（3）南通市通过9个智能化升级项目，建成覆盖市县两级的粮食流通综合管理平台，实现了省、市、县三级平台互联互通；

（4）苏州市通过13个省级智能化升级项目，已建成粮食应急保供决策与监管系统，实现市应急保供决策与监管系统管理平台与部分地区、部分库点的互联互通；

（5）张家港市粮食收购信息化系统、太仓粮库网络视频监控系统已运用；

（6）徐州市建成6个中心粮库的"数字粮库"，124个收储粮库（库点）建成收储可视化信息系统，沛县、新沂、铜山3个县（市、区）初步建成县级信息化监管平台；

（7）无锡市全市8个库点、1个平台的智能化升级建设任务基本完成，"无锡市智慧粮食物联网市级综合监管平台"手机APP版开发完成，新安库安全巡仓智能机器人已投入使用；

（8）宿迁市基本建成市级粮食综合监管平台和9个粮库智能化升级项目，初步实现粮库管理智能化；

（9）盐城市建成90个库点粮食收储动态信息化系统，实现收购、结算及仓储管理信息化，建成数字粮库7家，已开发储备粮可视化远程监管、粮食收储移动执法监管等4个业务系统，实现主要业务可视可控、各类信息互联共享、与省级平台互联互通；

（10）扬州市建成市、县、区智慧粮食综合管理平台7个，"数字粮库"、"可视化粮库"50个，基本上形成"数字化政务、精准化业务、信息化商务、网络化服务"的框架结构，实现了"信息基础设施先进、信息资源充分利用、数据快速收集应用"目标；

（11）泰州市已完成全市中心粮库仓储智能化升级和市级粮食监管平台建设任务，实现省、市、县三级管理系统互联互通；

（12）淮安市建成市直属粮食储备库等3个"数字粮库"和市级粮食地图，初步建成升级版市级粮食流通综合业务管理平台和升级版智慧粮库系统，全市26个市县储备粮库点全部安装粮情测控系统、可视化系统，可实现对储备粮全过程远程监管；

（13）镇江市全市国有粮食购销企业全部采用粮食收储信息化系统。

表9-2　2016年粮食流通基础设施建设投资情况

年度建设完成粮食信息化项目	单位	镇江市	扬州市	泰州市	其他
粮库智能化升级改造	个	7	6	6	
收纳库系统	个	2		0	
储备库系统	个	5	6	6	
示范库系统	个			0	
现货批发市场信息化建设	个			0	
重点粮食加工企业信息化改造	个			0	
粮食应急配送中心信息化建设	个			0	
其他涉粮信息系统	个	1		1	
粮食信息化建设项目投资额	万元	1259.6	1160.1	1346.1	

图 9 - 2　洪泽湖粮食储备直属库物联网控制中心

(二) 粮食期货电子商务系统

江苏省不断完善现货期货电子商务系统，实现了期货与现货的结合。江苏省以江苏粮油商品交易市场为主体，建立粮食交易中心省级终端，在现有全国粮食统一竞价交易系统为政策性粮油交易服务基础上，积极探索为江苏省内涉粮企业提供服务的路径。通过推进全省 35 个现货批发市场的信息化建设，依托全国统一竞价交易系统，发展 B2B、B2C、C2C、O2O 等交易模式，在全省交易市场普及电子结算、建立数据分析系统，进一步发展电子商务、挂牌交易，尝试期货、拍卖等现代化交易模式。江苏省与国家粮食交易系统联网合作，通过现货市场进行拍卖和转让等，实现期货与现货结合。

三、江苏省粮食科技成果转化特点

根据国家粮食局提供的资料，全国 4 万多家仓储、加工企业以及相关粮食企业，由于受到科技研发能力的限制，导致粮油作物未能充分利用，如大米作物的副产物稻壳及稻壳灰、碎米以及异色粒等利用率低，稻谷加工业对稻谷资源的利用率只有 1.3∶1，远低于国际先进水平 4∶1 ~ 5∶1。我国粮油科学技术水平与国外相比，基础理论研究薄弱，科技成果转化程度低，资源综合利用率低，粮油加工技术装备水平还需要进一步提升。近几年，江苏省通过运用水源热泵降温技术进行低温储粮，已经实现了节约能耗35%、减少粮食损失35%、减少劳力35%的效果，同时通过仓库屋顶太阳能光伏发电技术，不仅促进了绿色清洁能源的发展，而且对仓房屋顶起到延缓老化、破裂的作用，延长使用寿命，减少了太阳光照对屋面的影响。因此，江苏科技成果转化存在较大空间，其应用前景非常乐观。

（一）粮食科技成果丰富，但科研机构实力不均衡

2016年，江苏省入统的粮食科技成果有基础类成果：专利101项（包括发明专利56项，实用新型专利30项，外观设计20项）；论文80篇；制定标准5项，修订标准2项；获省级奖项4项。应用类成果：新产品58个，新技术48个，新工艺52个；省部级粮食科技创新平台1个（见表9-3）。

分地区看，其中常州市专利17项，新工艺1个；淮安市新技术1个；南京市专利10项，SCI收录论文1篇；苏州市专利9项，论文5篇，新产品3个；泰州市新产品6个；无锡市专利34项，论文64篇（其中，SCI收录35篇，EI收录11篇，其他18篇），制定标准5项，获省级奖项3项，新产品28个，新技术30个，新工艺14个；宿迁市专利3项，新产品1个，新技术3个，新工艺1个；扬州市专利22项，论文2篇，修订标准2项，获省级奖项1项，新产品20个，新技术13个，新工艺36个；中储粮南京分公司专利6项，论文8篇（其中，SCI收录3篇，其他5篇），省部级粮食科技创新平台1个。

表9-3 2016年江苏省科技概况

科研指标	单位	总计	科研指标	单位	总计
基础类成果			基础类成果		
专利	项	101	论文	篇	80
发明	项	56	SCI收录	篇	39
实用新型	项	30	EI收录	篇	11
外观设计	项	20	ISTP收录	篇	0
其他标准	项	0	其他获奖	篇	30
制定	项	5	国家级	项	0
修订	项	2	省级	项	4
著作	部	0			
应用类成果			粮食科技创新平台		
新产品	个	58	国家级	个	0
新技术	个	48	省部级	个	1
新工艺	个	52			

近些年江苏省通过成立国家级研发中心 4 家、省级 34 家，推进产学研结合，加快科技创新，成功取得了系列成果。如出台了粮油省级地方标准 3 项，江南大学重金属超标粮食处理研究取得阶段性成果，南京财经大学创建粮食专业博士点。江苏无锡国家粮食储备库"低氧控温储藏技术集成示范"项目和无锡中粮工程科技有限公司"室外型大型节能智能谷物干燥机"及"单冷水源热泵谷冷机"共同开发运用。省农垦集团在全省率先建成稻米质量追溯体系，省粮食局和牧羊集团荣获全国首批科技兴粮示范单位，牧羊、正昌在海外建立研发机构和生产基地。目前，江苏省在粮食行业拥有中国名牌 11 个、驰名商标 12 个、地理标志产品 8 个，列全国第一。

粮食专业技术人员主要集中在粮食科研院所，而仓储一线工作人员则因普遍年龄大、学历低，专业技术人员相对较少，几乎不存在科研状况。其他粮机企业，如食品加工、仓储企业基本无国家级资金扶持，省内除大型企业具有科研实力并取得了一定成果外，更多企业为中小企业，中小企业中多为微利和同质性企业，几乎不存在科研可能性，加之企业的科研经费基本为企业自筹，使得企业科研投入不足，当前江苏省科研机构实力不均衡发展，致使未能出现与市场规模相适应的科研投入水平。

（二）代表性企业科研投入大，整体科研投入不理想

企业科研投资形式多样，实力较强的企业通过自主研发创新，不断改进工艺，提升市场竞争力。如江苏正昌集团有限公司近年来每年用于技术改造和新品研发的资金都不低于 1 亿元，使得企业 7 个产品技术达国际先进水平、6 个产品技术达国内领先水平，并填补了多项国家技术空白。其他较为可观的有少数市场专业研发企业，如南京市扬子粮油食品机械有限公司，公司致力于各种先进制面工艺和面制品设备的研发，为制面企业生产高档面制品提供精良的装备。其他具有一定科研实力的则通过与科研机构合作，如无锡太湖可可食品有限公司，通过与江南大学合作，投资 300 万元研发可可制品。以上多家加工企业的例子一定程度上说明了科研成果多存在于加工领域。

但是具有这样实力的企业属于少数，多数企业研发投入相对较少，除代表性企业外，现实中其他大部分企业多为同质微利企业，如物流和储藏领域企业，其科研投入和研发几乎不存在。江苏省企业科研投入不理想的主要原因有如下几点：

第一，具有实力企业少，实力较弱的企业居多。迫于资金压力的中小企业，多忽视对科技项目投入，从而形成恶性循环，导致企业市场竞争力不强，容易遭市场淘汰。2016 年，全省入统的粮油加工企业 1256 家，全年实现利润 129.41 亿元，国家级产业化龙头企业 27 家，省级龙头企业 120 家。以镇江市为例，镇江市大米加工企业有 17 家，全年产值

和收入均未突破 10 亿元。面对这种现实状况，只有重组才能让这些小企业走出困境，通过提升技改力量、提高人员素质、研发新兴产品，才能改善当前不利局面。同样，徐州市的入统企业仅 126 家，年利润超千万元的也只有 6 家，超亿元的仅 2 家。全市只有 2 家国家级、12 家省级龙头企业，所占比例也很小。

第二，整体上江苏省科研投入不足，与市场规模不一致。如南京市近年来的在粮食科技方面的投入不多，尤其是政府投入更为有限。2015 年总投入 540 万元，而政府投入只有区区 20 万元，2016 年总体投入有所增加，达到 975 万元，但政府投入仍只有 100 万元，这与南京大都市经济体量极不相称。

第三，企业技术改造、产品开发等方面缺乏人才支撑，科技投入不足。一方面是企业筹集资金困难，另一方面是科技项目所获补助不足。如宿迁市有 2 家粮油企业上报数据，科技项目虽获得一定资金补助，但企业筹集资金存在一定困难，导致科研项目进展缓慢。

第四，企业品牌创建意识不强，对科研积极性不强。扬州市 2016 年粮油工业研发投入资金 0.55 亿元，其中以粮机企业牧羊集团为主，研发投入占全市总投入 95% 以上，米面油加工企业研发投入力度明显不够。部分企业存在小富即安的心态，导致企业资金投入力度不够，品牌创建意识淡薄。

与此同时，江苏省与全国其他省份面临着同样的问题，如粮食科技经费不足，加之缺乏多元投入主体和渠道，这种情况既限制了粮食科技研究和推广的开展，又降低了科研成果的质量和效益。另外，江苏省粮食科技主体发展资金不足，科研成果转化与推广力度不足；科技主体主要集中在机械设备、食品加工等方面，而在科学储粮保粮等方面基本无科技创新成果，致使科研的社会生产力未能完全发挥出来，这种不利影响亟待得到有效缓解。

（三）粮食科研成果转化空间大，基础设施建设落后

2016 年江苏省完好仓容为 2410 万吨，由表 9-4 可知，储粮技术应用未实现完好仓容全覆盖。江苏省 8 市应用环流熏蒸仓容 1083.4 万吨，应用粮情测控仓容 1261.5 万吨，应用机械通风仓容 1630.5 万吨，实现气调储粮仓容 110.5 万吨，实现低温准低温储粮仓容 945 万吨。从同期总体仓容来看，具有较大转化空间。

表 9 – 4　2016 年江苏省储粮技术应用概况

储粮技术应用	单位	泰州市	淮安市	镇江市	南京市	苏州市	扬州市	徐州市	宿迁市
应用环流熏蒸仓容	吨	1654538	1698411	382169	732058	857986	606720	2732000	2171000
应用粮情测控仓容	吨	2080770	1903601	409799	708616	914765	884300	3420000	2293000
应用机械通风仓容	吨	2551270	320363	669134	1063623	1125595	1669132	3683000	2337000
实现气调储粮仓容	吨	83510	858506	—	—	—	163000	—	—
实现低温准低温储粮仓容	吨	1799310	1053199	272238	717824	739330	428486	2359000	2081000

对于江苏省而言，除粮食产业本身具有一定公益性质，导致社会科研力量投入不足外，企业本身对科研投入和转化意识淡薄，以及动力不足，也是科研成果转化率低的原因之一。

江苏省粮食仓储领域基础设施相对落后，对于科研成果转化应用滞后，一定程度上影响着科研转化能力。若考虑到江苏省其他非完好仓容或在改建仓容，以上储粮技术推广与现实需求则存在较大差距。因此，江苏省粮食仓储领域基础设施相对落后，仍需大力改造和提升。

以常州市为例，常州市部分仓房基础设施落后，全市 67 万吨仓容中完好仓容不足 50%。其余部分还有相当部分数量的危仓老库，现代仓储水平不高，大部分一线收购库点为 20 世纪六七十年代建造，仓容量小，建筑标准低，设施设备老旧；大部分库点的仓房设施较为落后，难以达到仓储"四项新技术"（粮情测控、环流熏蒸、机械通风和谷物冷却）的要求。存在同样问题的还有徐州市，徐州市的仓房多是平房仓，而且完好率也不高，具有一定机械化功能和四散作业能力以及环流熏蒸、电子测温、机械通风、低温干燥等四大保粮技术的仓房较少。

（四）科技转化与应用显著，但仍存在较大提升空间

在粮食流通领域，江苏省"四项技术"应用情况分别是：环流熏蒸技术 54%、粮情测控系统 65%、机械通风 90%、谷物冷却技术 38%，粮食科技转化与推广效果显著。但是与此同时，科技转化与推广力度与现实状况相比仍显不足，现实中存在许多技术改进需求，如常州市仓储企业需要轻便、省力、准确的自动化扦样器，对输送机顶端加装可旋转

的机械臂以减少自动分级技术等，都未能得到较好解决。当前科技转化与应用问题主要归结于当前科研和市场未能形成深度交流机制，缺乏产业关键重大技术转化途径，科研成果转化应用存在较大提升空间。

另外，企业产品附加值低，导致经济效益低下，对技术改进缺乏积极性。如常州市粮食企业产品科技含量低，大众化、粗放型产品多，需要进行技改投入，而企业产品科技含量低、附加值低，导致经济效益低下，缺乏资金进行技改投入。而在粮食流通领域，投入仓房维修改造的资金仍远远不能满足目前粮食仓房维修改造的需要，如宿迁市很多企业迫于资金压力，只能选择小修小补和添置简单的设备，这就导致四散化作业比例不高，烘干设备、电子测温设备、检化验设施未能完全配备。

四、江苏省粮食信息化主要特点

（一）信息化系统运作良好，智能化管理水平待提升

江苏省通过粮食监管系统、智慧粮食系统、现货期货电子商务系统、数字粮食系统、应急供应系统有机整合，形成了基本的粮食信息化系统，该系统基本上能实现管理职能，且目前运作良好。但是粮食信息化建设在开发深度、应用广度和发展水平等方面存在较大差异，粮库作业自动化和管理智能化建设仍需进一步加强，全省粮食信息一体化大平台数据间的共享尚未实现。

在粮食监管方面，当前存在粮库经营管理粗放、运行效率低下、业务协同能力不足、信息流转不畅、监管存在漏洞等问题，对系统内发生的违法经营行为，未能按内外一致的原则，依法追究经营单位和当事人的法律责任。存在多头执法，易造成越位、缺位现象，如粮食行政部门发现问题，需要移交到工商部门、价格部门、质量检查部门等来执行，但涉及部门多，难以协调，粮食监管执法往往不了了之。尽管江苏省粮食局内部已经实现了98%公文通过电子信息系统流转，省发改委接入"金宏工程"专网，但政府监管各部门之间数据库共享还未能全覆盖，未能全覆盖。

（二）智慧粮食工程进展顺利，但与之配套管理较落后

江苏省通过积极推广在库粮食管理、财务管理等一批先进、适用的应用系统，促进了

智慧粮食工程顺利开展。该工程启动了地方储备粮可视化管理系统，开发完成粮食流通动态信息系统并开始试运行。江苏省粮食局与航天信息签订战略合作框架协议，将智慧粮库纳入智慧江苏建设总体规划。现已建成智慧粮库 55 个、收储信息管理系统 551 个，粮食收购、储备管理基本实现全程可视化。

在智慧粮食工程建设中，仍有部分单位对可视化系统建设业务不熟悉，监管力不从心；基层收购库点在夏粮收购期间需面对千家万户售粮，收储可视化系统不能完全适应售粮农户业务处理速度要求；基层粮库一线人员信息知识水平不高，部分库点无法正常配备专门操作人员，数字粮库和收储可视化系统人才严重缺乏；系统面临系统分割、信息孤岛、未深入结合实际业务应用等问题。信息化建设水平与管理职能需求还存在一定的差距，主要面临数据采集处理效率低下，数据利用不足，难以实现共享、查询、统计及分析，未实现业务流程化管理，不利于过程监管，在通过信息化建设提升行政管理效能方面，仍具有较大的提升空间。

（三）成功构建电子商务系统，缺乏持续投入和运营动力

江苏省建立了一套较为完善的电子商务系统，通过推进期货和现货之间交易系统联网，实现了基本的期货与现货结合。但在现货期货电子商务系统使用过程中，并未发挥出理论上作用。部分管理层对电子商务缺乏了解，电子商务需要一定的先期投入，由于建设热情不高，粮食电子商务建设没有立竿见影的经济成效，导致部分管理层的动力不足；粮食电子商务平台的建设和后期维护、市场信息的采集和发布、市场行情的分析和反馈、粮食市场的调节和管理，都需要专业的人才，传统粮食行业从业人员普遍年龄较大，缺乏相应网络营销和技术知识。

五、江苏省粮食科技与信息化发展的对策思路

（一）需逐步提升科研投入，改善科研投入机制

造成江苏省粮食科研现状和问题的既有粮食科研行业本身的客观因素，又有制度或管理方面的主观因素，江苏省粮食科研仍存在较大进步空间。因此，根据以上问题分析，政策建议如下：

第一，健全科技资金投入稳步增长机制，争取和落实国家、省对粮食收储、加工、粮机技术和装备创新投入的扶持政策。面临粮食科研主体广泛的客观现状，在积极拓展国家财政支持的基础上，应不断拓展粮食科研资金渠道，以弥补科研投入不足的差距。另外，也应出台部分对企业科研进行鼓励和支持的政策，最大化发挥和利用政府和社会上科研主体的科研资源，在粮食行业各环节形成丰富的科研成果。

第二，鼓励企业加大对主食产业化的研发投入，应对新技术、新产品、新工艺等研发费用，按照有关税收法律和政策规定给予一定税收优惠。同时要合理安排政府对粮食科研的支持资金，提升粮食行业整体科技水平，实现江苏省科技兴粮的目标。

第三，构建系统全面的科研支持政策工具，积极争取国家和省级层面对粮油加工企业的财政税收扶持和金融信贷支持，使创新要素能流向最需要的地方，推进高层次、面向产业发展实际需求的粮食科技创新体系形成，发挥科研力量的带动作用。

第四，充分利用全省涉粮高等院校、科研单位的人才、项目、技术等资源优势，鼓励高校、科研院所、粮油加工企业、粮机制造企业以及粮库、加工企业、产业园区等进行各种形式的合作与联合；建立有效的竞争激励机制和考核评价体系，在切实保护创新成果、尊重个人的创造与贡献基础上，通过支持原始创新、集成创新和引进消化吸收再创新的方法，改善科研投入不足局面。

（二）应完善多元化投资机制，弥补基础设施差距

当前，应通过不断完善建立科学的多元化投资机制，以尽快弥补江苏省仓储基础设施落后差距。充分发挥企业投资主体作用，调动企业投资积极性；积极抢抓国家鼓励发展粮食基础设施的政策机遇，争取国家和省级项目和资金的支持。对国家安排并要求地方配套的项目资金，除积极争取地方政府给予配套支持外，也应积极开展招商引资，创新投融资方式，引导社会资本参与粮食流通基础设施建设。在市场资金吸引上应积极引导、协调银行等金融机构给予信贷支持，逐步缓解资金缺口。

（三）完善科技创新和推广长效机制，提升科技转化效率

针对当前市场中企业对科研投入积极性不高现象，应主动通过改革引导、鼓励粮食企业建立自主开发、自我创新、自我发展的技术创新，形成良好的科研发展长效机制。一方面要大力发展精深加工和副产品综合利用项目；另一方面要加强产学研联合，充分利用先进科技成果，加快产品开发、科技创新和产业化步伐，推进产品更新换代。通过采用先进工艺和技术，大力发展节约能源、节约粮食资源的加工项目，搞好副产品的综合利用，提

高资源利用率。

（四）深化科技利益合作机制，增强技术成果转化力

深化科技合作对接交流，探索加快产业关键重大技术转化。江苏省粮食科技研发投入不高和成果转化慢的主要原因是未形成产学研的合理利益合作和分配机制。通过建立利益联结的资金投入机制，鼓励单位、个人以技术、资金投资入股，适当吸纳社会资金对企业进行科技投入，根据行业科技发展需求，组建粮食产业技术创新战略联盟，加强协调创新，才能提升粮食科技投入和加大成果转化力度。不断探索加快产业关键重大技术转化的有效途径，加强行业科技对外合作交流，提高科技合作开放度，快速形成自主知识产权，才能逐步增强技术成果的影响力。

（五）监管应无死角，一把尺子量到底

在粮食监管方面，提升管理效率，对管理进行量化处理，加强部门之间业务协作能力。除了部门联动形成合力外，要坚持一把尺子量到底，先量国有企业，再量其他企业，要坚持监督检查与开展各项业务工作相结合，同步业务工作与监管工作，不留死角和不挂空挡。同时，要形成政府各部门监管信息共享制度，提升跨部门协作处理违法行为能力，确保市场公平。

（六）管理自动化和智能化，切实提升粮食管理水平

应充分重视信息化与粮食装备工业化的融合发展，应用自动化、智能化、光电一体化等粮食作业设备，并充分融入智能粮库的建设，全面实现粮库作业自动化、智能化。应用粮食自动称重系统、智能化粮情测控系统、智能化通风系统以及包含码头作业机械、烘干整理设备、工作塔内设备、粮库内其他机械的集成作业控制系统，实现粮食收储作业可视化管理、粮食仓储业务智能化管理、粮食机械作业系统自动化管理。

（七）培养粮食专业人才，改善粮食行业人才素质

大力推广粮食电子商务，普及电子商务知识。通过座谈会、培训班等多种形式进行电子商务培训，加快电子商务"扫盲"步伐，培养既懂粮食行业专业知识，又懂粮食内外贸易和电子商务的高素质复合型人才；同时也应重视人才的引进，适当吸引电子商务人才加入到粮食行业中来。

专题六：江苏粮食行业人才概况

根据中国粮食研究培训中心的粮食行业技能人才需求报告，我国粮食行业人才结构呈现出以下特点：

首先，学历层次偏低。粮食行业中高中及以下学历职工占总人数的70%，粮食行业从业的低门槛，是导致粮食行业一般职工学历水平偏低的重要原因。其次，年龄层次以中青年为主。粮食行业中35岁以下职工占总人数的29.7%，36~45岁职工占总人数的41.8%，46~54岁职工占总人数的23.8%，55岁以上职工占总人数的4.7%。最后，技术职工比例有所增加，高技能人才还很匮乏。2009年底，技术职工占总数比例由2004年的28.71%上升至32.7%（其中高级工以上高技能人才占总人数的10.6%），普通职工数量占总人数的67.3%。

针对以上现象，国家粮食局制定出台了《全国粮食行业中长期人才发展规划纲要（2011~2020年）》，该规划是新中国成立以来第一个粮食行业中长期人才发展规划，是实施"人才兴粮"战略、推动粮食行业人才队伍建设的总体规划。该规划提出到2020年我国粮食行业人才发展的战略目标：一是按照加强党的执政能力建设和先进性建设的要求，以提高领导水平和执政能力为核心，以粮食行业各级领导干部为重点，建设一支政治坚定、精通业务、勇于创新、勤政廉洁、求真务实、奋发有为、善于推动粮食事业科学发展的高素质党政人才队伍；二是按照提高现代经营管理水平和企业核心竞争力的要求，以企业高端经营管理人才为重点，培养造就一批具有全球战略眼光、市场开拓精神、管理创新能力、社会责任感的粮食行业优秀企业家和一支视野开阔、知识丰富、业务娴熟、能力突出的企业经营管理人才队伍；三是根据现代粮食流通产业发展的需要，以提高专业水平和创新能力为核心，以高层次、创新型人才和紧缺人才为重点，培养和造就一支适应粮食行业发展需要的专业技术人才队伍；四是适应粮食流通产业结构优化升级的要求，以提升职业素质和职业技能为核心，以技师和高级技师为重点，形成门类齐全、技艺精湛的高技能人才队伍。

江苏省粮食行业高度重视人才建设工作，始终坚持人才兴粮战略，积极创新人才培养方式，不断完善工作体制机制，大力加强行政管理部门、购销公司以及粮油加工企业等全行业各个领域的人才队伍建设，提出了"十百千万人才发展计划"。"十"即十名行业领军型人才，分别涉及粮食仓储物流、粮油加工、经营管理、装备制造、科技研发等领域；"百"即百名高素质党政人才，以粮食行政管理干部为重点，培养百名政治坚定、勇于创新、求真务实、奋发有为、善于推动粮食事业科学发展的优秀党政人才；"千"即千名企业经营管理人才，培养引进千名视野开阔、知识丰富、业务娴熟、能力突出的粮食经营管理人才；"万"即万名专业技术和高技能人才，培养引进万名具有较高专业水平的专业技术人才和较强职业素质的高技能人才。

一、江苏省粮食行业人才现状

首先，从市场角度看，粮食行业涉及到粮食种植、田间管理、仓储、物流、加工、质检等领域；其次，从政府角度看，则涉及到各级政府和政府相关机构，如粮食国家收购、市场监管、科研等机构。因此，粮食行业人才涉及面广、部门多。2016 年，江苏省粮食行业从业人数达到 30510 人。在岗职工为 29797 人，其中长期职工为 28238 人，占比为 92.55%，临时工 1559 人，占比为 5.11%，其他从业人员 713 人，占比为 2.34%。从业人员中在岗职工占据绝大多数，而在岗职工中长期职工为主要部分，基本上属于正常范围。从从业人员基本属性上看，女性职工为 10458 人，达到了 4.28%，性别比例差比不是很大，少数民族为 778 人，占比 2.55%，而中共党员仅为 5242 人，占比 17.18%。对长期职工按人员类别划分，公务员 237 人，占比为 0.78%，比例较低，事业单位管理人员 220 人，占比为 0.72%，其比例也较低，企业经营管理人员 4835 人，占比 15.85%，表明粮食行业市场化进程相对较好，市场中民企为主体，国企占据少数（见表 9-5）。

表 9-5　江苏省粮食行业人才概况

分类指标	人数（人）	占比（%）
从业人员总数	30,510.00	100
在岗职工	29,797.00	97.66
长期职工	28,238.00	92.55
临时职工	1,559.00	5.11
其他从业人员	713.00	2.34
从业人员基本属性		
女性职工	10,458.00	34.28
少数民族职工	778.00	2.55
中共党员	5,242.00	17.18
长期职工按人员类别划分		
公务员	237.00	0.78
事业单位管理人员	220.00	0.72

注：占比均以从业人员总数为基准。

（一）江苏省粮食行业人才发展现状

江苏省目前总体上与我国粮食行业人才特点吻合。通过近几年不断努力，2016 年本单位举办培训班培训人次达到 22638 人次，其中办班次数为 1488 次，培训人数为 21150 人；本单位职工参加本单位及外单位培训人次为 11669 人次，取得了一些成效。分别在南京财经大学、江苏财经职业技术学院、连云港工贸高等职校等建立人才培养基地，提升行业人才队伍素质并增强业务能力。通过加强行业人才队伍建设，举办市县粮食局长和企业经营人才、粮食执法、流通统计等培训，组织开展粮食行业职业技能鉴定。江苏省在第一届、第二届全国粮食行业职业技能大赛上获得团体第二名、单项第一名等多个奖项。南京天悦粮食集团等 5 个单位被评为全国先进集体，杜秀珍等 6 人被评为全国先进工作者（劳动模范）；南京市军粮供应站等 3 个单位被评为"全国军粮供应管理工作先进单位"，史官荣等 4 人被评为"全国军粮供应管理工作先进个人"。

表 9－6　2016 年江苏省粮食行业人才培训概况

分类指标	数量	占比（%）
从业人员总数（人）	30510.00	100
本单位举办培训班情况		
办班次数（次）	1488.00	4.88
培训人次（次）	21150.00	69.32
本单位职工参加本单位及外单位培训情况		
参加统计培训人次（人次）	11669.00	38.25

注：占比均以从业人员总数为基准。

虽然江苏省通过系列政策和手段取得了一些成效，但是目前在推动粮食人才建设方面，由于江苏省粮食行业从业人员文化素质和现代从业技能基础薄弱，所以在这方面仍存在较大的改进空间。

（二）江苏粮食行业人才结构现状

1. 总体人才结构现状

苏州市粮食行业 2016 年从业人数为 30510 人，在岗职工为 29797 人，其他从业人员为 713 人。研究生、大学本科、大学专科、中专和高中及以下学历职工占比分别为 3.66%、

14.60%、17.64%、15.77%、48.33%；年龄分布从35岁及以下、36～45岁、46～54岁和55岁及以上职工占比分别为34.85%、31.04%、27.27%和6.84%；专业技术人员为5324人，具有高级职称、中级职称和初级及以下职称人数分别为234、60、4064人；工人总数为19894人，占比为65.20%，其中技术工人6948人，占比为22.77%，高级技师97人，占比6.32%，技师256人，占比0.84%，高级工、中级工和初级工分别为701人、1360人和4534人，占比分别为2.30%、4.46%、14.86%。因此，江苏省粮食行业人才状况总体上与我国粮食行业人才特征相符，呈现出文化水平偏低、年龄结构不合理、老龄化凸显、优秀人才比例偏低、中高级人才匮乏的特点。

表9-7　江苏省粮食行业人才结构概况

分类指标	人数（人）	占比（%）
从业人员总数	30,510.00	
长期职工按学历划分		
研究生	1,118.00	3.66
大学本科	4,456.00	14.60
大学专科	5,382.00	17.64
中专	4,810.00	15.77
高中及以下	14,744.00	48.33
长期职工按年龄划分		
35岁及以下	10,632.00	34.85
36～45岁	9,471.00	31.04
46～54岁	8,321.00	27.27
55岁及以上	2,086.00	6.84
工人	19,894.00	65.20
技术工人	6,948.00	22.77
高级技师	97.00	0.32
技师	256.00	0.84
高级工	701.00	2.30
中级工	1,360.00	4.46
初级工	4,534.00	14.86
专业技术人员	5,324.00	17.45
高级职称	231.00	0.76
中级职称	60.00	0.20
初级职称	1,029.00	3.37

注：占比均以从业人员总数为基准。

由上可知，具有研究生以上学历职工占比为 3.66%，具有中级以上专业技术职称和高级专业技能的职工占比为 4.33%，高层次人才特别是高级专业技能职工不足，与粮食行业改革发展的形势和需求存在较大差距；同时，还存在基层仓储统计人员变动较多、平时培训机会较少、业务水平不高现象，导致仓储统计业务生疏，对仓储统计工作造成一定影响，急需学习和培训。

2. 地区人才结构现状

南京市国有粮食企业特征：首先，从业人员年龄普遍偏大，年龄处于 40～50 岁之间的占 32.2%，50 岁以上的占 39.3%；从业人员文化水平偏低，受教育水平处于高中及以下的从业人员占 66.1%。其次，从管理看，以信息网络化为特征的现代管理方式运用远未普及，保粮人员年龄老化、知识陈旧，新技术、新工艺的运用明显落后于其他产业。

盐城市粮食行业客观存在队伍老化、人才匮乏、基础差、创新少等现实问题，如亭湖区粮食购销总公司现有干部职工 67 人，其中 50 岁以上人员 28 人，占公司总人数 42%；本科学历 10 人、大专学历 21 人，大专以上学历人员占公司总人数的 46%；专业技术人员中，具备中级职称的 1 人、初级职称的 6 人；下属 7 个基层粮库负责人的平均年龄为 53 岁。总体来看，现有人员总体年龄偏大、专业技术人才断层，尤其是仓储专业技术、信息化系统专业人才的缺乏。大丰区也面临类似问题，粮食购销总公司人员年龄结构老化，管理层面临青黄不接。所辖东台市粮食行业人才队伍呈现人员配置、年龄层次、专业技能等结构不合理问题，存在人才匮乏、知识断层的深层次矛盾。现有机构总数 34 个，其中行政管理机构 1 个，事业单位 2 个，国有粮食购销企业单位 31 个。截至 2016 年 12 月底，机关、事业、系统内国有及国有控股企业共有在岗职工 108 人，从年龄结构来看，45 岁以下仅 22 人，占总人数的 20%，而三年内达退休年龄的 17 人；从职业技术职称来看，具有职业从业资格的 52 人中高级职称的只有 4 人，专业技术人员 32 人中无高级技术人员。

扬州市所辖高邮市主要表现：首先，职工年龄偏高。全市基层企业现有在岗员工 231 人，55 岁以上的有 60 人，40～55 岁的有 146 人，40 岁以下的只有 21 人，老龄化现象严重。粮食局机关工作人员的平均年龄也达到了 42.4 岁。其次，业务素质不高。全市国有粮食购销企业有专业技术职称的只有 39 人，占在岗总人数的 17.5%，其中取得中级职称的仅 10 人。最后，新人业务不熟。1998 年以来共有 96 名业务骨干人员离开了国有粮食企业。近年来，招考的年轻同志文化素养虽高，但缺乏粮食专业基础，对粮食行业缺乏了解，工作经验不足。

泰州市粮食行业表现特征：首先，身份复杂、人员老化。国有企业存在企业正式合同制员工、内退返聘员工、劳务代理制员工和临时用工等多种成分类型。截至 2014 年底，全市国有粮食企业 46 岁及以上共有 717 人，占国有粮食企业职工总数的 65%，大多数企业都存在职工年龄老化问题。其次，学历层次偏低。国有粮食企业大专以下学历人员有 852 人，占总人数的 78%，总体而言学历层次有待提高。最后，人员配置结构不尽合理。经营型、管理型人才占比较小，国有企业在岗职工中从事企业经营管理的为 198 人，约占职工总数的 18%；实用型人才较为缺乏，具有专业保管、检化验等从业资格的专业技术人员仅有 126 人，占职工总数的 11%。其中兴化市系统各类人员近 1200 人，总量大，且构成复杂，部分人员隶属关系不清、职责分工不明确，管理难度较大。粮食系统在册职工学历偏低，582 名在职人员中，具有本科、大专学历的只有 78 人，占比不到 14%；有技术职称（含技术工人）的 97 人，占比不到 17%。多数企业职工老龄化问题日益突出，全系统 35 岁以下职工只有 32 人，随着有工作经验的老职工逐年退休，一定程度上已影响到企业的正常经营和发展。

连云港市国有粮食行业 2013 年底从业人员为 1799 人。从学历层次看，大学及以上学历 125 人，占 7%；大专学历 310 人，占 17.2%；中专及以下学历 1364 人，占 75.8%。从年龄结构看，35 岁及以下人员 259 人，占 14.4%；36～45 岁人员 749 人，占 41.6%；46～54 岁人员 625 人，占 34.7%；55 岁及以上人员 166 人，占 9.2%。从专业技能看，专业技术人员 366 人，高级职称 5 人，占 1.3%，中级职称 64 人，占 17.5%，初级及以下职称 297 人，占 81.2%。技术工人 532 人，占工人总数的 48%。表现特征为：首先，人才分布失衡。大学及以上学历 125 人，分布及在此类单位占比为：机关 52 人，占 62%，事业单位 24 人，占 10%，企业 49 人，占 3.3%，机关、事业、企业单位为 19∶3∶1。从业人员学历情况，机关优于事业、事业优于企业，大学及以上学历大多集中在机关单位。其次，高级人才匮乏。人才队伍结构性矛盾比较突出，文化程度和技能等级不高。从业人员中，研究生学历占 0.6%，大学学历占 6.3%；在专业技术人员中，高级职称占 1.3%，中级职称占 17.5%。高学历高层次人才明显偏少。高层次人才老化，5 名高级职称人员中，50 周岁以上 4 名，40～50 周岁 1 名。再次，缺少精通粮食专业人才，粮食专才紧缺。机关人员中复合型的人才少，精通粮食仓储管理、粮食加工方面知识的少；专业技术人员中，粮油储藏、检化验等涉粮专业人才少；一线技能岗位如保管、检验人员等大多是非专业学校毕业。近年来引进粮食专业高学历人员少，人才储备严重不足，没有形成梯队，人才出现断层。最后，人才增速缓慢。机关事业单位因编制所限，人员进不来。国有企业虽然近年来效益提升，但历史冗员的消化还没有完全解决，不可能进行大幅度的人才引进，人才队伍建设主要以还是在岗学习、自我更新为主，人才数量每年增加速度有限。

其他如镇江市粮食部门出现人才队伍严重缺失，人员年龄结构老化，后续队伍无人，专业技术人员不足；宿迁市宿豫区粮食系统人员老化，青黄不接，难以满足发展需要；徐州市行业人才队伍结构不够合理，专业技术人才相对匮乏。

二、存在的问题

江苏粮食行业人才建设主要存在问题有：

第一，人才重视程度不够。国有粮食企业"招得进、留不住"，导致很多技术工种后继无人，技术岗位人才断档。而在引进人才数量上不平衡，个别地方囿于粮食行政管理体制上的缺陷，引进工作停滞不前，脱节较大，青黄不接现象有增无减。同时，国企人事和用工管理不规范，造成管理制度不够完善，决策过程不够民主，操作流程不够公开，人员质量把控上门槛不高、标准松弛，讲关系、说人情、因人设岗等现象时有发生。

第二，政策措施激励不够。粮食行业主管部门虽然制定了人才队伍建设规划，出台了人才培养、引进、流动、评价、奖励等措施和政策，但仍然存在着政策不配套、落实不到位、效果不明显等问题，国有企业中"吃大锅饭"的现象时有发生，"庸者下能者上"的选人用人机制还没有充分形成，企业和职工的主动性、积极性、创造性有待进一步调动和激发。另外，尽管建立了粮食科技的激励机制，但政策和其他改革措施不配套使激励机制仍活力不足，导致粮食科技人才严重流失。

第三，教育培训途径不广。粮食系统内职业技能培训仍然以企业培养为主，主要依靠的还是师徒结对、内部轮岗、邀请技术能手现身说法等传统手段，校企合作、产学研相结合等"走出去"的培养模式没有得到足够的重视和运用，网络培训、远程教育等新兴现代信息技术的运用更是无从谈起，干部职工的教育培训局限于企业内部，内容和手段相对闭塞，可提升技能、开阔眼界的途径比较单一。

第四，资金投入保障不足。从政府层面来讲，财政资金对粮食传统人才的培养、引进和技术创新的鼓励、扶持投入资金较少，对粮油深加工等粮食传统行业的扶持政策也相对较少；从企业层面来说，粮食企业利润不高，在资金、技术、品牌、规模及人员素质等方面相对处于劣势，粮食产后加工还未得到像粮食产前、产中一样的重视；同时，企业固定资产的投入和人员工资的发放占比较大，企业自主开发培养人才的师资、场地、经费等无法保障。

三、对策建议

第一，创新人才引进机制。完善人才工作管理体制，建立人才引进"柔性政策"通道，以"不求所有、但求所用"原则，鼓励有条件的企事业单位设立"特聘专家"，聘请海内外专家担任管理工作、学术咨询顾问、技术指导，也可通过智库项目方式引进各种技术、管理等人才；规范化、合理化用人制度，建立公开透明引进人才程序，确保人才队伍质量。

第二，完善培养选拔机制，健全评价激励机制。健全人才激励保障机制，完善各类人才薪酬制度，合理确定各类人才的收入水平，确保优秀人才、重大贡献人才收入能得到合理保证，通过动态考核和评价确保"庸者下能者上"的选人用人机制。同时，也要在政治上、事业上、生活上给予关心和支持，确保引得进、留得住、用得好。

第三，对于系统已有人才要创新人才培养开发机制，加强产学研合作培养创新人才，通过人才培养基础建设工程，真正做到企业参与、校企结合、共同培养，完善人才教育培训体系。

第四，政府在人才引进政策和人才工作经费上应给予支持，加大人才培训、人才基础建设等方面的投入。可指导督促粮食企业按职工工资薪金总额的 2.5% 提足职工教育经费，另外，还应积极拓宽投入渠道，建立健全政府、企事业单位和个人相结合的多元化人才支撑体系。

第三部分
江苏粮食企业与品牌

第十章　重点粮食企业

根据江苏省粮食行业协会《关于开展江苏粮油十强企业专项调查评审发布工作的通知》（苏粮协〔2016〕第3号）和相关专项调查结果，省协会综合评审了各地级市粮食行业协会初审推荐的粮食企业名单，评定出了江苏省农垦米业集团有限公司等35家企业为2013～2015年度江苏粮油十强企业。结合此项调查和江苏省粮食局提供的《2016年粮油加工企业销售收入排名情况表》，选择了其中20家粮油企业作为江苏省重点粮食企业进行简要介绍（排名不分先后）。

表10-1　江苏省重点粮食企业简略表

行业类型	企业名称
大米加工企业	江苏省农垦米业集团有限公司
	中粮米业（盐城）有限公司
	南京沙塘庵粮油实业有限公司
	宜兴市粮油集团大米有限公司
	江苏双兔食品股份有限公司
小麦粉加工企业	江苏三零面粉有限公司
	五得利集团面粉有限公司
	江苏银河面粉有限公司
	江苏省淮安新丰面粉有限公司
	扬州名佳食品有限公司
油脂加工企业	中粮东海粮油工业（张家港）有限公司
	嘉吉粮油（南通）有限公司
	中储粮镇江粮油有限公司
	金太阳粮油股份有限公司
	江苏佳丰粮油工业有限公司

行业类型	企业名称
粮机制造业	江苏省牧羊集团
	江苏正昌集团有限公司
	迈安德集团有限公司
	无锡布勒机械制造有限公司
	佐竹机械（苏州）有限公司

一、大米加工企业

（一）江苏省农垦米业集团有限公司

1. 企业概况

江苏省农垦米业集团有限公司成立于 2002 年，在省工商局注册登记。由江苏农垦着力发挥农业比较优势、提高稻米产业市场竞争力、整合垦区稻米产业资源组建而成，是江苏省综合实力最强的大型股份制国有粮食企业。公司始终坚持科、产、加、销、贸、储一体化的发展思路和产业化运作、标准化控制、组织化保障、科学化管理、品牌化经营、科技化支撑的运行模式，是华东地区综合实力较强的大米加工企业。

公司先后培育出了"苏垦"宝金玉、富硒米、有机米、真好吃、水谷原、泰舒清风等系列多个单品，满足了市场上不同消费者的需求。产品销往江苏、上海、浙江、广东、福建、湖北、湖南等 20 多个省市区，在苏果、欧尚、联华等大型连锁超市受到广大消费者的青睐。优良的生态环境、精湛的加工工艺、稳定的产品质量为企业赢得了诸多客户，公司与多个知名企业签订了长期战略合作协议，年销售量逐年攀升。2016 年，由苏垦米业主导和运营的江苏农垦"苏垦尚膳"自营电子商务交易平台正式上线，经营江苏垦区自有、全国农垦系统以及国内外优质农产品，填补了江苏省属企业大型农产品电子商务平台的空白。

自 2008 年起，经农业部农垦局批准，公司开始建设农产品质量追溯体系，现已初步建成了具有先进水平的"生产可记录，信息可查询，流向可追踪，责任可追究"的现代化食品安全体系，目前可追溯面积达 65 万亩，满足了消费者的知情权、监督权，为构建我国农产品安全保障体系发挥了示范作用。

2. 公司规模

江苏省农垦米业集团有限公司总部设在南京，旗下有 15 家分（子）公司，在南京、上海、苏州、杭州、广州、海南设有 6 大销售办事处。公司以股东江苏省农垦农业发展股份有限公司所属的 19 个种植业分公司及外拓基地为原粮基地，实行纵向一体化经营。引进世界一流的生产设备，年加工能力达 39.25 万吨。公司现有注册资金 20000 万元，资产总额 62795 万元，员工 639 人；基地农场 18 家，其中股东农场 8 家；大米生产线 14 条，加工能力 60 万吨；稻谷烘干线 15 条，日烘干稻谷能力 4000 吨；总仓容能力 20 万吨，其中符合国家粮食储备标准的仓容 11.1 万吨。

3. 经营理念

公司坚持绿色经营理念。依托江苏农垦"组织化、规模化、机械化、标准化"的种植模式，通过"公司 + 农场"实行"六统一"管理，即"统一作物品种布局，统一生产资料供应，统一农艺栽培措施，统一机械化作业，统一病虫害防治，统一产品购销"，建立无公害优质原粮基地近 90 万亩，其中绿色食品基地 50 万亩，有机食品基地 2 万亩。

4. 发展战略

公司实施科技创新发展战略。各米厂配套国际先进水平的低温烘干线，稻谷收割后通过烘干直接入库储藏，实现了稻谷不落地。与高校院所合作，广泛运用低温储粮、机械通风、粮情预警等先进的绿色、科学储粮技术，保证同一品牌、同一品种、同一质量。加工主设备均从日本佐竹和瑞士布勒等公司进口，设施装备国内一流。

公司牢固树立质量安全意识。从种植、收储、加工到销售全过程实施 ISO7301：2002（E）国际稻米标准。通过 ISO9001 国际质量管理体系、ISO14001 国际环境管理体系和食品安全管理体系（HACCP）认证。"苏垦"牌大米被赋予了"生态、新鲜、美味、健康"的内涵，被许可使用绿色食品和有机食品标志。公司被农业部农垦局确定为农产品质量追溯系统实施单位。

5. 企业荣誉

作为农业产业化国家重点龙头企业，公司在 2006 年、2007 年先后获得"中国名牌农产品"、"中国名牌产品"荣誉。同时拥有中国驰名商标、江苏省重点名牌、江苏省名牌和江苏省著名商标等荣誉。连续多年被中国粮食行业协会评为中国大米加工企业 50 强。

（二）中粮米业（盐城）有限公司

1. 企业概况

中粮米业（盐城）有限公司是中粮集团旗下一个子公司，以加工大米为主，通过对大米产业链的全程管控，致力为国内外客户和消费者提供营养、健康的大米。

2. 公司规模

中粮米业（盐城）有限公司位于江苏阜宁经济开发区，占地面积约34万平方米，于2010年10月份开工建设，目前已经正式投入生产。中粮米业（盐城）有限公司以稻谷加工为主。目前生产一、二、三线白米，年处理稻谷能力30万吨，日处理稻谷能力1200吨，其中包括4条日处理稻谷300吨的白米加工生产线。同时具备13万吨原粮储存能力、200米内河岸线以及与生产设施相配套的成品库、副产品库。

3. 经营理念

中粮米业以"做中国大米行业领先者"为目标，致力为全中国人提供安全、营养、健康的优质大米。通过与客户之间密切的沟通和合作，研发、生产真正满足客户需求的产品，实现员工、客户、企业的价值最大化。

4. 发展战略

中粮米业（盐城）有限公司采用具有国际先进水平的生产设备和多项最新的工艺技术，项目建成后在国内同行业将具有明显的竞争优势。

（三）南京沙塘庵粮油实业有限公司

1. 企业概况

南京沙塘庵粮油实业有限公司位于溧水县和凤镇境内123省道旁，西接宁高高速，是一家集粮食收购、加工、储存、销售为一体的江苏省重点农业龙头企业，同时是南京市粮油应急保供定点加工企业，且承担市级粮食储备任务1万吨。本公司规划占地1000亩，现占地300亩，固定资产5000多万元。

2. 公司规模

公司自2000年创建以来，在市、县领导和有关部门的支持下，发展步伐加快，已形成一定的规模，在全省同行业中，加工销售量居前两位。在促进农副产品流通、推进农业产业化经营、带动农民增收等方面发挥了积极作用。

3. 经营理念

公司为了做大做强这一富民产业，不断加大基础设施建设，现有生产厂房3.9万平方米，粮食仓储房1.2万平方米，电力配套设备3600千伏安，有色选机23台，抛光机19台，烘干机4台（套）。内外环境均进行了整治，修建了1.5公里水泥路、2公里下水道、1万立方米消防池、1万平方米绿化。目前公司有大米加工生产线22条，其中日产100吨生产线5条。2010年加工量交易量为35万吨，实现销售收入10.5亿元。公司所产大米畅销于江苏、上海、浙江、安徽、广东、云南等省市区。使公司的整体形象和技术装备得到了极大提升，在全省同行业中无论是规模、设备、产量均处于领先地位。

4. 企业荣誉

为做响品牌，公司于2003年注册了"漱湖"牌大米商标，选用优质糯稻、粳稻作为原料，采用多道加工工序，经色选、抛光等先进工艺，产品色泽光亮，口感润滑、清香。本公司通过了ISO9001质量体系认证，完善了各项检化验制度，确保了产品质量。"漱湖"牌大米2004年获国家农业部"无公害大米"证书，2007年获南京市著名商标、"江苏省名牌产品"称号。

（四）宜兴市粮油集团大米有限公司

1. 企业概况

宜兴市粮油集团大米有限公司是经江苏省人民政府批准的省级农业产业化龙头企业，是宜兴市粮食局下属的重点民营企业。公司始创于1997年，集生产、经营于一体，主要从事粮油、饲料、农副产品的加工和批发。注册资本520万元，现有总资产2000万元，主要产品为"隆元牌"系列精制大米、米糠油以及稻米副产品等。近年来年大米生产、供应量稳定在9万吨左右，销售收入在1.5亿元左右。利税150万元左右。下属的中外合资宜兴隆元大米有限公司专门从事大米加工的出口业务。

2. 公司规模

注册资本1520万元，现有精米生产线4条，日处理稻谷750吨，仓储规模2万吨。主要产品为"隆元牌"系列精制大米及稻米副产品等。下属企业有中日合资宜兴隆元大米有限公司、与台湾旺旺集团合资的江苏兴旺米业有限公司，以及宜兴市宜丰粮油管理所。公司是中国粮食行业协会大米分会常务理事单位，江苏省粮食行业协会理事单位。2000年被确定为国家粮食局大米标准样品定点生产单位。

3. 经营理念

公司采用"公司＋农技部门＋基地＋农户"的运作模式，实行订单种植，由市农业技术部门协助，形成了产、供、销一体化的经营格局。

公司加工技术实力雄厚，管理严格。大米加工采用目前世界上最先进的日本佐竹公司生产的米机、去石机及抛光机、色选机等，特别是在加工的关键部位采用先进的工艺设备，产品按GB1354~86和NY/T419~2000标准组织生产。由于产品质量稳定，国内许多出口商争相订购，2003年累计生产各类优质大米9.6万吨，其中加工出口大米4万吨，出口到美国、加拿大、日本、中国香港、欧盟、中东及东南亚、非洲等20多个国家和地区。

特别是在日本 SBS 招标项下占有相当份额。

4. 企业荣誉

2002 年以来，隆元牌特等晚粳米先后被评为全国"放心大米"、无锡市名牌产品、江苏省名牌产品、江苏省质量信得过产品、江苏省著名商标等。并先后通过了 ISO9001：2000 质量管理体系认证，ISO14001 环境管理体系认证，HACCP 食品安全管理体系认证。

2003 年经中国绿色食品发展中心审核确认，隆元牌特级粳米和特级糯米为 A 级绿色食品；2004 年经中绿华夏有机食品认证中心审核，确认隆元牌有机大米为有机食品、AA 级绿色食品；2006 年经 BCS 有机保证有限公司审核认证，获得了有机大米的美国、欧盟、日本通行证。2004 年公司经中国商业联合会专家评审委员会评定为首批"中国商业信用企业"。2007 年隆元牌大米获"中国名牌产品"称号。

二、小麦粉加工企业

（一）江苏三零面粉有限公司

1. 企业概况

"苏三零"牌是三零公司旗下的自主品牌，已经有十多年的历史。"苏三零"牌小麦粉是中国名牌产品、国家质量免检产品、全国安全优质承诺食品、中国食品工业名优产品，"苏三零"商标被评为江苏省著名商标。"苏三零"系列面粉产销量连续多年稳居江苏同行业第一，在全国也名列前茅。产品多年来一直畅销东北、西北、华北、华中等 20 多个省、市、自治区。公司所处区位优势明显，西邻长江黄金水道，东靠新长铁路，南接江阴长江大桥。京沪高速、宁通高速、宁靖盐高速与多条省市级公路在泰兴市内交错贯通，物流运输十分便捷。

2. 公司规模

江苏三零面粉有限公司是江苏省粮食集团控股企业，农业产业化国家重点龙头企业，全国食品工业优秀企业。公司注册资金 4164.5 万元，下辖 9 个子公司，资产总额 2.8 亿元，主要生产面粉、大米及面粉复制品等产品。其主导产品"苏三零"牌小麦粉是中国名牌产品、全国放心面。"苏三零"商标是江苏省著名商标。"苏三零"品牌被商务部授予全国"最具市场竞争力品牌"。公司 2009 年销售面粉 51.95 万吨，实现销售收入 15.97 亿元，面粉实际销量连续多年位居江苏同行业第一，在全国也名列前茅。

1996 年公司组建以来，坚持把"创新"作为企业的灵魂，以创新求发展，提高企业竞争力，保持了快速健康发展的良好势头。"十五"期间，企业产值和销售收入年平均递增 20% 以上，利润年平均递增 25% 以上，累计完成技改投入 1.4 亿元，其中完成投入 1000 万元以上重大技改项目 6 个，开发高档专用面粉新品种和面粉延伸产品 11 个。

3. 经营理念

公司坚持以质量创品牌，以名牌拓市场，积极推行全新的质量管理理念，全面建立了 ISO9001：2000 质量管理体系，强化名牌信誉保障机制建设。"苏三零"牌面粉经国家、省、市技术监督部门多次检测，合格率均为 100%，产品多年来畅销东北、西北、华东、华中 20 多个省市区，部分销往中国香港、日本等东南亚市场，深受消费者的好评。公司注重发挥国家农业产业化重点龙头企业的带动辐射作用，积极推进农业种植结构调整，在市内租用 1000 亩农田，建立优质小麦推广示范基地，引进推广优良品种，促进提高粮食生产水平。同时联结本市农户 18.3 万户，推行订单粮食收购 55 万亩，既增加了农民收入，又为企业提供了长期稳定的优质粮源。

4. 发展战略

公司坚持实施名牌推进战略，积极深化质量管理体系、HACCP 认证和"零缺陷"管理制度，强化名牌信誉保障机制建设。产品经国家、省、市技术监督部门多次检测，合格率均为 100%。畅销东北、西北、华东、华中 20 多个省市区，深受消费者好评。

公司坚持产业化经营方向，大力推进农业种植结构调整，在市内租用 2000 亩农田建立"优质小麦试种示范基地"，联结农户 18.3 万多户，推行订单粮食收购 55 万亩，较好地发挥了龙头企业的带动辐射作用。

5. 企业荣誉

公司先后被评为中国食品工业优秀企业、全国食品行业质量效益型企业、江苏省食品饲料百强企业、国家农业产业化重点龙头企业。苏三零牌小麦粉先后被评为中国名牌产品、全国"放心面"、全国安全优质承诺食品、国家免检产品和江苏无公害产品。"苏三零"商标被评为江苏省著名商标。

（二）五得利集团面粉有限公司

1. 企业概况

五得利面粉集团始建于 1989 年，是一家专业化生产面粉的民营企业。经过 28 年的不懈努力和实践，公司从一个日处理小麦能力不足 15 吨的作坊式小厂，发展成目前拥有河北大名、深州、赵县、雄县、柏乡，山东东明、禹城，河南新乡、周口、商丘，陕西咸阳，江苏宿迁、兴化，安徽亳州6省14地，共14个子公司，74条现代化面粉生产线，33个大型制粉车间，日处理小麦能力达40000吨，员工5000多名的大型制粉企业。

2. 公司规模

五得利面粉集团专注面粉28年。自2003年以来，五得利集团产销量就领先于中国面粉加工行业，将战略发展目标定位在面粉行业，做世界领先的面粉专家，引领面粉行业的发展趋势，如今产品畅销全国除港澳台地区以外的所有省、自治区、直辖市，所有大中城市均有五得利的销售网点，几乎覆盖了全国县市，其中北京的市场占有率近半，拥有占绝对优势的忠实消费群体。2015年度产值突破257亿元。

3. 经营理念

五得利集团投入巨资进行科技创新，提高面粉精度和出粉率，引进国际先进工艺、生产低灰分高精度面粉，开发有中国人饮食特点的各类专用粉，打破了高档面粉靠进口的局面。以五得利特精高筋小麦粉、富强高筋小麦粉为拳头产品的多功能民用粉系列，主要销向大中城市的批发流通渠道、各类高校、机关单位食堂。

4. 企业荣誉

五得利牌面粉获得"最具市场竞争力品牌"等荣誉称号，五得利产品通过ISO9001认证，五得利集团先后荣获"农业产业化国家重点龙头企业"、"国家标准化良好行为企业"、"中国食品工业百强企业"、"中国制造业企业500强"、"中国品牌价值500强"、"中国食品工业优秀龙头企业"、"中国小麦粉加工企业50强"、"中国粮油企业100强"、"面业之冠"等称号。

（三）江苏银河面粉有限公司

1. 企业概况

江苏省银河面粉有限公司是江苏省农业产业化经营重点成长型龙头企业。公司位于通州经济开发区，水陆交通极为便利。这里依江傍海，区位优势明显；公司面对金通大道，背依通昌运河，上高速、接铁路、乘飞机、下轮船，物流十分便捷。1969年建厂以来，特别是2000年改制以后，公司发展插上腾飞的翅膀。2006年在江苏盐城市阜宁县建成江苏省银河飞业面粉有限公司，形成江苏银河日加工能力2000吨的规模。2008年，建成粮食储备5万吨的阜宁县东益粮食储备有限公司。近年来，公司以市场为导向，以带动小麦产业发展、农民增收为主线，形成了下联千家万户、上接广大市场的局面。企业充分发挥产业化龙头的带动作用，充分利用周边地区小麦资源，充分调动农民种植小麦的积极性，壮大主导产业，在保证国家粮食安全，促进农业增效、农民增收和新农村建设方面作出了积极贡献。

2. 公司规模

江苏省银河面粉有限公司位于通州经济开发区，通州市城雕——朋来门南侧，面队金通大道，背依通吕运河。其地理位置不仅通江达海，而且上高速、接铁路，乘飞机也十分方便，是商家看好的风水宝地。"银河公司"的前身是国营南通县面粉厂，建于 1968 年。2000 年改制为有限责任公司。2003 年投资 5000 万元，开辟新的生产经营基地。2005 年 8 月，投资 1.2 亿元在苏北阜宁县益林镇兴建江苏阜宁银河工业园区，其中江苏省银河飞业面粉有限公司于 2006 年 7 月投产。

3. 发展战略

公司实施品牌战略，建立了有效的管理体系，先后通过了 ISO9001 质量管理体系、ISO14001 环境管理体系、ISO22000 食品安全管理体系、ISO10012 国家测量管理体系和 OHSAS18001 职业健康安全管理体系认证；"南山"牌小麦粉被评为"中国名牌产品"，"南山"商标被认定为"中国驰名商标"。公司的销售网络覆盖江苏、上海、浙江、福建、广东、海南等 20 多个省市区，并与军供站、超市建立了稳固的供货关系。

4. 企业荣誉

公司先后被评为农业产业化江苏省重点龙头企业、优秀龙头企业、江苏省农业科技型企业、江苏省依法治企先进单位、江苏省质量诚信企业、全国放心粮油进农村先进单位、中国粮食行业改革开放三十周年改革创新优秀企业、全国诚信粮油企业、全国粮食行业企业信用评价 AA－信用企业、全国放心粮油进农村进社区示范工程示范加工企业。

（四）江苏省淮安新丰面粉有限公司

1. 企业概况

江苏省淮安新丰面粉有限公司是由原江苏省淮阴新丰面粉厂经股份制改造于 2003 年 4 月成立的从事农产品精深加工的国家大型企业，现为农业产业化国家重点龙头企业、全国农产品加工业示范企业、国家小麦加工技术研发分中心、国家农产品加工企业技术创新基地。公司占地 200 余亩，拥有固定资产逾亿元，职工近百人。公司现有生产厂房万余平方米，25000 吨立筒库工作塔一座，房式原料仓仓容达 28000 吨，成品库仓容达 25000 吨，拥有一座 6 个 500 吨泊位的内港池。

2. 公司规模

公司现投资建设"淮安市新丰粮食物流中心"，包括国家级研发中心、年加工小麦 50 万吨面粉车间、年加工稻谷 9 万吨米车间、年中转交易粮食 60 万吨市场及配套设施。项目建成后将成为省内最大的小麦精深加工研发中心，粮食集散、交易中心和小麦加工基地。

3. 经营理念

多年来，公司坚持"管理高效、技术领先、过程严控、服务全面"的发展理念，明确"精良设备、精湛技术、精心制造、精益求精"的质量方针，依靠科技，增加投入，走出了一条以"订单农业"为基础的农业产业化经营道路。现已发展成为农业产业化国家重点龙头企业。

公司牢固树立品牌意识，全面推广运用现代质量管理与控制技术，明确以"精良设备、精湛技术、精心制造、精益求精"为质量方针并以"产品出厂合格率100%、市场抽查合格率100%、顾客满意率100%"为质量奋斗目标。

4. 发展战略

江苏省淮安新丰面粉有限公司于2003年2月22日正式挂牌成立以来，企业奉行"努力超越、追求卓越"的企业精神，在上级部门的支持与领导下取得了显著的成绩。

公司以科学发展观为指导，深化改革，创新发展，在全体员工的共同努力下，取得了优异成绩，荣获多项荣誉称号，企业综合素质不断提升。特别是在主营业务（面粉）方面的发展成就有目共睹。靠着多年摸索形成的慎"引"、优"培"、尚"争"、活"用"、厚"待"的人力资源管理理念，在发展过程中，造就了一支结构合理、业务精通、技术精湛、勇于开拓创新且忠诚度高的人才队伍，也使公司从小变大、由弱至强，成长为行业的一个实力派"小巨人"。

5. 企业荣誉

公司生产的"新象"牌小麦粉荣获"中国名牌农产品"、"绿色食品"、"无公害农产品"、江苏省名牌产品、淮安市名牌产品称号，"新象"商标也被认定为江苏省著名商标和淮安市知名商标。

（五）扬州名佳食品有限公司

1. 企业概况

公司位于宝应县安宜工业园区，江苏宝应湖粮食物流中心内，东邻京沪高速，西依古老的京杭大运河及省道淮江公路，交通十分便捷。公司占地面积3.6万平方米，其中建筑面积2.5万平方米，资产总额9800万元，员工总数68人。

2. 公司规模

2009年底建成15万吨专用粉生产线，全套引进瑞士布勒设备，采用国际先进的PLC程序控制系统和中长粉路工艺。公司以生产小麦粉为主，并逐步开展全麦粉、小麦胚芽、营养食品和保健品研发、生产和销售。产品主要销往江、浙、沪、粤、琼、闽、深圳等地区。公司相继与上海麦德龙现购自运有限公司、上海清美绿色食品有限公司以及无锡市华顺民生食品有限公司（安井集团）等多个地区的知名厂商签署了战略合作和销售协议。市场占有率和产品质量在同行业中一直处于领先地位。

公司购进了德国布拉班德粉质仪、拉伸仪、降落值仪等国际最先进高档专用粉专用检验设备，和上海交通大学、江南大学、郑州食品工业学院等多家科研院所开展多方面合作，建立了公司产品研发中心，开发新产品数种，申报国家专利多项。

3. 经营理念

创中国名牌，铸百年名佳。展望未来，公司将进一步加快发展步伐，以奋发有为的斗志，努力把公司打造成技术领先、管理一流的绿色食品企业，成为中国食品制造业的"名佳"。

4. 企业荣誉

近年来，公司被授予全国放心粮油进农村进社区示范工程示范加工企业、中国诚信粮油企业称号。获得了江苏省著名商标、江苏省名牌产品、企业信用 AA 级、绿色食品 A 级产品、无公害农产品、国家级放心面等多项殊荣，产品先后通过了 ISO9001、ISO14001、OHSAS18000、ISO22000 认证。

三、油脂加工企业

（一）中粮东海粮油工业（张家港）有限公司

1. 企业概况

中粮东海是由世界 500 强企业——中粮集团有限公司联合新加坡 KENSPO 公司共同投资兴建的外商合资企业，是全球最大榨油基地、中国食品工业十强企业，也是"中国名牌产品"——"福临门"系列食用油的主要生产基地之一、全球最大的综合粮油食品加工基地之一、2010 年世博会米面油唯一指定生产企业。

公司成立于 1993 年 5 月，1997 年 8 月全面投产，总投资 2.28 亿美元，占地面积 1267 亩，主要从事大豆、小麦、大米加工以及油脂深加工项目，拥有榨油、精炼、饲料、小包装、面粉、大米、专用油脂、大豆磷脂等多个专业生产厂，生产"福临门"牌系列食用油、面粉及大米，"四海"牌豆粕，"四海"、"五湖"牌饲料等粮油产品，产品畅销全国，并出口韩国、日本、越南、马来西亚等国家。

2. 公司规模

东海粮油工业（张家港）有限公司自建成投产以来，各项事业得到了蓬勃、稳定的发展，已经成为全球规模最大、技术最先进的粮油综合性加工基地之一，"福临门"、"四海"牌系列粮油产品在广大用户中享有良好声誉。2009年，公司实现销售收入174.91亿元，上缴税收24.93亿元。自1995年投产至2009年12月，中粮东海已累计向国家上缴各类税收127.67亿元。

3. 企业荣誉

自2001年以来，公司顺利通过了ISO9001、ISO14001、ISO22000、HACCP、美国AIB、OHSMS18001等管理体系认证，主要产品荣获过"中国名牌产品"、"江苏名牌产品"等各种称号。中粮东海粮油已连续多年跻身于"中国最大的500家外商投资企业"、"中国企业500强"、"中国制造企业500强"、"中国食品工业企业十强"行列；2007年，荣获"全国粮食行业食品安全信用体系建设试点工作优秀试点企业"；2008年，荣获"2007～2008年度全国食品工业优秀龙头企业"称号。

（二）嘉吉粮油（南通）有限公司

1. 企业概况

嘉吉粮油（南通）有限公司是全球知名企业美国嘉吉公司在亚洲地区投资的最大单体工厂。成立于2004年9月，总占地面积252576平方米，其注册资本为11520万美元，总投资达20450万美元，主要从事开发、生产、销售以油籽为加工原料的蛋白饲料及相关产品，植物油的加工及销售，高性能淀粉涂料的开发、生产和销售，并从事上述产品所需原料的国内、国外采购，提供与上述产品有关的市场及技术咨询服务。

2. 公司规模

嘉吉粮油（南通）有限公司是代可可脂、起酥油等产品专业生产加工公司，拥有完整、科学的质量管理体系。嘉吉粮油（南通）有限公司属于嘉吉投资中国有限公司的精炼油亚太事业部，是一家国际性的集食品、农业、金融和工业产品以及服务于一体的供应商和营销者。嘉吉公司成立于1865年，作为全球最大的综合性农产品企业，在66个国家拥有13.1万名员工。嘉吉公司通过合作与创新来帮助客户取得成功，并承诺分享其全球化知识和经验来帮助应对各种经济，环境和社会挑战。

3. 经营理念

嘉吉公司在中国的业务发展起源于20世纪70年代。如今，嘉吉公司的足迹已经遍布中国大陆 22 个省市区，拥有 7000 多名员工，52 个营运点。在中国，嘉吉公司始终致力于成为中国农业产业升级的先行者、促进者农村发展和农民增收的坚定支持者和贡献者、食品安全的笃行者和促进者以及循环经济的创新者和示范者。嘉吉公司在中国的业务包括农产品贸易和加工、动物营养、动物蛋白、食品配料以及金融风险管理等行业。

4. 发展战略

嘉吉公司在棕榈油主产区马来西亚有 20 多年的棕榈油以及特种油脂行销经验，远销欧洲、美洲、中东、中亚以及东南亚等 77 个国家和地区。为了更好地服务中国本地市场，嘉吉在江苏南通建设了特种油脂生产线，运用先进的国外油脂生产技术，沿袭严格的食品安全管理标准，为客户提供一体化的解决方案。嘉吉特种油脂以月桂酸系列油脂、棕榈油和大豆油为原料，经过一系列工艺的精心加工，生产出符合食品以及工业客户对产品性能、口感、口味等特殊要求的油脂，主要应用的行业包括代可可脂巧克力、植脂奶油、植脂末、糖果和烘焙等行业。

（三）中储粮镇江粮油有限公司

1. 企业概况

中储粮镇江基地位于全国历史文化名城镇江市京口区谏壁镇，长江与京杭大运河在此交汇。基地由中储粮镇江粮油有限公司、中央储备粮镇江直属库、中储粮镇江粮油质量检测中心三个独立法人单位组成，其中公司成立于 2007 年 4 月，同年 8 月收购中盛粮油，直属库成立于 2009 年 6 月，质检中心成立于 2011 年 9 月，基地党委成立于 2009 年 6 月。坚持三家单位有效隔离、协调运转模式。

中国储备粮管理总公司（简称中储粮总公司）是经国务院批准组建的涉及国家安全和国民经济命脉的国有大型重要骨干企业。中储粮总公司受国务院委托，具体负责中央储备粮（含中央储备油，下同）的经营管理，同时接受国家委托执行粮油购销调存等调控任务，在国家宏观调控和监督管理下，实行自主经营、自负盈亏。中储粮总公司成立于 2000 年，注册资本 166.8 亿元。总公司在国家计划、财政中实行单列。总公司实行董事会制，董事长为公司法定代表人。截至 2015 年底，公司资产总额 11263 亿元，员工总数 4.4 万人，全年营业收入 1543 亿元，全年购销粮食 2.72 亿吨。

2. 公司规模

中储粮总公司实行两级法人、三级架构，总部位于北京，截至 2015 年底，已在全国设立 23 个分公司，人员、机构和业务覆盖全国 31 个省、自治区、直辖市，另有 4 家全资或控股二级子公司和 1 家科研院所。分公司根据总公司的授权委托，负责管理辖区内的中央储备粮和直属库。直属库作为第三级管理单位，是独立核算、自负盈亏的法人实体，其领导人员、财务和国有资产由总公司统一管理。截至2015年底，中储粮已将直属库整合到344家，整合后的直属库在区域内实行统一经营管理，其所属分库法人资格被取消。公司设营销、商务、储运、生产、品控等15个部门，主要为中央储备油脂油料轮换经营服务，接卸中转进口粮油，加工销售油脂油料，执行粮食宏观调控任务，维护粮油市场稳定；直属库设综合、仓储、业务、财务4个科室，主要承担政策性油脂油料的库存管理，按照"三个严格"要求，夯实"两个确保"基础，全面推进储备粮管理制度化、规范化、科学化和精细化；质检中心设3个部门，主要承担油脂公司系统中央储备油脂油料入库验收，质量普查及出库检验任务，并负责油脂油料新产品、新技术的研究和开发。

基地现有员工540人。经过七年努力，镇江基地已发展成为集仓储、物流、加工、贸易、质检、研发为一体的综合性油脂油料产业基地。拥有油脂油料仓储规模93万吨，其中油脂储备罐容20万吨、油料储备仓容40万吨、油脂中转加工罐容20万吨、粮食中转筒仓10万吨、油料加工配套仓容3万吨；油脂油料年加工能力196.5万吨，其中大豆加工能力94.5万吨、油脂加工能力72万吨、食用油灌装能力25万吨；拥有长江深水岸线720米，7万吨级粮油码头泊位2个，年吞吐能力680万吨。

3. 经营理念

中储粮自成立以来，始终坚持企业战略定位，坚决维护国家利益。坚持以"两个确保"为中心，不断筑牢企业安身立命之基；坚持服从服务于宏观调控，严格执行国家政策调控指令，维护国家利益；坚持从严治企、突出主业、强化基础、转型升级的要求，不断推动主业发展、集团管控、科技创新和经营模式创新；坚持"三个基本共识"，坚定不移推进市场化、企业化运作，努力做强做优；坚持党对企业的领导，强化政治和组织保障。

面向"十三五"和未来发展，中储粮在中央"四个全面"战略布局和"五位一体"总体布局指引下，贯彻"创新、协调、绿色、开放、共享"五大发展理念，以市场化手段完成政策性业务为战略基点，大力加强企业市场化、专业化运作能力建设，全面提升企业科学管理水平和内涵发展能力，着力打造新时期中储粮的金字招牌。

4. 发展战略

"备者，国之大命也"。中储粮具体负责中央储备粮的经营管理，始终坚持国家利益至上，做国家粮食宏观调控的忠实执行者，做服务国家粮食安全的最可靠力量。面对复杂多变的国家粮食安全新形势，中储粮不断完善三级架构垂直管理体系功能，全面落实国家下达的粮食调控任务，认真执行国家有关政策，搞好储备轮换吞吐调节，促进粮食供求基本平衡和价格基本稳定，不断提升服务国家粮食安全的能力和水平。多年实践证明，中储粮在国家粮食宏观调控中的主力军作用不可替代。

5. 企业荣誉

先后获得"江苏省食品行业优秀企业"、"农业产业化省级重点龙头企业"、"江苏省诚信管理示范企业"、"江苏省模范劳动关系和谐企业"等荣誉称号。随着产业体系的进一步完善，各项业务的进一步拓展，镇江基地必将为服务国家粮油市场宏观调控和促进地方经济发展做出更大的贡献。

（四）金太阳粮油股份有限公司

1. 企业概况

金太阳粮油股份有限公司始建于 1949 年，是一家与中华人民共和国同龄的民族传统粮油加工企业，69 年来专业专注健康高端油脂生产、研发。集团总部坐落在集"黄金海岸、黄金水道"于一身的我国沿海首批开放城市、"中国近代第一城"——南通市中心位置。

2. 公司规模

公司是华东地区开发最早、品种最全、质量最优的非转基因保健特色油品基地，国内民营企业中葵花籽油产销量名列前茅。

3. 经营理念

销售网络覆盖整个华东地区，成功开发经销商 300 余家、超市卖场 5000 家，葵王营销团队有 400 余人，拓展销售为其同一目标。

4. 企业荣誉

国家农业综合开发重点龙头企业、江苏省农业产业重点龙头企业；中国食用油加工企业 50 强、全国葵花籽油加工企业 10 强、全国玉米油加工企业 10 强；全国粮油加工示范企业、中国粮食行业协会 AAA 级信用企业；国家计委颁发的国家设备管理金奖；"葵王"、"金太阳"食用植物油被认定为江苏名牌产品；"葵王"牌葵花籽油全国葵花籽油知名品牌；"葵王"、"金太阳"商标被认定为江苏省著名商标；"葵王"获得国际 IEOE 食用油产业博览会金奖。

（五）江苏佳丰粮油工业有限公司

1. 企业概况

江苏佳丰粮油工业有限公司位于麋鹿的故乡大丰市，公司成立于 2000 年，系民营企业。拥有固定资产 10000 万元，公司加工能力 300 吨、400 吨原料的压榨厂各一座。公司地址：大丰市经济开发区西康南路 26 号。东临国家一级口岸——大丰港，西邻 204 国道、国家沿海高速公路和新长铁路，水陆交通十分便捷，公司占地面积 50000 平方米，建筑面积 28000 平方米，现有固定资产 9800 万元，净资产 7600 万元，注册资本 1008 万元，员工 256 人，是一个集菜籽、棉籽收购、加工、销售于一体的省级龙头企业。

2. 公司规模

江苏佳丰粮油工业有限公司（原大丰市佳丰油脂有限责任公司）占地面积 165 亩，建筑面积 26000 平方米。拥有塑料包装厂、原料压榨厂、色拉油精炼厂、包装油中心及 7 万吨国储油库。2004 年成为省级农业产业化龙头企业，是一个集农业示范种植，全产业链植物油加工及销售、国际贸易，国家食用油储备以及科研创新四位一体的农业产业化企业，是全国粮油加工前 50 强企业，综合规模居盐城市同行业前列。

公司于 2003 年取得了 QS 生产许可证，2006 年取得了食品包装 QS 生产许可证，2010 年 3 月通过 ISO9001 质量管理体系认证和 ISO22000 质量安全体系认证。"恒喜"牌一级油、高级烹调油被盐城市消费者协会评为"推荐商品"，"恒喜"牌商标 2005 年度被评为"盐城市知名商标"名牌产品。2008 年"恒喜"牌一级食用油被省民委认定为"清真食品"，公司被认定为"清真食品基本供应点"。

2011 年，"恒喜"牌食用油商标被江苏省工商局评为著名商标，2014 年"恒喜"牌商标被国家工商总局商标总局认定为中国驰名商标。由于公司狠抓产品质量管理和品牌的创建，公司的销售网点遍及全国 30 多个省市区。公司的生产、经营销售额也从原来的 1.5 亿元增加到 10 多亿元，利税从 1000 多万元增加到 3000 多万元。产品所到之处得到了广大消费者的认同和赞许。公司成立 10 多年来产品质量安全实现了零投诉，用诚信和高度的责任感让广大消费者吃上了放心的食用油。

3. 经营理念

公司以油菜籽示范种植带动农民增收致富为立足之根，拥有农场 3 个，油菜籽专业合作社 4 个，订单农户 7 万余户，油料种植基地 20 余万亩，另外，公司光明集团下属的海丰农场、跃进农场联合种植面积达 5 万余亩。先后与盐城农科院、江苏农业大学合作，共同研发具有出油率高、产量高、芥酸低、适应盐土大地种植等特点的盐杂 3 号新品，为农业产业结构调整和农民增收做出应有的贡献。

公司以品牌建设和优质生产加工为立足之本，先后通过国家 ISO9001 质量管理体系认证和 ISO22000 质量安全管理体系认证，恒喜牌食用油产品自投放市场以来 10 多年无一质量管理投诉，恒喜牌商标先后获得盐城市知名商标、江苏省著名商标、中国驰名商标，恒喜牌食用油被国家评定为绿色食品。

4. 发展战略

公司以科技创新为企业发展的动力，近年来先后与江苏大学、江南大学、江苏工业大学、中国农业大学、浙江工业大学等 10 多所高等院校建立合作关系，先后承担科技研发项目 2 个，江苏省科技研发项目 5 个、重大成果转化项目 2 个，先后建成市级科技研发中心 3 个，申报被国家受理的发明专利 3 个，授权实用型专利 6 个，发表论文 10 多篇，非转基因油菜籽加工技术荣获部级科技进步三等奖。

5. 企业荣誉

公司先后获得江苏省农业产业化重点龙头企业、全国少数民族特需商品定点生产企业、全国粮油加工 50 强企业、国家诚信粮油企业、全国 AAA 级信用企业、国家放心粮油示范加工企业、全国油菜籽收购加工二十强企业、江苏省民营科技企业、江苏省农业科技型企业、江苏省农业龙头"五个一"示范创建先进企业、盐城市质量安全先进企业、盐城市龙头企业提升工程实施单位、大丰市重点民营企业称号。

公司先后被江苏省人民政府授予"江苏省农业产业化重点龙头企业"、"江苏省清真食品基本供应点"称号，被盐城市人民政府授予"盐城市光彩之星"、"盐城市重点企业"、"诚信企业"、"盐城市优秀私营企业"、"盐城市二星级企业"、"盐城市重点龙头企业"称号，被大丰市人民政府授予"优秀私营企业"称号。2009 年，公司被国家民委、中国人民银行、国家财政部联合审定为"全国少数民族特许商品定点生产企业"。2010 年公司被评为"全国食用植物油加工 50 强企业"、全国油菜籽收购加工二十强企业；被盐城市政府表彰为"先进农业产业化重点龙头企业"、"粮食产业化经营先进企业"。2011 年，公司获邀参加"中国粮油财富论坛暨颁奖盛典"，荣获了"中国百家粮食企业"称号。

四、粮油机械制造企业

（一）牧羊集团有限公司

1. 企业概况

江苏牧羊集团有限公司创建于 1967 年，是国家最早定点生产粮食饲料机械的企业，公司总部现坐落于中国历史文化名城——江苏省扬州市。经过 40 余年的发展壮大，牧羊集团现已成长为集饲料机械与工程、粮食机械与工程、环保设备与工程、食品机械与工程、仓储工程、钢结构工程、自动化控制技术与工程等产品研发与制造、工程设计与安装为一体的著名企业集团。

牧羊集团先后获得国家重点高新技术企业、中国企业管理特殊贡献奖、中国科技名牌500强等荣誉，是行业内唯一同时拥有"中国驰名商标"和"中国名牌"的企业，也是唯一两次获得"国家科技进步奖二等奖"的企业。2008年，全国饲料机械标准化技术委员会更是落户在牧羊集团。

2010年，牧羊集团销售收入同比增长30.11%，新签合同同比增长41.35%，产值超30亿元，在饲料机械行业中位列中国第一、世界第二；产品行销全球81个国家和地区，饲料机械出口连续五年占据全国饲料机械出口总量的60%以上。

2. 公司规模

作为中国第一批饲料机械生产厂家，牧羊集团高举振兴民族工业的旗帜，致力于改变中国农机装备业落后的国际形象，专注于打造中国民族自有品牌，坚持创新驱动，坚持"国际化"、"全球化"之路，为构建农业现代化的广厦添砖加瓦。牧羊集团已经在俄罗斯、巴西、印度等15个国家成立了办事处，将销售、技术和服务建立在离客户最近的地方；牧羊集团每年在世界各地召开各类技术研讨会20余场、参加国际展览会40多场，依靠在产品研发、技术水平上的过硬内功，在全球客户心目中树立起了全球领先的品牌形象，部分产品的性能达到了世界领先水平；公司还在全球聘请外籍员工25名，有50多家代理商为牧羊集团服务；全球排名前10位的饲料供应商，有6家与牧羊集团建立起了良好的合作关系。

到2015年，牧羊集团借助资本市场的力量，实现饲料机械全球市场占有率达到25%以上，成为该领域的全球第一品牌；在全球设立办事处50家，成立8大分公司，设立饲料机械研究院1家；有15%的外籍员工，服务牧羊集团全球客户；国际销售占集团总体收入的50%以上，推动中国饲料业角逐国际市场。

3. 经营理念

牧羊集团以其特有的企业文化，为人才创造良好的成长环境和事业发展空间。公司在人才的招聘、选拔、培养、激励约束、考核等方面不断开拓创新，大力构筑人才高地，逐步建立起科学的人力资源管理体系。牧羊集团提出"不拘一格用人才"，大力推行"公开、平等、竞争、择优"的用人机制，无论在何种岗位，只要能发挥出潜能才智，只要有真才实学，就可能成为公司重用的人才。公司已经形成了敬人敬业、公平竞争、尊重知识、尊重人才的良好氛围，使每一位有能力、有事业心的员工都能施展才华，实现抱负。

4. 发展战略

牧羊集团围绕"低碳、环保、节能、智能"，以全球66亿人的食品安全为己任，致力于实现产品创新向系统创新的转变，助推"江苏创造"乃至"中国智造"登上国际舞台，提高世界竞争力。通过技术入股、消化吸收、技术买卖等方式，将进一步把技术优势打造成为牧羊集团的核心优势。公司通过与世界 500 强合作，成功跻身中国隧道钢模厂商三强之一，将世界 500 强企业的汽车库技术引进牧羊集团；公司与美国的知名公司正展开合作，把世界领先的饲料厂控制技术引进牧羊集团，实现智能化操作，从而大幅提高饲料厂的控制水平，推动中国饲料业达到国际一流水平。

5. 企业荣誉

公司获得中国粮油学会科学技术奖三等奖、国家火炬计划产业化示范项目国家博士后科研工作站、国家饲料加工装备工程技术研究中心江苏省企业技术创新奖、2012 年度江苏省科学进步奖、2011 年度畜牧机械行业十强企业、中国优秀民营企业先进单位、中国粮油学会科学技术奖等荣誉。

（二）江苏正昌集团有限公司

1. 企业概况

江苏正昌集团是以饲料工业为主体的饲料机械加工设备和整厂工程制造商。公司成立于 1918 年，至今已有 90 多年历史。集团现有员工 1300 余人，下属 16 个分支企业，海内外 30 多家服务公司。

2. 公司规模

正昌集团以为客户创造价值为企业核心理念，朝着国际化、现代化方向快速发展。江苏正昌集团有限公司已全面通过 ISO9001 国际质量体系认证、ISO14001 环境管理体系认证、欧洲 CE 认证和俄罗斯 GSOT－R 认证，业务遍及东南亚、中东、非洲、欧洲、大洋洲、南美洲的 80 多个国家和地区。正昌集团已拥有 6000 多家制粒机用户，7000 多台（套）制粒机广泛运用于世界各地，在国内外已完成 2200 余座整厂工程项目，项目涉及饲料机械成套设备、仓储、干燥成套设备、牛羊饲料成套设备、秸秆再生能源成套设备、农副产品综合利用、整体养殖、繁育项目、禽肉食品加工、复混肥工程成套项目、垃圾处理环境工程项目等领域。正昌集团在农业产业化综合开发方面积累了丰富经验。

正昌集团将成为世界一流的粮、油、饲料机械制造与农业产业化工程公司的代名词，努力提高人类的生活水准，成为客户稳定、可靠、持久、值得信赖的合作伙伴，为客户创造价值，为员工创造机会。

3. 经营理念

随着产品技术和质量的不断提升，正昌牌系列产品和成套工程已覆盖全国各省、市、自治区，并远销 40 多个国家和地区。正昌集团现已拥有 5000 多家制粒机用户，7000 多台

（套）各类专业制粒机，承建各类工程 2200 多座，工程项目涉及畜禽饲料，水产饲料及特种水产饲料、宠物饲料、牧草饲料、预混合饲料、浓缩饲料、酶蛋白生物饲料、啤酒花颗粒生产线、复混肥、物料仓储等。

正昌人以"做正昌精品，创世界名牌，一切工作为了客户满意，主导产品达到国际先进水平，创造三优正昌"为质量目标，以"为客户创造价值"来衡量员工的工作质量，全面实施正昌制粒机、粉碎机的升级服务工作，实现"提高饲料加工产量，提升饲料品质，降低加工能耗"的目标，体现出为客户创造价值的宗旨，以高品质的产品质量和高品位的服务质量赢得客户的满意，全力打造饲料机械行业服务型供应商的企业形象，力争为社会经济和饲料工业的发展作出更大贡献。

4. 企业荣誉

正昌集团致力于世界一流的饲料机械与工程产品的发展，通过多年的努力，已累计开发 300 余种新产品，其中国家级重点新产品 18 种，省高新技术产品 35 种，国家级火炬项目 5 种，省级火炬项目 3 种，获得国家专利 177 项。近几年来企业先后被授予"江苏省质量管理奖"、"江苏省知识产权先进企业"、"国家重点高新技术企业"、"全国重信用守合同企业"、"全国三十强饲料企业"等多项荣誉称号。

（三）迈安德集团有限公司

1. 企业概况

迈安德集团有限公司坐落于中国历史文化名城——扬州市，是油脂设备与工程、淀粉设备与工程、发酵设备与工程、节能蒸发设备与工程等领域的专业公司。集团是国家高新技术企业，拥有国家级"博士后科研工作站"及"江苏省油脂淀粉过程装备工程技术研究中心"，具有压力容器制造资质，通过了 ISO9001 质量管理体系认证、ISO14000 环境管理体系认证、ISO18000 职业安全卫生管理体系认证、ASME 论证、欧洲 CE 认证。

2. 公司规模

公司拥有机械设计与制造、油脂工艺、淀粉及淀粉糖、发酵工艺、节能蒸发工艺、自动化控制、土建设计、三维设计、计算机应用等各类专业技术人才近八百人，具有强大的产品研发能力和工艺设计能力。公司拥有 8 万平方米的现代化厂房，列入江苏省重点项目投资近 10 亿元的大型智能制造项目于 2015 年投入运行。公司拥有智能立体仓库、焊接机器人、激光切割机、大型五轴加工中心、数控卧式车床、数控钻床、数控铣床以及多条专用制造、装配线；PDM、ERP、CRM、OA 等先进完善的信息化管理手段得到广泛应用。

3. 企业荣誉

迈安德荣获"全国粮油优秀科技创新型企业"、"中国粮油机械企业 10 强"及"扬州市劳动保障诚信示范单位"等多项荣誉。

（四）布勒（无锡）商业有限公司

1. 企业概况

瑞士布勒集团成立于 1860 年，总部设在乌兹维尔。经过 140 年的发展，布勒集团已成为粮食加工、化工加工工程和金属压铸等领域的全球领导者，提供高效的生产设备、完善的工程解决方案。目前布勒集团业务遍及 140 多个国家，在全球拥有 10600 名员工，2014 年，布勒集团销售额达到 23 亿瑞士法郎。1994 年，无锡布勒机械制造有限公司成立，其为布勒集团与无锡粮食机械厂合资 1700 万美元兴建的国内最大的制粉机械和饲料机械生产制造企业。这是布勒集团继瑞士和德国之后的全球第三大生产基地。公司主要产品包括制粉、饲料、碾米、压铸和其他设备。

2002 年布勒（中国）在无锡成立，负责布勒集团在中国境内的产品销售和服务，并参与产品研发，为成套工程提供全套设备。同时，布勒公司成功收购了深圳布勒中方股东的全部股权，使之转为布勒公司的独资企业。自此，布勒集团在国内的产品制造由无锡布勒和深圳布勒来完成，销售由布勒（中国）集中来实现。

2005 年 3 月，布勒集团压铸有限公司中国生产基地在江苏无锡投产。组装生产 EvolutionB 机型压铸机，以满足中国市场对结构复杂、表面质量要求高的新铸件（如镁合金汽车零部件、手机外壳、笔记本电脑外壳等）开发需要。

2. 公司规模

2008 年底，根据无锡市政府的发展规划，考虑到布勒在中国的业务发展和客户对布勒产品的需求日益增长，为了积极响应市政府"退城进园"的号召，无锡布勒将从南长街 701 号搬迁到无锡高新技术开发区。新厂区占地面积 10 万平方米，建筑面积近 7 万平方米。无锡布勒将此次搬迁当作一次有利于今后发展的新机遇。公司将通过这次企业搬迁，结合产品结构调整和技术改造，扩大投资规模，优化生产布局，淘汰落后工艺和设备，提升企业的综合竞争能力，寻求更大、更快、更好的发展。迁到新址后，布勒设备工程（无锡）有限公司、无锡布勒机械制造有限公司将成为瑞士布勒集团中国总部，亚太地区的生产基地，同时也是在中国的研发中心、销售服务中心和培训中心。

布勒（中国）投资有限公司于 2011 年初由布勒集团注册 3000 万美元在无锡新区成立，负责布勒集团在亚太地区市场的所有销售，管理布勒在亚太地区投资的所有企业，并代表总部行使在亚太地区直接投资的职能，成为布勒在亚太地区的区域总部。

3. 发展战略

（1）加强干部职工培养培训。建立以需求为导向的人才培养培训机制，继续开展

"双学、双强、双比"活动，加快知识更新，增加知识储备，不断提高经营管理水平，增强驾驭市场经济的能力。同时健全机关、基层企业经营管理人员交流、轮岗机制，为培育复合型、实用型人才奠定基础。

（2）突出专业人才引进重点。要重点培养一批熟悉粮食经营和现代企业管理的人才，逐步建立职业经理人队伍，提高粮食企业经营管理水平。要始终着眼于增强自主创新能力，有针对性地引进紧缺人才和高层次人才，重点引进国内外现代物流、产业化、信息、检测等方面的相关专业管理人才，进一步提升无锡市粮食物流企业管理水平。

（3）创新人才使用配置机制。要切实完善人才选拔、使用和管理方面的机制和制度，通过采取激励、约束双重管理办法，有针对性地吸引集聚各类人才，建立人才进出的"绿色通道"，努力做到科学配置人才，合理使用人才，有效激励人才，形成"能上能下，能进能出"的人才使用配置新机制。

（五）佐竹机械（苏州）有限公司

1. 企业概况

佐竹机械（苏州）有限公司是日本株式会社·佐竹制作所在中国苏州设立的独资企业。公司于1998年11月正式投产，专门生产各类碾米和制粉机械设备。

2. 公司规模

佐竹机械（苏州）有限公司自1998年投产以来，产品已覆盖中国4/5的地区，在华东、华南、华中、西北、华北的30多个省、自治区、直辖市拥有上千家客户，提供设备数千台，为中国的粮食产品打入国际市场提供了强有力的保证，信誉卓著。自1999年开始，佐竹小麦脱皮技术和制粉设备已在国内的知名厂家得到应用，它独特的技术优势得到制粉专家及用户的广泛认可。

3. 发展战略

佐竹公司是世界著名的粮机制造商，是稻米、制粉加工机械及干燥机械等设备的专业制造厂家，已有一个多世纪的历史，在谷物加工方面的科学研究及技术水平处于领先地位，其产品畅销世界130多个国家。佐竹机械（苏州）有限公司生产的适应多种碾米工艺所需的机械设备，已在中国国内粮食加工行业得到充分肯定。佐竹机械（苏州）有限公司在为米厂、粉厂提供佐竹成套设备的同时，还为客户提供制米、制粉工艺设计、设备安装、调试、售后、技术培训及充足的备品备件等一整套技术服务。

第十一章　重点粮食品牌

一、全省与地区粮食品牌总体概况

（一）全省粮食品牌总体概况

江苏省作为全国重要的商品粮生产基地，自古以来就是中国的主要的粮食生产区，得天独厚的耕地资源与优越的水资源成就了江苏省全国粮食生产大省的地位，江苏省每年生产出的粮食不但可以自给自足，还可以供给全国其他地区，甚至出口。江苏的这种地理特点对江苏农业经济的发展至关重要。而品牌化是推进农业粮食行业供给侧结构性改革的必由之路，也是推动粮食产业转型升级，实现企业增效、农民增收的重要抓手。企业是粮食品牌建设的主体，粮食品牌化建设，要依托一些大型粮食加工企业，带动粮食基地建设，促进粮食产业发展。

随着粮食企业品牌意识逐渐增强，江苏省一些企业专注于打造企业品牌。全省共建立了424个企业品牌，其中国有控股企业29个，占6.8%，内资非国有企业310个，占73.1%，港澳台商及外商投资企业27个，占6.3%。主要的产品品牌包括小麦粉、大米、使用植物油、杂粮及薯类以及挂面等。其中小麦粉、大米和食用植物油居多，小麦粉拥有100个产品品牌，大米拥有222个产品品牌，食用植物油拥有87个产品品牌。在这些产品品牌中，34个小麦粉品牌获得"驰名商标"称号，104个大米品牌获得"著名商标"称号，139个食用植物油品牌获得"知名商标"称号，有3个杂粮及薯类品牌属于"中华老字号"。如表11-1所示。

表 11 – 1　江苏省产品品牌和商标数量情况

产品品牌		商标	
主要产品	数量（个）	类型	数量（个）
小麦粉	100	驰名商标	34
大米	222	著名商标	104
食用植物油	87	知名商标	139
杂粮及薯类	13	中华老字号	3
挂面	17	普通商标	172

江苏省粮食产业化品牌带动和支撑作用明显，品牌企业行业聚集度逐步提高。各级企业加大技术改造，提高行业集中度。例如，目前已形成以江苏丹阳和金坛地区为中心的苏南面粉加工群和以苏三零集团为龙头的苏中面粉加工群，以高邮、宝应为中心的里下河地区稻米加工群，以张家港东海、南通宝港为龙头的沿江油脂加工群，以及以南通和里下河地区为龙头的双低油菜加工群。在市场经济体制中，企业一般需建立良好的商品品牌知名度，增加产品影响力，来拓展消费市场，招揽消费者，增加市场占有比例，以此收获更多的利润。企业商品品牌不但是一个企业的符号，更代表整个企业生产的商品的质量，以及在消费者中的实用性水平。江苏省应不断挖掘商品品牌的市场形象，增加消费者的信心，保证为消费者提供良好的物质与精神服务。无数事实证明，良好的品牌战略能够增加消费者的信息与产品印象，在相同的产品质量前提下获取最大化的市场利润。

（二）地区粮食品牌概况

近年来，江苏粮食主产区也开始致力于打造区域性的粮油品牌。例如江苏农垦米业集团有限公司是华东地区综合实力比较强的大米加工企业，公司培育出了"苏垦"宝金玉、富硒米、有机米、真好吃、水谷原、泰舒清风等系列多个单品，满足了市场上不同消费者的需求。品牌建设是公司一直保持健康持续稳定发展最重要原因。品牌不仅仅是一张名片，也不仅仅是简单的产品，更要重视品牌特质。为进一步提升粮食产业化经营水平，近期，江苏省出台了一系列发展措施：每年发布一次粮食行业品牌企业排行榜；通过招商引资力争引进一批具有科技性和深加工的粮油及食品类的项目；培植一批工商联合型的大企业；引导企业充分利用优势品牌，依靠科技进步，走规模联合之路；每个县、每个市可以先搞些试点，促进工商联合，把企业做强做大。

江苏省共辖 1 个副省级城市（南京，辖 11 个市辖区）、12 个地级市（45 个市辖区），各市积极建立企业品牌，共建立了 424 个企业品牌。从图 1 企业品牌数量上可以看出，淮安、南通、镇江、苏州等地建立了较多的企业知名品牌。其中，淮安居多，建立了 101 个企业品牌，占江苏省的 23.82%。淮安共打造产品地理标志证明商标 116 个，数量居全国地级市首位，带动优质稻米基地扩展到 227 万亩，占全市水稻面积的五成以上，优质蔬菜种植面积达 148 万亩，高品质农产品生产供给能力有效提升。淮安推动水稻种植、育秧、仓储和大米加工、销售等 21 个龙头企业组建"淮安大米产业联盟"，实现优良品种、种植模式、收储加工、质量标准、形象包装和对外宣传"六个统一"，年产"淮安大米"76 万吨，每年为稻农增收 3 亿元。而无锡比较少，只有 5 个企业品牌，占江苏省的 1.2%。

图 11-1 是江苏省各市建立企业品牌的主要类型，主要有国有及国有控股企业、内资非国有企业、港澳台商及外商企业三种类型。这三种类型的企业在江苏省各个地区分布差异化明显，主要以内资非国有企业为主。其中，淮安居多，建立了 92 家内资非国有企业；宿迁和徐州相对较多，分别是 38 家和 24 家。

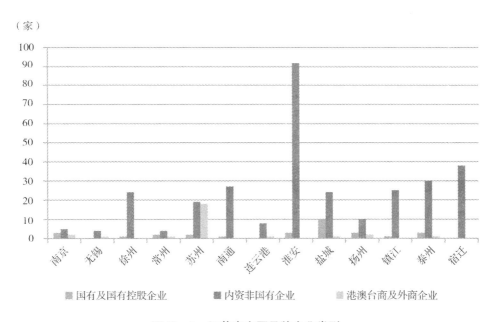

图 11-1 江苏省主要品牌企业类型

图 11-2 显示了江苏省的主要产品品牌，包括大米、小麦粉、食用植物油、杂粮及薯类以及挂面等。江苏省的产品品牌主要以大米、小麦粉和食用植物油为主，大米品牌在淮安市最多，有 75 个品牌，在无锡只有 2 个品牌。小麦粉品牌在徐州较多，在常州只有 1 个品牌。食用植物油品牌在南通最多，有 27 个品牌，而在常州只有 1 个。

图 11-3 是江苏省各市的商标获得情况。淮安市的商标获得情况在江苏省最为突出，驰名商标有 3 个，著名商标有 22 个，知名商标有 55 个，普通商标有 25 个，在江苏省商标品牌中居首位。苏州、南通、镇江、泰州、宿迁的商标获得数量基本持平。无锡省获得著

名商标 3 个，中华老字号和普通商标各有 1 个，获得商标的数量较少。无锡市应该加大品牌意识，通过品牌建设促进企业发展。

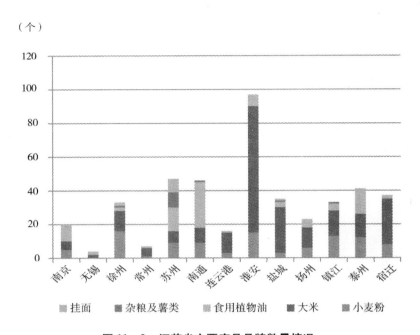

图 11－2　江苏省主要产品品牌数量情况

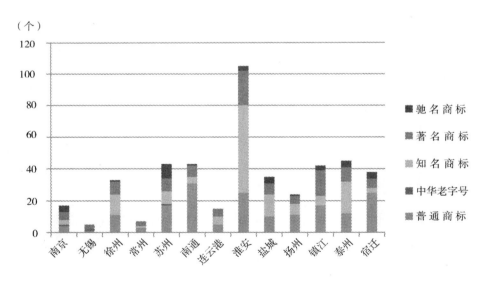

图 11－3　江苏省商标荣誉获得情况

二、具体行业重点粮食品牌

品牌建设对粮食产业发展至关重要。近年来，江苏省作为粮食主产区开始致力于打造区域性粮食品牌，这些区域性粮食品牌发展潜力巨大，往往与区域内的企业品牌相结合，能够有效带动粮食产业发展。江苏省重点粮食品牌主要包括大米、小麦粉、食用植物油、挂面、杂粮等主营业务产品品牌，由于部分产品品牌数量较多，本节中重点粮食品牌筛选标准如下：根据江苏省粮食局 2017 年报国家粮食局的粮食品牌报表，首先按照主营业务产品的类型进行六大类（大米、小麦粉类、食用油类、挂面类、杂粮类、其他类）的品牌划分，接着根据该大类各品牌的销售额选择品牌（见表 11 - 2）。

表 11 - 2　重点粮食品牌信息简略表

主营业务产品	产品品牌名称	企业性质	商标类型	企业名称	销售额（万元）	产品认证	所在地区
大米	射阳	内资非国有企业	驰名商标	盐城市爱民米业有限公司	167600	ISO9001 质量体系认证、ISO14001 环境体系认证、HACCP 食品安全管理体系	盐城
	湫湖	国有控股企业	驰名商标、著名商标	南京沙塘庵粮油实业有限公司	56072	无公害、绿色、ISO9001 认证	南京
	苏垦	国有企业	普通商标	江苏省农垦米业集团洪泽有限公司	12000	三标一体认证	淮安
	远望	内资非国有企业	驰名商标、省著名商标	南京远望富硒农产品有限责任公司	35000	无公害、绿色、ISO9001 认证、HACCP 食品安全管理体系认证	南京
小麦粉	南山	内资非国有企业	中国驰名商标	江苏省银河面粉有限公司	300000	ISO9001 认证、IS14001 认证、OHSA18001 认证、ISO20002 认证	南通
	华升	内资非国有企业	知名商标	江苏华升面粉有限公司	65655	HACCP 食品安全管理体系认证	徐州

主营业务产品	产品品牌名称	企业性质	商标类型	企业名称	销售额（万元）	产品认证	所在地区
小麦粉	五得利	内资非国有企业	驰名商标	五得利集团宿迁面粉有限公司	182820	ISO9001 认证	宿迁
	宝粮	国有及国有控股企业	著名商标、知名商标	江苏宝粮控股集团	125000		扬州
食用油类	仪花	港澳台商及外商企业	著名商标、知名商标	征方顺粮油工业有限公司	237192		扬州
	家惠	内资非国有企业	著名商标	江苏省海安家惠油脂有限公司	214759	FSSC22000 认证、ISO9000 认证	南通
	豆维家	外商企业	著名商标	邦基（南京）粮油有限公司	240496	ISO9001 质量管理体系认证、ISO22000 食品安全管理体系认证、FSSC22000 食品安全体系认证	南京
	鲁花	内资非国有企业	中国驰名商标	新沂鲁花浓香花生油有限公司	150110	LB – 10 – 1612107093A、绿色食品	徐州
	恒喜	内资非国有企业	中国驰名商标	江苏佳丰粮油工业有限公司	153056	绿色食品	盐城
挂面类	龙嫂	内资非国有企业	驰名商标	江苏龙嫂绿色食品有限公司	67000	QS、ISO9001、HACCP 等质量体系认证	宿迁
	海悦	内资非国有企业	驰名商标	江苏海悦实业有限公司	37869	无公害产品、HACCP 食品安全管理体系认证	南京
	蓝匙	外资企业	驰名商标	益海嘉里（昆山）食品工业有限公司	35075	ISO9001 认证、ISO22000 认证	苏州
	云雪	内资非国有企业	著名商标	江苏云雪粮油科技实业有限公司	31986	绿色食品、无公害产品、ISO9001 认证、ISO22000 认证	徐州

续表

主营业务产品	产品品牌名称	企业性质	商标类型	企业名称	销售额（万元）	产品认证	所在地区
杂粮类	绿庄	内资非国有企业	普通商标	徐州绿庄园食品有限公司	1400	HACCP 食品安全管理体系认证	徐州
	几百粒	内资非国有企业	著名商标、知名商标	江苏几百粒食品股份有限公司	12544.74	ISO9001 认证、ISO22000 认证	盐城
	淘豆、乐此	民营企业	著名商标	苏州优尔食品有限公司	8280	ISO9001 认证、ISO22000 认证、BRC 认证、IFS 认证	苏州
	田雀	内资非国有企业	普通商标	江苏永油经营集团有限公司	14100	通过 ISO22000 与 ISO9000 食品安全／卫生管理体系认证	南通
其他类	沙洲优黄	民营企业	驰名商标	江苏张家港酿酒有限公司	62637	HACCP 食品安全管理体系认证	苏州
	老相食	民营企业	驰名商标、著名商标、知名商标	苏州金记食品有限公司	22610	ISO9001、ISO22000、ISO14001 食品质量、安全和环境管理体系认证	苏州
	四季红	内资非国有企业	普通商标	江苏金洲粮油食品有限公司	201897	FSSC22000 认证、ISO22000 认证	南通
	葵王	内资非国有企业	著名商标	江苏金太阳油脂有限公司	138000	ISO9001：2008 国际质量管理体系认证	南通
	恒顺	有限责任公司	驰名商标	江苏恒顺调味品有限公司	126405	三标一体认证	镇江

（一）大米类

1. 射阳

（1）品牌历史。射阳大米是盐城市爱民米业有限公司的品牌。盐城市爱民米业有限公司创建于 2002 年 7 月，地处黄海之滨盐城市的东北部，距射阳县城北 15 公里的千秋镇，南临射阳河、东接陈李线，随着沿海高速苏通大桥的贯通，爱民米业已融入上海 2.5 小时的交通辐射圈，水陆交通十分便利。

（2）产销情况。通过产销链接，推动"订单农业"的发育，合同收购、生产基地、稻米生产合作社等形式的产业化机制得到较快成长，为企业生产提供了原料保障，也稳定地提高了粮农收益。在组织企业向上海、苏州等长三角地区批发市场供货的同时，推动了企业产品进超市，公司多个产品进入国内外十多家知名超市。

（3）品牌荣誉。产品先后被评为"全国放心米"、"国家免检产品"、"中国名牌产品"、"江苏省名牌产品"、"江苏省无公害农产品"、"上海市无投诉产品"等。2016年，射阳大米被授予"中国十大大米区域公用品牌"称号。

（4）品牌战略。公司注册了全国首家以县级以上地理标志名称的"射阳大米"商标，在全国产生很大影响，射阳大米由模糊的产品概念转化为商品品牌，使射阳大米产业的发展进入了一个新阶段。同时，射阳大米包装的一统化、标准化、系列化，帮助企业参加全国、省放心米评审，取得7个中粮协，6个江苏省、上海市"放心米"品牌。先后在上海、南京、苏州等地举办六次大米品尝、经贸洽谈、新闻发布会，推动了射阳大米品牌战略的实施。协会不定期刊发《射阳大米》内刊，十多篇稿件被《人民日报》、《中国稻米》、《江苏粮食研究》、《碾米工业》刊用，提高了射阳大米的知名度。

2. 湫湖

（1）品牌历史。"湫湖"是南京沙塘庵粮油实业有限公司粮油品牌。该企业成立于2000年，是一家集粮食收购、储存、加工、交易为一体的省重点农业龙头企业。2003年，该企业在商标申报的45个类别中，成功申请注册了第30类的"米、谷类制品、面粉、生糯粉、糕点用粉、玉米（磨过的）"的"湫湖"商标。商标由中文"湫湖"和"稻穗、帆船、石臼湖、水、蓝天、白云"的图形组合而成，勾勒出一副江南渔民泛舟湖上打鱼、悠闲惬意、稻香鱼肥的景象。寓意秋天美丽的石臼湖旁一片金色，硕果累累，"湫湖"牌大米是出自纯净、绿色、良好生态环境的安全、无污染食品，能给人们带来蓬勃的生命力。

（2）产销情况。"湫湖"产品以大米为主，主打武运粳米，另有一部分籼米和少量南粳46号，武运粳米占80%。这种米口感柔软，粘性介于南粳46号与籼米之间，没有南粳46号的糖分高，又比籼米松软，价格却比南粳46号便宜一半，很受市场欢迎。公司大米年销量21万吨，远销广东、浙江、上海等20多个省市区，销售额约6.5亿元，占公司销售总额的一半。

（3）品牌荣誉。南京沙塘庵粮油实业有限公司是全国大米加工行业"50强"企业、全国食品工业优秀龙头企业，承担市级粮食储备5000吨的任务。此次，"湫湖"大米凭借其广泛的知名度和认可度，成功被认定为驰名商标，成为溧水区唯一的农产品类驰名商标。"湫湖"牌大米获国家农业部授予"无公害大米"称号。

（4）品牌战略。为了确保企业更好、更快地发展，企业确立了多元化发展战略，即从原以大米加工为主，向粮食储存、加工、运输、贸易一体化的现代化粮食物流企业发展，向副产品加工利用的节约型企业发展，向以新品开发为主的科技型企业发展。增强粮食储备功能，加大优质粮基地建设，加大粮油技术服务中心建设，建立商务信息平台，实施品牌发展战略，积极做好有机认证和中国驰名商标申报，提升企业运营效率。

3. 远望

（1）品牌历史。"远望"是南京远望富硒农产品有限责任公司的品牌。我国是一个缺硒国家，人均日摄硒量 27.2 微克，大大低于世卫组织公布的 50～270 微克的健康标准。基于这种现状，公司研制开发了"远望牌"富硒大米这一产品。食用富硒大米给人体补硒是最经济、安全有效的方式。富硒大米含硒量长期稳定在 0.08～0.2 毫克/千克，长期食用富硒大米，可达到安全理想的补硒效果，并补充人体所需的多种营养成分，在此基础上，对产品进行深加工，目前共有 30 多个富硒产品问世。

公司投资 895 万元引进自动定量包装流水线，建设了优质米加工生产线，改进了清理、筛分、去石、砻谷、碾米及免淘等 20 多道加工工艺，新建了 200 万克低温保鲜库和占地 377 平方米、库容达 1 万千克的露天简易仓，添置了 60 吨电子地磅，进一步完善了优质米加工中心，使总仓储库容达 1500 多万千克，年加工能力达 3500 万千克，大米加工品质可达国标特级标准。

（2）产销情况。公司在省内外建立富硒水稻订单种植生产基地 15 万亩，其中区内 10 万亩。通过"公司＋农户"的产业化设计，按照订单种植、标准化生产、加价收购、精制加工、品牌销售的模式，公司硒肥全部免费，农户每亩交售 300 千克富硒稻谷，按当时当地市场加价 0.1 元/千克敞开收购，共收购富硒稻谷 4000 多万千克，加工销售富硒大米 2 万多吨，实现销售收入 6000 多万元，创利税 230 多万元。农民每亩增产和加价增收达 80 多元，共增收 800 多万元，为全区农民人均增收贡献近 20 元。

（3）品牌荣誉。远望富硒大米技术经省科技厅鉴定为国内先进，获得南京市科技进步一等奖。制定并实施了富硒肥企业标准、富硒大米企业标准、《无公害富硒水稻生产技术规程》南京市地方标准。远望牌富硒大米及位于八百桥、竹镇等地的 2 万多亩生产基地已通过无公害农产品产地、产品认定和绿色食品认证，申报通过了技术监督部门的市场准入 QS 证，申领并取得了具有自营出口资格的海关商检证。公司 2003 年度还获得了南京市农业标准化工作先进单位。远望牌富硒大米还获得南京市名牌产品称号，以及江苏省市场名牌产品和南京市消费者信得过产品称号。产品全面进入南京市沃尔玛、易初莲花、苏果等 500 多家超市连锁店销售，部分产品已打入中国香港、蒙古等国家和地区。公司注重科技创新及科技投入，先后成为南京林业大学、南京农业大学、南京财经大学以及江南大学等高校产学研基地。每年投入数百万元用于科技开发，申请、拥有了"一种富硒肥料及其用于富硒大米的生产方法"、"富含有机硒发芽糙米的生产方法"、"一种从米糠中制备米糠油的方法"等国家专利技术。"富硒农产品产业化"、"富硒生物技术在优质稻米上的应用及产业化开发"、"优质富硒发芽糙米产业化开发"先后被科技部列为星火计划项目。"富硒肥研制及富硒大米开发项目"获南京市科技进步一等奖、江苏省科技进步三等奖，"富硒发芽糙米关键技术研究与开发"获中国商业联合会技术进步奖一等奖，"富硒功能农产品创制及应用"获教育部技术发明奖二等奖。

（4）品牌战略。"远望"牌富硒大米生产基地都选择在环境优美、无污染、水源条件好的地域内种植，按照"公司＋基地＋农户"订单生产模式建立了绿色无公害种植基地20万亩。在水、肥、药的管理上，严格按照绿色食品的生产要求，全部采用"订单种植，标准化生产，加价收购，品牌超市化销售"运作模式，实行产业化生产和全程质量控制，同时选用现代加工设备，所产富硒大米无黄粒，无杂质，无黑米，口感好，米饭清香馥郁，松软爽口，营养丰富。通过采取粮食订单种植、标准化生产、加价收购、品牌超市化销售等项措施，解决了千家万户农民小规模生产经营所带来的生产决策难、品种更新难、新技术推广难、农产品销售难等诸多难题，从而有效解决了广大农民的后顾之忧。农民通过订单种植富硒水稻，可免费领取富硒肥，喷施富硒肥，每亩水稻可增产20～30千克；农民交售富硒稻谷，享受0.1元/千克补贴，种植富硒稻，可带动农民亩增收80元以上，年带动3万多农户增收1600万元以上。

4. 苏垦

（1）品牌历史。"苏垦"是江苏省农垦米业集团有限公司的品牌，该公司成立于2002年，由江苏农垦着力发挥农业比较优势，提高稻米产业市场竞争力，整合垦区稻米产业资源组建而成。公司始终坚持科、产、加、销、贸、储一体化的发展思路和产业化运作、标准化控制、组织化保障、科学化管理、品牌化经营、科技化支撑的运行模式，是华东地区综合实力较强的大米加工企业。

（2）产销情况。公司总部设在六朝古都南京，旗下有15家分、子公司，在南京、上海、苏州、杭州、广州、海南设有六大销售办事处。产品销往江苏、上海、浙江、广东、福建、湖北、湖南等20多个省市区，在苏果、欧尚、联华等大型连锁超市受到广大消费者的青睐。优良的生态环境、精湛的加工工艺、稳定的产品质量为企业赢得了诸多客户，公司与多个知名企业签订了长期战略合作协议，年销售量逐年攀升。2016年，由苏垦米业主导和运营的江苏农垦"苏垦尚膳"自营电子商务交易平台正式上线，经营江苏垦区自有、全国农垦系统以及国内外优质农产品，填补了江苏省属企业大型农产品电子商务平台的空白。

（3）品牌荣誉。作为农业产业化国家重点龙头企业，公司在 2006 年、2007 年先后获得"中国名牌农产品"、"中国名牌产品"荣誉。同时拥有中国驰名商标、江苏省重点名牌、江苏省名牌和江苏省著名商标等荣誉。连续多年被中国粮食行业协会评为中国大米加工企业 50 强。

（4）品牌战略。公司以股东江苏省农垦农业发展股份有限公司所属的 19 个种植业分公司及外拓基地为原粮基地，实行纵向一体化经营。引进世界一流的生产设备，年加工能力达 39.25 万吨。公司先后培育出了"苏垦"宝金玉、富硒米、有机米、真好吃、水谷原、泰舒清风等系列多个单品，满足了市场上不同消费者的需求。

（二）小麦粉类

1. 南山

（1）品牌历史。在近代实业家张謇故里，在苏通大桥北桥头，坐落着一座现代化的企业——江苏省银河面粉有限公司。"南山"就是江苏省银河面粉有限公司的品牌。这里依江傍海，区位优势明显；公司面对金通大道，背依通吕运河，上高速、接铁路、乘飞机、下轮船，物流十分便捷。1969 年建厂以来，特别是 2000 年改制以后，公司发展插上腾飞的翅膀。2006 年在江苏盐城市阜宁县建成江苏省银河飞业面粉有限公司，形成江苏银河日加工能力 2000 吨的规模。2008 年，建成粮食储备 5 万吨的阜宁县东益粮食储备有限公司。

（2）品牌荣誉。先后通过了 ISO9001 质量管理体系、ISO14001 环境管理体系、ISO22000 食品安全管理体系、ISO10012 国家测量管理体系和 OHSAS18001 职业健康安全管理体系认证；"南山"牌小麦粉被评为"中国名牌产品"，"南山"商标被认定为"中国驰名商标"。

（3）品牌战略。公司实施品牌战略，建立了有效的管理体系，以市场为导向，以带动小麦产业发展、带动农民增收为主线，形成了下联千家万户、上接广大市场的局面。企业充分发挥产业化龙头的带动作用，充分利用周边地区小麦资源，充分调动农民种植小麦的积极性，壮大主导产业，在保证国家粮食安全，促进农业增效、农民增收和新农村建设方面作出了积极贡献。

2. 华升

（1）品牌历史。"华升"是江苏华升面粉有限公司的品牌，该公司位于徐州北郊微山畔——国营沿湖农场，是一家集科研、采购、生产、销售为一体的民营企业，主要生产和经营"华升"牌等系列小麦粉，成为徐州市最大的面粉公司之一。

（2）产销情况。在面粉行业中，"华升"牌面粉不仅经营规模大、效益好，影响力也很大，已占领徐州市场以及周边各个区域并远销全国各地。

（3）品牌荣誉。通过 ISO9001：2008、ISO22000：2005 国际质量体系认证、HACCP 认证，获得"绿色食品"的称号、农业产业化龙头企业、无公害农产品证书、名牌证书、C 标志证书、知名商标证书、进出口货物证书和先进单位证书，并通过国家计量标准认证，以科技创新为原动力，通过自行研制开发出适合市场需求的主导产品"华升"牌等系列小麦粉。

（4）品牌战略。公司集中了一批锐意进取、不断开拓的科技人才、制粉工程师和技师高层人员以及高层管理人员。坚持以人为本、科技创新、严格管理、质量第一、完善服务的经营理念。从严管理、优化资源、精确监控、持续改进是公司的质量方针。倡导科技创新、管理创新、产品创新、经营创新，以雄厚的实力和良好的信誉为顾客提供高品质的产品和零距离的服务，不断满足客户之需求，完善公司内部管理，为公司持续发展，同时也为地方经济社会的发展，创造一个良好的内外部环境，做出我们应有的贡献。

3. 五得利

（1）品牌历史。"五得利"小麦粉是五得利集团宿迁面粉有限公司的品牌。"五得利"既是公司名称，也是经营理念，还是产品品牌。把参与企业经营的客户、农户、员工、国家、企业共五方，有机地组成一个利益共同体。经过 28 年的不懈努力和实践，公司从一个日处理小麦能力不足 15 吨的作坊式小厂，发展成目前拥有河北大名、深州、赵县、雄县、柏乡，山东东明、禹城，河南新乡、周口、商丘，陕西咸阳，江苏宿迁、兴化，安徽亳州，共六省十四地 14 个子公司，74 条现代化面粉生产线，33 个大型制粉车间，日处理小麦能力达 4 万吨，员工 5000 多名的大型制粉企业。

五得利面粉集团，专注面粉 28 年。自 2003 年以来，五得利集团产销量就领先于中国面粉加工行业，将战略发展目标定位在面粉行业，做世界领先的面粉专家，引领面粉行业的发展趋势，如今产品畅销全国除港澳台地区以外的所有省、自治区、直辖市，所有大中城市均有五得利的销售网点，几乎覆盖了全国县市，其中北京的市场占有率近半，拥有占绝对优势的忠实消费群体。2015 年度产值突破 257 亿元。

（2）产销情况。以五得利特精高筋小麦粉、富强高筋小麦粉为拳头产品的多功能民用粉系列，主要销向大中城市的批发流通渠道、各类高校和机关单位食堂。目前五得利系列面粉共有 140 多个品种。五得利牌系列面粉选用优质小麦，采用先进的布勒工艺与设备精制而成。面粉洁白细腻，麦香浓郁，品质好，质量稳，具有良好的蒸煮和烘焙特性，可广泛用于面包、饺子、拉面、面条、馒头、花卷、烙饼等面制品，产品远销北京、天津、哈尔滨、广州、成都、乌鲁木齐、深圳等 300 多个大中城市，并出口到俄罗斯、蒙古、朝鲜等国家和地区。美国加州牛肉面、马兰拉面、狗不理包子等知名品牌均采用五得利专用粉加工制作，"五得利"面粉深受消费者欢迎。

（3）品牌荣誉。"五得利"牌面粉获得"最具市场竞争力品牌"等荣誉称号，五得利产品通过 ISO9001 认证，五得利集团先后荣获"农业产业化国家重点龙头企业"、"国家标准化良好行为企业"、"中国食品工业百强企业"、"中国制造业企业 500 强"、"中国品牌价值 500 强"、"中国食品工业优秀龙头企业"、"中国小麦粉加工企业 50 强"、"中国粮油企业 100 强"、"面业之冠"等称号。

（4）品牌战略。五得利集团投入巨资进行科技创新，提高面粉精度和出粉率，引进国际先进工艺，生产低灰分高精度面粉，开发有中国人饮食特点的各类专用粉，打破了高档面粉靠进口的局面。五得利人将始终坚持诚诚恳恳做人、踏实做事的一贯作风，秉承"五方得利、创造共赢"的经营理念，努力实现做强、做大、做久的目标。

4. 宝粮

（1）品牌历史。"宝粮"是江苏宝粮控股集团的品牌，该公司位于美丽富饶的"中国荷藕之乡"——宝应县。这里河湖密布，土壤肥沃，自然资源丰富，生态环境优越，是全国首批生态示范县、商品粮生产基地县。2011 年 10 月通过对粮食系统内实施资产重组和业务重组，成立江苏宝粮控股集团有限公司，目前已形成以江苏宝粮集团公司为母公司，下辖江苏宝应湖粮食物流中心有限公司、扬州名佳食品有限公司、宝应县奕佳农牧有限公司、宝应县永佳米业有限公司、江苏宝应湖粮食运输有限公司、江苏宝浪油脂有限公司、江苏宝粮酒业有限公司 7 家子公司的格局。

（2）产销情况。集团总资产达 7.2 亿元，年销售收入 15 亿元，利税 3000 万元，现有正式员工 385 人。

（3）品牌荣誉。2014 年 10 月荣获"中国百佳粮油"称号、2015 年 10 月荣获"江苏省农业产业化省级重点龙头企业"称号、2015 年 12 月荣获"中国十佳粮油集团"称号、2016 年 12 月获第六届中国粮油榜"中国十佳粮油区域领导品牌"称号等。

（4）品牌战略。立足本地资源，围绕"做强产业、做响品牌、做优特色、做大规模"的目标，加快产业结构调整步伐，整合优势资源，推进转型升级，奋力打造从田头到餐桌的完整产业链，努力建设在全国具有影响力的粮食精深加工的排头兵、粮食农副产品综合利用的典范和有机食品生产基地，实现粮油产业新的跨越式发展。

（三）食用油类

1. 仪花

（1）品牌历史。"仪花"是仪征方顺粮油工业有限公司的品牌，该公司成立于2004年3月29日，由北京合益荣粮油贸易有限公司与方顺粮油（香港）工业有限公司投资建设，投资总额为1亿元人民币，注册资本5000万元人民币。仪征方顺主要从事食用油脂加工、储存和中转业务，现建有400吨/日精炼车间、400吨/日分提车间和3万吨容量的油脂中转库，其中精炼车间主要生产大豆色拉油、菜籽色拉油、棉籽色拉油等，分提车间主要生产食用棕榈油，油脂中转库主要储存中转毛棕榈油、精炼棕榈油以及各种等级的大豆油和菜籽油。

（2）产销情况。年油脂加工能力12万吨，油脂中转能力20万吨，年产值6.76亿元，利润3000万元。

（3）品牌荣誉。获得"著名商标"和"知名商标"的称号，同时通过ISO14001认证。

2. 家惠

（1）品牌历史。"家惠"是江苏省海安家惠油脂有限公司的品牌，该公司位于美丽富饶的长江三角洲，海安地势平坦，雨水充沛，河流纵横，气候温和。东临黄海，南近长江，境内204国道与328国道相贯而过，铁路二级编组站将新长铁路与宁启铁路紧衔其中，向南邻近南通机场和万吨货轮的南通港，地属上海经济区。

（2）产销情况。"家惠"色拉油市场辐射面不断扩大，赢得了良好信誉，副产品"菜粕"、"棉粕"已打入国际市场，远销日本、韩国、欧盟等国家和地区。同时为用户提供油脂技术咨询、开发、转让、服务，油脂工程设计、设备制造、安装和调试，客户遍及安徽、山东、江西、湖南、河南、新疆、四川、甘肃、黑龙江等省、市、自治区。

（3）品牌荣誉。该企业是南通市农业产业化经营龙头企业，农业科技型企业，国家级双低油菜籽种植示范基地加工企业。家惠牌植物油脂为江苏省"放心粮油"产品。

（4）品牌战略。实施双低油菜产业化经营开发，拥有双低油菜籽种植基地，面积达23.58万亩，以市场牵龙头，龙头带基地，基地连农户，产加销一条龙，贸工农一体化，不断向前发展。秉承挑战自我、致力创新、团结奋斗、追求完美的企业精神，努力提高产品的科技含量，开发绿色食品营养油和保健油。

3. 豆维家

（1）品牌历史。"豆维家"是邦基（南京）粮油有限公司的品牌，该公司于2007年

12 月在南京推出邦基在中国第一款小包装食用油品牌，并在 2010 年 8 月成功上市"豆维家"、"慧质"植物调和油，通过发挥邦基一体化的产业链优势，"豆维家"通过从农场到餐桌全程质量控制，运用充氮保鲜技术，更好保证产品的新鲜和优质，帮助消费者更好地为家庭营养把关。

（2）品牌荣誉。获得"著名商标"称号。

（3）品牌战略。致力于研发、加工和生产蛋白饲料豆粕（含蛋白 43%、46% 和 48%），国标一级、四级大豆油，浓缩磷脂和大豆深加工过程中派生的相关产品和附属产品等，向长江流域众多的饲料加工企业、养殖场和小包装油生产商提供优质的产品与服务。邦基公司致力于把两个世纪以来在农业与食品领域积累的成功经验带到中国，结合中国的实际情况，促进中国饲料业、养殖业和食品行业的发展，造福中国人民。

4. 鲁花

（1）品牌历史。"鲁花"是新沂鲁花浓香花生油有限公司的品牌，该公司是一家食品、饮料企业，主要经营花生油、菜籽油及其他食用植物油加工、销售，花生米加工筛选、销售，塑料制品制造、销售。

（2）品牌荣誉。获得"中国驰名商标"称号。

（3）品牌战略。公司始终奉行"诚信求实、致力服务、唯求满意"的企业宗旨，全力跟随客户需求，不断进行产品创新和服务改进。与多家徐州花生油公司零售商和代理商建立了长期稳定的合作关系，品种齐全、价格合理，企业实力雄厚，重信用，守合同，保证产品质量，秉持多品种经营特色和薄利多销的原则。

5. 恒喜

（1）品牌历史。"恒喜"是江苏佳丰粮油工业有限公司的品牌，该公司是一个集菜籽、棉籽收购、加工、销售于一体的省级龙头企业。

（2）产销情况。由于公司狠抓产品质量管理和品牌的创建，公司的销售网点遍及全国 30 多个省市区。公司的生产、经营销售额也从原来的 1.5 亿元增加到 10 多亿元，利税从 1000 多万元增加到 3000 多万元。产品所销售之处得到了广大消费者的认同和赞许。

（3）品牌荣誉。2003 年取得了 QS 生产许可证，2006 年取得了食品包装 QS 生产许可证，2010 年 3 月通过 ISO9001 质量管理体系认证和 ISO22000 质量安全体系认证。"恒喜"牌一级油、高级烹调油被盐城市消费者协会评为"推荐商品"，"恒喜"牌商标 2005 年度被评为"盐城市知名商标"。2008 年"恒喜"牌一级食用油被省民委认定为"清真食品"，公司被认定为"清真食品基本供应点"。2010 年公司被评为"全国食用植物油加工 50 强企业"、全国油菜籽收购加工二十强企业，被盐城市政府表彰为"先进农业产业化重点龙头企业"、"粮食产业化经营先进企业"。"恒喜"2011 年被江苏省工商局评为著名商标，2014 年被国家工商总局商标总局认定为中国驰名商标。

（四）挂面类

1. 龙嫂

（1）品牌历史。"龙嫂"是江苏龙嫂绿色食品有限公司的品牌，是以生产方便米线为主导产品的高新技术企业。成立于 1998 年 10 月，公司占地面积 8.5 万余平方米，拥有总资产 2 亿元，是一个花园式食品生产企业，建成近 6 万平方米的厂房和 16 条现代化全自动生产流水线，实施无菌化、全封闭生产。"龙嫂"方便米线精选江淮一代盛产的优质大米精制而成，无公害、无污染，是经国家认证的绿色食品。现已形成方便米线、挂面、调味品、休闲食品、风味酱菜、经典酒、设备制造等八大系列产品，产品畅销全国各地，一直呈产销两旺、供不应求局面。

（2）产销情况。龙嫂是中国最大的米线生产企业，企业固定资产过亿元，年创产值 4 亿多元，利税 2300 万元。龙嫂拥有方便米线、休闲食品、风味菜肴等 6 大系列 60 多个产品品种。其中方便米线产品行销全国 20 多个省份，60 多个大中城市，国内市场三分天下有其二。未来几年龙嫂还将着力打造龙嫂食品科技园，形成系统化的产业链。力争到 2010 年实现产值突破 10 亿元。再过十年，把龙嫂发展成为年产 40 亿元以上的大型食品精加工企业，把"龙嫂"打造成为世界驰名食品品牌。

（3）品牌荣誉。2001 年 4 月被省农业资源开发局、省财政厅确定为"国家农业综合开发重点多种经营项目"；同年 5 月又被江苏省民委确定为江苏省少数民族生产"示范基地"。2004 年 1 月被国家民委、财政部、中国人民银行确定为"民族特需用品定点生产企业"。同时产品先后荣获"国家绿色食品"、"国家免检产品"、"江苏省名牌产品"称号，企业通过 ISO9001 国际质量体系认证和 HACCP 认证；2004 年 5 月龙嫂商标被授予"江苏省著名商标"。2008 年 8 月被中华人民共和国农业部等八部委认定为"农业产业化国家重点龙头企业"，2010 年"龙嫂"商标荣获"中国驰名商标"称号。2010 年公司充分利用"龙嫂"品牌，开发银丝面等项目，产品投入市场后进一步促使企业多元化发展，解决富余劳动力。

（4）品牌战略。为了加强技术力量，龙嫂食品先后与长春食品工业研究所、南京农业大学等科研院所建立了技术合作关系。创造性地将方便食品的湿法生产工艺改进为干法生产，不仅减少了原料浪费，更极大提高了方便食品的营养成分。还成功研制了全国第一条全自动方便米线生产线，实现了方便米线自动成型、自动烘干、自动包装。目前，这一生产线以及相关技术已成功申报三项国家专利。

2. 海悦

（1）品牌历史。"海悦"是江苏海悦实业有限公司的品牌，该公司业务涵盖食用油销售，面粉、挂面、大米加工销售，食用油运输，互联网信息服务等。

（2）品牌荣誉。采用 ISO9000 质量管理体系，产品获得国家放心面、国家放心油，海悦牌面粉获得国家放心面、南京市名牌产品称号，金叶牌大米获得国家放心米称号、2004年中国淮安稻米博览会金奖称号。

（3）品牌战略。拥有长江及内河最大的食用油专业运输船队，独有棕榈油加温运输能力。

3. 蓝匙

（1）品牌历史。"蓝匙"是益海嘉里（昆山）食品工业有限公司的品牌，该公司是益海嘉里集团在华东地区的子公司，是经营食用油、特种油脂、油脂化工产品、粮食、饲料的专业性集团公司。

（2）品牌荣誉。获得"驰名商标"的称号。

（3）品牌战略。响应国家产业和经济政策，发挥自身的品牌、规模、研发、人才等优势，秉承营养、健康、安全的研发理念，把国内外食品、营养等学科的最新研究成果与中国人民的膳食特点相结合，持续不断地为国人提供更营养、更健康、更安全的优质粮油产品。

4. 云雪

（1）品牌历史。"云雪"是江苏云雪粮油科技实业有限公司的品牌，该公司是有着50余年生产历史的专业面粉生产企业，拥有包括面粉及挂面在内两条生产线，是国家农产品加工示范企业和农业产业化重点龙头企业。

（2）品牌荣誉。通过 ISO9001：2008 国际质量体系认证及 HACCP 食品质量安全管理体系认证。中国雪上项目第一人、冬奥会首位冠军及世界锦标赛双料冠军韩晓鹏为该公司形象代言人。公司产品先后被评为"全国放心面粉"、"江苏省名牌产品"、"江苏省信用合格产品"，连续六年通过国家省市质检合格，被评为"质量信得过产品"。"云雪"牌面粉、"云雪"牌挂面分别被国家授予"绿色食品"称号，同时被企业部授予"无公害产品"称号。"云雪"牌商标被评为"徐州市知名商标"、"江苏省著名商标"等。

（3）品牌战略。建有国内最先进的生产线，而且在很多方面为国内首创。利用先进的生产技术提高产品质量。

（五）杂粮类

1. 绿庄

（1）品牌历史。"绿庄"是徐州绿庄园食品有限公司的品牌。公司目前拥有"绿庄源"豆奶粉、核桃粉、蛋白质粉、营养麦片、早餐糊、蜂蜜饮品和茶饮料等袋装、瓶装和礼盒系列包装200多个单品。

（2）产销情况。绿庄园之发展，一直恪守"追求卓越"的企业精神，把产品质量视作企业的生命。公司拥有完善的产品销售网络，产品畅销淮海经济区及全国20多个省市区。

（3）品牌荣誉。秉承"健康好生活，快乐绿庄园"之理念，"绿庄"已真正成为"中国消费品市场食品安全畅销品牌"商品之一，徐州绿庄园食品有限公司2005年率先通过了国家QS质量安全认证，2007年公司同时通过了ISO9001：2000国际质量管理体系认证、食品安全（HACCP）认证和计量合格企业认证，2008年将进一步进行"中国名牌"、"绿色食品"标志认证。

（4）品牌战略。组建了省级营养与功能食品研究中心，2005年绿庄园联手江南大学成立了食品研究所，从原料产地、原料到生产、成品，全方位检测产品的安全，在中国食品自主品牌国际化进程中迈出了坚实的一步。利用严格的质量控制体系和雄厚的技术力量、规模化的生产，创造健康无限。

2. 几百粒

（1）品牌历史。"几百粒"是江苏几百粒食品股份有限公司的品牌。是一家集收储、加工、配送和销售为一体的全国性的农副产品经销及品牌运营企业，致力于满足消费者在电商网络平台和家门口的连锁超市卖场一站式自助采购物美价廉的原产地农副产品的需要，从原产地收储各式杂粮和南北干货等农副产品以及炒货和蜜饯等休闲食品，经过分拣包装后配送给以大型连锁超市卖场为主的零售企业和电商网络平台进行产品销售，是国内大型连锁超市卖场和电商网络平台的优秀供应商。

（2）产销情况。公司采用"著名原料产地＋连锁超市卖场＋电商网络平台"线上和线下相融合的经营模式，网上商城和实体店铺同步运行，经营的各式杂粮和南北干货等农副产品以及炒货和蜜饯等休闲食品共300多个品种。

经过"几百粒"团队多年的奋发努力，线上销售已覆盖淘宝、天猫、京东、1号店和飞牛网等电商网络平台，线下销售辐射乐购、华润万家、苏果、物美、大润发、步步高、中百、家乐福、易初莲花等国内外大型连锁超市卖场，销售网络遍布华东、华中、华北和华南等全国重点商业零售区域。

（3）品牌荣誉。"几百粒"获得江苏省质量管理体系认证、盐城市知名商标、江苏省著名商标，2014年获得盐城市信息化与工业化融合示范企业证书、盐城名牌产品证书，2016年11月27日获得安全生产标准三级企业等称号。

3. 淘豆、乐此

（1）品牌历史。"淘豆"、"乐此"是苏州优尔食品有限公司的两个品牌，该公司是一家农产品深加工企业，专业从事豆类、坚果类休闲食品生产制造。公司自2003年成立以来，本着"满意顾客，不断创新、超越自我"的经营理念，旨在为人们提供"优质、健康、营养"的绿色休闲食品。

（2）产销情况。优尔食品的销售网络已遍及美国、欧盟、澳大利亚、加拿大、中东、非洲、东南亚等世界各地。目前与公司发生业务往来的国家与地区已有40多个。在国内市场已与大润发、沃尔玛、华润万家、联华等大型商业流通企业建立了合作关系，在江、浙、沪等地区迅速发展。为了迎合不同消费层次需求，优尔公司打造出"优尔"、"淘豆"、"乐此"等系列品牌，展示了公司中高档休闲豆果、坚果专业制造商的优秀形象。

（3）品牌荣誉。自2006年连续四年被评为江苏省苏州市吴中区AAA级重合同守信誉企业，银行系统AAA等级资信企业。目前是中国最专业、最大的豆类休闲食品深加工企业。

（4）品牌战略。传承和发展了中国传统的休闲食品文化，成为引领中国消费者"豆"休闲文化的先驱。同时引进了全球最先进的现代化生产技术及设备，如日本YAHOMAS公司的全自动摇摆焙烤生产线、美国HEAD&CONTRAL公司的全自动油幕油炸生产线、努力为消费者制作最优质、最精致的休闲食品。高质量、纯天然、无化学添加剂、无农残、无污染是优尔食品的生产宗旨。

4. 田雀

（1）品牌历史。"田雀"是江苏永油经营集团有限公司的品牌，该公司是一家粮食收储、贸易、中转、加工一体化的大型粮油企业。

（2）产销情况。已有东北、盐城、南昌、深圳、成都、安徽6个办事处及香港公司。

（3）品牌战略。公司在把握机遇的同时，不断创新发展，坚定走"集团化、规模化、科学化"发展的道路，与时俱进，企业踏上了飞速发展的快车道。建成日产600吨非转基因大豆油生产线，其豆粕主要用于酱油酿造及蛋白粉生产。非转基因豆油从精炼至小包装生产一条龙，同时油脚也有专业设备提炼卵磷脂，非转基因大豆从食品豆精选到油厂加工一条龙，同时投资杂粮生产线一条，食品级小麦生产线一条。公司将成为国内具有较强影响力的食品级原料及高端粮油制品的生产基地。

（六）其他类

1. 沙洲优黄

（1）品牌历史。"沙洲优黄"是江苏张家港酿酒有限公司的品牌。从光绪年间一路走来，经历过 1956 年的公私合营，1976 年更名为"国营沙洲酒厂"，1999 年更名为"江苏张家港酿酒有限公司"，如同工业化石般见证了百年中国企业的变迁。秉着"挖掘底蕴深厚的姑苏文化，丰富产品文化内涵"的经营理念，不断创新发展，根据市场的不同需求，相继开发了沙洲优黄、江南印象、吉星高照、太湖之星等几大系列 150 多个产品，成为多姿多彩的黄酒品牌集群。

（2）产销情况。"沙洲优黄"系列黄酒产品遍布全国 34 个省、自治区、直辖市、特别行政区，在东部和中部地区省会城市均有"沙洲优黄"经销网点，江苏地区市场第一，占有率遥遥领先，并长期出口日本、英国、澳大利亚、南美洲，被选为外交部驻外使馆招待用酒，是我国黄酒行业的著名品牌。近五年来，"沙洲优黄"黄酒产量、销售收入、利税和市场占有率等综合经济指标位列全国黄酒行业三甲。

（3）品牌荣誉。公司目前拥有自主商标 100 多个，其中"沙洲优黄"等商标已经是国内家喻户晓的品牌。"沙洲优黄"自 1988 年最早使用并持续使用至今，2008 年"沙洲"商标被国家工商局认定为中国驰名商标。公司目前还拥有外观专利 120 多项，实用新型专利 2 项；申请已受理的实用新型专利 1 项，发明专利 4 项。拥有"沙洲优黄"二年陈、三年陈、六年陈，花开八年，吉星高照，太湖之星等多个美术作品著作权。

（4）品牌战略。根据市场的不同需求，相继开发了沙洲优黄、江南印象、吉星高照、太湖之星几大系列、档次风格各异的 100 多个产品，满足不同区域、不同社会阶层的需求。在恪守传统工艺的同时，进行技术改造，近年来就投入近亿元，将计算机技术、传感技术和生物技术引入酿酒领域，实现了微机调控、管道输送、机械化作业及运用大型不锈钢发酵罐。打造成为"中国传统酿造黄酒的第一基地"，让老工艺保证黄酒独特风味，让新技术保证黄酒的优良品质和市场需求。

2. 老相食

（1）品牌历史。"老相食"是苏州金记食品有限公司的品牌。"金"代表品质、"记"代表食品，金记寓意高品质食品，再加上公司创始人姓金，正好两全其美。金记旗下的品牌——"老相食"，诞生于同年 10 月，取自"老相识"谐音，寓意是用安全、健康、美味的食品，与广大消费者结为老朋友。

（2）产销情况。在品牌运作和品牌传播方面，公司对品牌标识系统进行了七个统一：统一 VI 形象、统一装修、统一培训、统一着装、统一价格、统一冷链配送、统一服务流程，并通过终端推式广告和媒体拉式广告，进行整合式营销，以渐进式的产品渗透和品牌的口碑传播，达到品牌知名度和美誉度"站立→站稳→站高"。在市场拓展方面，公司在江、浙、沪、皖等省市区建立了 2400 多家"老相食"豆制品专卖连锁、自由连锁、特许连锁等直销网点，同时与 2000 多家大中型团膳单位、KA 卖场保持着长期合作。目前，"老相食"已成为广大消费者最喜爱的豆制品品牌。

（3）品牌荣誉。"老相食"荣获绿色产品、有机产品、江苏名牌产品、江苏省著名商标、苏州名牌产品、苏州知名商标等荣誉，是中国豆制品行业的领导品牌。参与 3 项国家行业标准制订，承担 10 项国家星火计划和省市科研项目建设，拥有 138 项国家专利技术和自主知识产权，是江苏省高新技术企业、江苏省农业科技型企业、江苏省四星级数字企业、江苏省两化融合试点企业，在国内同行业中技术水平遥遥领先。荣获国家放心粮油加工示范单位、中国豆制品行业质量安全示范单位、江苏豆制品工程技术研究中心、江苏省龙头企业、江苏省质量奖、苏州市质量奖。

（4）品牌战略。公司坚持"做专、做细、做新、做强、做大、做标准、做通产业链"的"七做"方针，在"做透豆腐专业化、打通豆类产业链"的宏伟目标指引下，致力完成"聚焦传统豆业、引领行业升级"的伟大使命。

在人才管理的理念上，公司秉承"以人为本"理念，成功的管理者看管员工的思维，失败的管理者引导员工的行为。公司每一位员工努力工作，钻研业务，自我完善，自我提高，共同参与企业的管理，树立"爱企业如家"的主人翁精神，为顾客提供一流服务。

公司推出以"老相食"为主打品牌的系列豆类制品，单在苏州市场就建立起数百家豆制品专卖店。在专卖店的管理过程中，公司实行"五个统一"（产品价格、产品包装、人员着装、店面形象、操作流程）的方针，提高服务质量，完善服务体系，树立了良好的企业形象，提高了企业的信誉度。

公司在加强专业水平，注重人事培训的同时，还鼓励创新，聘请有多年豆制品行业经验的专家，成立研发部，致力于豆制品新品种的开发和深加工技术的研究，开发高附加值的产品，使豆制品摆脱传统生产模式和品种的束缚，朝科技化、高端化方向发展。

3. 四季红

（1）品牌历史。"四季红"是江苏金洲粮油食品有限公司的品牌，该公司是集农产品精深加工、粮油食品、调味品、休闲食品、高中档小包装油、彩色印刷包装、粮油仓储及物流于一体的民营企业。公司成立于 2000 年 4 月，旗下有南通家惠油脂发展有限公司、江苏金洲粮油食品有限公司、上海锐洲粮油有限公司、南通三鑫彩印包装有限公司等十多家公司。

（2）品牌荣誉。是江苏省农业产业化重点龙头企业，通过了 ISO9001：2008 认证，获得了江苏省出入境检验检疫局食用油脂出口卫生注册证，家惠牌植物油被评定为国家级"放心油"产品，公司于 2011～2013 年连续三年被评为全国食用植物油加工 50 强企业、江苏省粮食行业优秀企业，产品获江苏省名牌产品。

（3）品牌战略。公司实施双低油菜籽"企业＋科研院所＋基地＋农户"的产业化经营模式，带动农户 30 多万户增收。

4. 葵王

（1）品牌历史。"葵王"是江苏金太阳油脂有限公司的品牌，该公司由始建于 1949 年 6 月的国营岔河油米厂于 1996 年 12 月改制而成，与中华人民共和国同龄，集油脂加工、国际贸易、保健油营销、粮食加工等为一体，是国家农业综合开发重点经营龙头企业、江苏省农业产业化重点龙头企业。

（2）品牌荣誉。企业通过 ISO9001：2008、ISO14001：2004、GB/T28001：2001、食品质量安全等管理体系认证，首批通过 QS 认证。"葵王"牌葵花籽油先后被评为"99 中国国际农业博览会知名品牌"、"第三届中国国际新技术名优产品博览会金牌奖"；被中国粮食行业协会确认为全国葵花籽油知名品牌；"葵王"商标被认定为江苏省著名商标。

（3）品牌战略。公司拥有工艺、设备先进的油脂油料预处理、浸出、精炼、分提、包装生产线，年产各种食用植物油能力达 20 万吨。公司在保持传统产品加工项目的同时，积极倡导食用油升级换代，运用自主研发的独特精炼工艺，率先在国内开发了"葵王"牌葵花籽油，打造中国葵油第一品牌。在此基础上，又相继开发出红花籽油、野山茶籽油、米糠油、玉米胚芽油等绿色保健油品，并成功推出了具有"油中皇后"之称的地中海皇后牌橄榄油，形成明显的企业特色，成为江苏省最大的保健油生产基地。

5. 恒顺

（1）品牌历史。"恒顺"是江苏恒顺调味品有限公司的品牌，该公司主要经营预包装食品批发与零售，酱油（酿造酱油）、调味料（液体）生产、销售，日用百货零售。

（2）品牌荣誉。获得"驰名商标"称号，通过"三标一体"认证。

（3）品牌战略。奉行多品种经营特色和薄利多销的原则，秉承"诚信求实、致力服务、唯求满意"的企业宗旨，全力跟随客户需求，不断进行产品创新和服务改进，品种齐全、价格合理，企业实力雄厚，重信用、守合同、保证产品质量。

第四部分

江苏粮食产业政策文件

江苏省政府关于健全完善粮食安全
责任制的实施意见

苏政发〔2015〕64号

各市、县（市、区）人民政府，省各委办厅局，省各直属单位：

为进一步明确省、市、县（市、区）各级政府维护粮食安全责任，稳定发展粮食生产，保障市场有效供应，根据《国务院关于建立健全粮食安全省长责任制的若干意见》（国发〔2014〕69号）精神，紧密结合江苏实际，提出如下实施意见。

一、强化粮食安全的意识和责任

（一）增强粮食生产和保供意识。粮丰则农稳，农稳则国安。中央强调，中国人的饭碗任何时候都要牢牢端在自己手上，确保谷物基本自给、口粮绝对安全。江苏作为经济大省、人口大省和粮食主产省，立足自身解决吃饭问题，既是中央交给我们的政治任务，也是江苏经济社会发展的重要基础，任何时候都不能放松。必须清醒地看到，尽管江苏省实现了粮食生产"十一连增"，口粮自给有余，但粮食供需形势依然严峻。从需求方面看，随着人口增加、城镇化推进和人民生活水平提高，粮食需求量呈现刚性增长趋势。从生产方面看，江苏人多地少、后备资源不足，人均耕地已不足0.9亩，扩大种植面积空间有限，粮食单产处于较高水平，持续增产的难度加大。从流通方面看，江苏省粮食流通基础设施建设有待加强，粮食收储、保供、稳价的压力不容忽视。各地、各部门要切实增强大局意识和责任意识，围绕保持全省粮食供需平衡、口粮自给目标，筑牢耕地保护、产能提升、流通储备三道防线，牢牢掌握保障全省粮食安全的主动权。

（二）明确省、市、县各级政府的粮食安全责任。根据国务院规定，江苏省实行"米袋子"省长负责制下的市县长分级负责制，省、市、县共同担责，产区和销区一起努力，持续提升粮食综合生产能力，保障粮食市场供应。省人民政府承担保障全省粮食安全的主体责任，市、县（市、区）人民政府分级承担相应责任，全面加强粮食生产、储备和流通建设。各市长、县（市、区）长在维护粮食安全方面承担的具体责任是：坚决守住耕地红线，严格基本农田占用，加强农田基础设施建设，推动农业科技成果转化应用，提高粮食综合生产能力；落实和完善粮食生产扶持政策，抓好粮食收购，调动产区产粮和农民种粮积极性；加强粮食流通能力建设，推动粮食产业转型升级，深化国有粮食企业改革，积极发展粮食现代物流产业；落实地方粮食储备计划，创新储备机制，储足管好地方粮食储备；健全粮食区域调控机制和应急保供体系，强化粮食市场监管，维护粮食市场稳定；落实粮食质量安全监管责任，提升监管水平；大力推进节粮减损，引导城乡居民健康消费。

（三）落实部门责任。省政府建立落实粮食安全责任制联席会议制度，负责协调处理保障粮食安全中的重要事项。省粮食局负责粮食收购、地方储备粮油管理、市场调控、应急保供，推进粮食流通体制改革、现代粮食流通产业发展和粮食市场体系建设，依法履行对全社会粮食流通的监督管理。省发展改革委负责粮食的总量平衡，组织实施粮食进出口计划，会同省粮食局制定实施粮食仓储物流发展规划。省财政厅负责安排省级粮食风险基金和有关粮食仓储、物流建设等资金，并实施监管，监督市县粮食风险基金安排使用；安排粮食直补等资金。省农委负责督促各地完成省政府下达的粮食播种面积、产量，指导和服务粮食生产，负责监督耕地质量。省国土资源厅会同省农委等相关部门负责监督基本农田数量。省物价局负责主要粮食品种成本调查、价格监测预警工作，依法实施市场价格监督，引导规范市场价格行为。省商务厅会同相关部门负责粮食市场体系建设。省农委、粮食、工商、食品药品监管等部门按照职责分工，负责粮食市场和粮食质量、卫生的监督检查。省统计局负责与粮食安全相关的统计监测。农业发展银行江苏省分行负责地方各级粮油储备信贷资金需要及政策性用粮贷款安排。其他涉及的部门和单位依据工作职责，履行工作任务。各市、县（市、区）人民政府也要进一步明确相关部门维护粮食安全的职责，强化部门责任，推动各项工作任务落到实处。

二、巩固提高粮食综合生产能力

（四）坚决守住耕地红线。各级政府要切实履行耕地保护责任，落实最严格的耕地保护制度。划定永久基本农田，实行特殊保护，稳定耕地数量，提高耕地质量，坚决守住耕地红线。严格非农建设占用耕地管理，规范耕地占补平衡，严格实行耕地"占一补一"、"先补后占"、"占优补优"。对占用耕地特别是基本农田的，要积极推广剥离耕作层土壤再利用制度，开展补充耕地土壤改良和培肥。强化地力建设，大力推进深耕深松、测土配方施肥、施用有机肥等措施，不断提升耕地质量水平。严格执行政府领导干部耕地和基本农田保护离任审计制度。（责任单位：省国土资源厅、省农委、省审计厅）

（五）加强农田基础设施建设。坚持把农田水利作为基础设施建设的首要任务，加强中小河流治理、大中型灌区改造、丘陵山区小流域治理，积极推广应用节水灌溉技术，扩大有效灌溉面积，解决好农田灌溉"最后一公里"问题。加大农业综合开发力度，积极改造中低产田，大规模建设旱涝保收、稳产高产的高标准农田，把产粮大县（区）建成粮食核心产区。组织实施国家千亿斤粮食产能建设规划，强化农田基础设施建设，提高粮食综合生产能力。加强气象基础设施建设，提高灾害性天气预测预报预警水平，增强粮食防灾减灾能力。（责任单位：省发展改革委、省农委、省国土资源厅、省水利厅、省气象局、省农业资源开发局）

（六）提高粮食生产水平。全省粮食种植面积保持在 8000 万亩左右，其中水稻种植面积 3300 万亩以上，逐级分解下达到市、县（市、区）。发挥财政资金引导作用，重点加强良种、良法、良田等新技术研发，鼓励引导社会资本参与粮食生产科技创新与推广运用，努力提高科技对粮食生产的贡献率。深化种业体制改革，积极培育具有自主知识产权的优良品种，建立"育繁推一体化"机制。推广应用"高产、优质、多抗"粮油品种，提高优良品种覆盖率。实施粮食丰产科技工程，全面开展高产增效创建和绿色增产模式攻关，加强万亩示范片和模式攻关试点建设，推广普及水稻机插秧、小麦精量播种、肥水精准运筹等关键技术，提高粮食单产水平。加强重大病虫害防控，提高高产稳产能力。落实农机具购置补贴政策，强化农机农艺深度融合，实现粮食作物品种、栽培技术和机械装备的集成配套。建立基层农技推广机构和人员绩效考核激励机制，推动先进适用农业技术落地见效。（责任单位：省农委、省科技厅、省财政厅、省农机局）

（七）发展粮食适度规模经营。积极培育种粮大户、家庭农场、农民合作社、农业产业化龙头企业等新型粮食生产经营主体，鼓励发展规模化、专业化、现代化粮食生产经营。对新型粮食生产经营主体用于晾晒、烘干、仓储和农机库棚等配套设施用地给予支持。建立健全承包土地经营权流转市场，鼓励有条件的农户在自愿的前提下，依法有偿将承包土地经营权流转给新型粮食生产主体，重点支持土地经营规模 100 亩至 300 亩的农户家庭农场。在流转过程中，要避免"非粮化"，坚决禁止"非农化"。采取财政扶持、信贷支持等措施，推广"联耕联种"、"代种代管"、"订单种植"等粮食生产经营服务模式，积极发展粮食社会化服务，对种粮大户和粮食生产社会化服务组织进行奖补。（责任单位：省农委、省国土资源厅、省财政厅、省粮食局、省农机局）

三、调动产区产粮和农民种粮积极性

（八）健全完善粮食生产扶持政策。完善和落实粮食补贴政策，提高补贴精准性、指向性。新增粮食补贴向粮食主产市、县（市、区）倾斜，加大对新型粮食生产经营主体的扶持力度。加强补贴资金监管，确保资金及时、足额补贴到粮食生产者手中。引导和支持金融机构为粮食生产者提供信贷等金融服务。完善农业保险制度，对粮食作物保险给予支持。发挥政策资金引导作用，通过贴息、奖励、风险补偿等措施，带动更多的金融资本和社会资本投入粮食产业。（责任单位：省农委、省财政厅）

（九）落实粮食收购政策。严格执行国家粮食收购政策，充分发挥国有粮食企业主导作用，鼓励和引导符合条件的多元市场主体参与粮食收购。优化基层粮食库点布局，改善仓储设施，统筹设立粮食收购网点。支持建立以地方政府为主导、财政性资金注入等多渠道筹集的粮食收购共同担保基金，搭建企业自主收购融资平台。制定实施非正常年景和粮食质量异常情况下粮食收购应急处置预案，帮助农民减轻损失，防止不符合质量安全标准的粮食流入市场。农业发展银行等金融机构要安排落实粮食收购资金，足额发放政策性粮食收购贷款，对符合贷款条件的企业可根据其风险承受能力加大自主收购粮食的支持力度。加强粮食市场监管，严厉打击"转圈粮"、"打白条"、压级压价、抬级抬价等损害国家和粮农利益行为。（责任单位：省粮食局、省工商局、省物价局、农业发展银行江苏省分行）

（十）加大对粮食主产区的支持力度。省以上用于粮食生产、流通等各项财政项目资金，着重向粮食主产区倾斜，调动主产区政府抓粮的积极性。支持主产区建设粮食仓储、烘干等设施，满足农户售粮和安全储粮需要。有条件的地方，可探索对种粮大户、家庭农场粮食生产的价外补贴政策，促进粮食规模种植，增加种粮效益。加强省内粮食产销衔接，促进产区粮食流通，保障销区市场供应。苏南等粮食主销区市、县（市、区）要按照互惠互利原则，与主产区建立更加紧密稳定的产销关系，支持企业到主产区投资建设粮源基地和仓储物流设施。培育和支持主产区粮食产业化龙头企业，推广建立"公司＋基地＋合作社或农户"模式，采取保底收购、股份分红、利润返还等方式，与粮食生产经营主体建立紧密的利益联结机制。加强农业生产资料产销衔接，健全重要农资储备制度，稳定农资价格。（责任单位：省农委、省财政厅、省粮食局、省供销社）

四、积极发展粮食现代物流产业

（十一）加强粮食物流体系建设。对接国家粮食物流通道建设，优化粮食仓储物流布局，加快发展现代粮食物流体系。推动粮油产业向沿海、沿江、沿东陇海线、沿运河集聚，项目向园区集聚，每个省辖市规划建设 1～2 个集粮食收储、加工、物流、质检等于一体的现代粮食物流产业园区，打造跨区域的粮食物流通道。结合区域粮食产销实际，将成品粮油供应网络建设纳入各地城镇建设规划和商业网点规划，培育建设一批成品粮批发市场。制定实施成品粮批发市场建设用地、进场交易客户税费、物流运输等优惠政策，支持发展分级储运、流通加工、配送、电子商务和期货贸易等现代服务方式。强化省级粮食交易中心功能，加快联网竞价交易平台建设，推进政策性粮食联网交易。（责任单位：省粮食局、省发展改革委、省财政厅、省商务厅、省经济和信息化委）

（十二）提升粮食仓储设施建设管理水平。组织实施粮食收储供应安全保障工程，重点支持粮食仓储物流及储粮技术、烘干设备、质量检测、信息化管理等项目建设。充分利用现有粮库，保障粮库建设新征用地，执行新建粮库相关税费减免政策。创新投融资方式，引导社会资本参与，加快粮库改造和建设，到2020年，全省新建扩建粮食仓容140亿斤。加强政策扶持，建设符合安全、绿色和节能减排要求的粮库新仓型。研发配置先进适用的粮食收储专用设备，推广应用散装、散卸、散储、散运技术，提高作业效率。利用物联网、大数据、云计算等现代信息技术，全面推进智慧粮库和粮食流通管理平台建设，形成覆盖省、市、县和涉粮企业的信息化管理体系。对粮库粮食初加工用电，执行农业生产电价。建立国有粮食仓储物流设施保护制度，政府投资为主建设的粮食仓储、物流、市场等设施，未经国家或省级粮食行政管理部门批准，不得擅自处置和变更用途。（责任单位：省粮食局、省财政厅、省发展改革委、省经济和信息化委、省国土资源厅、省物价局）

（十三）推动粮食产业转型升级。聚焦保障粮食安全科技需求，对绿色生态储粮、粮食节约减损、粮食质量安全、粮情监测预警、粮油精深加工和信息技术应用等组织科技攻关。开展现代粮仓科技应用示范，支持粮食收储企业广泛应用机械通风、粮情检测、环流熏蒸、低温储粮和太阳能光伏发电、水源地源热泵等新能源、新工艺、新材料。培育壮大粮食类农业产业化龙头企业，扶持大型粮食流通领军企业建设科技研发中心。加强品牌建设，形成一批有较大影响力的产品品牌，推动粮食企业对外合作，培育具有国际市场竞争力的大型粮食企业集团。重视发展主食产业化，鼓励企业延伸粮食加工产业链，开发新型优质健康粮油产品，推进粮油深加工和副产品循环利用，提高产品附加值。鼓励大中型主食加工企业发展仓储物流冷链设施，向乡镇和农村延伸生产营销网络。（责任单位：省粮食局、省财政厅、省质监局、省科技厅、省农委、省工商局）

（十四）深化地方国有粮食企业改革。贯彻深化国有粮食企业改革的部署要求，全面落实土地转（出）让、资产核销、工商注册、信贷支持、税费减免、人员安置等配套政策措施，妥善解决国有粮食企业欠缴职工社会保险费等问题。推进国有粮食企业兼并重组，优化企业产权结构，转换经营机制，建立现代企业制度。积极发展混合所有制粮食经济，除各级储备粮管理企业和军粮供应企业保持国有独资或控股外，其他国有粮食企业要通过吸收外资、民营资本及职工入股等方式，培育国有资本与集体资本、非公有资本交叉持股的新型市场主体。支持发展民营粮食企业和粮食经纪人。鼓励粮食企业利用期货市场规避经营风险。加强粮食企业国有资产监管，防范国有资产流失，保障企业职工合法权益。（责任单位：省粮食局、省发展改革委、省农委、省财政厅、省人力资源和社会保障厅、省工商局）

五、储足管好地方粮食储备

（十五）落实地方粮食储备。认真落实国家下达的粮食储备计划，完善储备粮管理制度，保证储备粮数量充足、结构合理、质量良好、调用高效，充分发挥吞吐调节作用。调整优化储备粮布局和品种结构，推进竞争承储，促进规模储存。依据中央储备费用标准，建立地方储备费用补贴标准动态调整机制。市、县（市、区）人民政府要全面落实省政府下达的粮食储备规模，确保储备费用和利息补贴资金及时足额到位。支持地方储备粮可视化信息监管系统建设，增强粮食仓储、粮情等信息共享、实时监控能力。严格执行《江苏省地方储备粮管理办法》，落实封闭运行管理要求，完善轮换管理和库存监管机制。（责任单位：省粮食局、省发展改革委、省财政厅、农业发展银行江苏省分行）

（十六）创新地方粮食储备机制。探索建立政府储备和社会储备相结合的粮食储备新机制。按照粮权与事权相统一原则，探索建立地方政府储备粮统一管理体系，明确管理责任主体，加快推行地方储备粮贷款集中统一管理。运用财政、金融、投资等政策手段，建立地方政府掌控的社会粮食周转储备。鼓励符合条件的多元市场主体参与地方粮食储备工作。鼓励有条件的地方，由政府承担地方储备粮轮换价差。完善市、县（市、区）储备粮轮换方式及补贴政策，建立地方储备通过公开市场轮换销售机制，提高地方储备调控效率。（责任单位：省粮食局、省财政厅、省发展改革委、农业发展银行江苏省分行）

六、保障区域粮食市场稳定

（十七）健全粮食调控机制。完善粮食市场价格形成机制，引导粮食价格保持合理水平。建立地方和中央粮食储备协调机制，把握地方储备轮换销售节奏，充分发挥调控市场、稳定粮价效应。落实粮食生产和经营信息统计报告制度，督促各类涉粮企业建立经营台账，定期向农业和粮食行政管理部门报送统计数据。支持粮食调查统计、市场监测预警信息化建设。认真执行国家粮食进出口政策，加强进口粮食质量安全把关，严厉打击粮食走私。（责任单位：省粮食局、省发展改革委、省统计局、省物价局）

（十八）健全粮食应急保供体系。制定实施全省粮食应急供应保障体系建设规划，加大财政资金投入，力争经过 3 年努力，基本建立全省粮食应急供应保障体系。原则上每个乡镇、街道建有 1 个以上应急供应网点，省辖市人口集中的社区，每 3 万人至少有 1 个应急供应网点，并配套相应的应急加工企业、储备设施和配送中心。南京、苏州、无锡三市成品粮油储备要达到 10～15 天市场供应量，其他省辖市按照省下达的成品粮油规模充实到位。整合现有军供站点、放心粮油店、应急供应网点资源，建设军民融合保障网点。按照政府引导、分级负担、社会参与的原则，采取企业自愿、政府认定、部门监管、合同约束、动态调整的方式，选择符合条件的粮食加工、运输和经营企业承担应急供应任务，实行统一挂牌，给予政策扶持。（责任单位：省粮食局、省发展改革委、省财政厅、省商务厅）

（十九）强化粮食市场监管。健全粮食市场监测预警和监管协调机制，完善相关部门联动执法和信息共享制度，提高执法效能。强化对粮食收购、批发、粮油加工和零售等重点环节经营行为的监督检查，坚决打击囤积居奇、哄抬粮价、以次充好、掺杂使假、计量作弊等扰乱市场秩序的行为。组织开展粮食库存和地方储备粮油专项检查，落实粮食经营者最低和最高库存制度。建立全省统一的粮食经营者信用评价体系，加大信用信息成果运用，建立粮食经营企业失信名单制度，褒扬诚信，惩戒失信。（责任单位：省粮食局、省工商局、省物价局）

七、加强粮食质量安全监管

（二十）强化粮食质量安全源头治理。加强农业生态环境监管，控制工业"三废"和农业面源污染。加强以重金属污染为重点的耕地与农产品调查监测，从源头上防治粮食污染。健全化肥、农药等农业投入品监督管理制度，大力推广有机肥、高效缓释肥和低毒低残留农药，逐步减少化肥、农药用量。建立耕地土壤环境和农田灌溉水质监测网络，建设农村垃圾、农药包装废弃物、污水等处理系统，加强农作物秸秆、畜禽粪便污水的资源利用，有效解决耕地面源污染问题。加强对农业污染源的监测预警。（责任单位：省农委、省国土资源厅、省环保厅）

（二十一）完善粮食质量安全监管体系。健全粮食质量安全标准体系，充分发挥农业、粮食、食品药品监管等部门质量安全检测机构的作用，加强粮食收购入库和入市质量检测，实行从田间到餐桌的全过程监管，严防发生区域性、系统性粮食质量安全风险。健全粮食产地准出和质量标识制度，推进粮食质量追溯体系建设，实现粮食流通全程可追溯管理，完善城乡"放心粮油"供应网络。加强对农药残留、重金属、真菌毒素超标粮食管

控，探索超标粮食处置渠道，禁止不符合食品安全标准的粮食进入口粮市场。（责任单位：省粮食局、省农委、省食品药品监管局）

（二十二）落实粮食质量安全监管责任。实行粮食质量安全监管责任制和责任追究制度，落实地方政府属地管理责任和企业生产经营主体责任。建立粮食质量安全监管部门协调机制，粮食、农业、食品药品监管部门要切实担负起粮食质量安全监管责任。加强基层粮食质量安全监管能力建设，强化县乡两级监管责任。开展粮食质量安全治理整顿，完善相关经营者处罚和工作责任追究机制。（责任单位：省粮食局、省食品药品监管局、省农委、省工商局）

八、落实各项保障措施

（二十三）加强制度建设。建立粮食安全目标管理制度，省、市、县（市、区）每年要分解落实保障粮食安全相关任务，并层层签订责任状。建立报告制度，下级政府每年年初向上级政府报告上一年度区域耕地变化以及粮食生产、流通、储备、保供等方面的应急情况。建立责任追究制度，对没有完成责任制规定任务并造成严重影响，或者发生重大粮食质量安全事件的，依照有关规定追究相关部门和责任人员的责任。（责任单位：省粮食局、省发展改革委、省国土资源厅、省农委）

（二十四）强化监督考核。建立粮食安全工作绩效考核机制，由省粮食局牵头，会同省有关部门，抓紧制定具体监督考核办法，定期组织有关部门对各市人民政府落实粮食安全责任制情况进行考核，对成绩突出的给予表扬，对不合格的予以通报批评、责令整改，重大情况及时向省政府汇报。各省辖市也要相应地制定考核办法，对所辖县（市、区）进行考核，确保责任落实到位。（责任单位：省粮食局、省发展改革委、省农委、省人力资源和社会保障厅、省工商局、省食品药品监管局）

（二十五）全面实施节粮减损。深入开展爱粮节粮宣传教育，让爱粮节粮走进社区、家庭、学校、军营、机关、企业，形成人人爱惜粮食的良好风尚。推行科学文明餐饮消费方式，倡导"光盘行动"，抵制和反对浪费粮食行为。各级机关、国有企业和公共机构要率先垂范，杜绝浪费粮食。在粮食生产、流通、消费领域全面推广节粮减损新设施、新技术、新装备，大幅度降低粮食损耗。大力推广农户科学储粮。督促粮食加工企业合理控制加工精度，避免过度加工造成粮食浪费和营养流失，提高成品粮出品率和副产品综合利用率。（责任单位：省委宣传部、省粮食局、省教育厅、省妇联、团省委）

江苏省人民政府
2015 年 6 月 7 日

省政府办公厅关于深化地方国有粮食
企业改革的意见

苏政办发〔2013〕79号

各市、县（市、区）人民政府，省各委办厅局，省各直属单位：

国有粮食企业是国家掌握粮源、实施粮食购销调控的重要载体。近年来，各地积极探索实践国有粮食企业改革发展新途径，在转换企业经营机制、整合存量资产、培育骨干企业等方面取得了积极成效。当前，随着粮食购销形势变化、国家粮食调控政策调整，以及受历史遗留问题等因素的影响，一些地方国有粮食企业仓储设备差、融资能力弱、经营规模小、人才缺乏等问题突出，难以适应多元市场主体激烈竞争，影响了主渠道作用的发挥。为促进地方国有粮食企业转换机制、增强活力，充分发挥粮食流通主渠道作用，推进全省粮食流通现代化建设，根据国家粮食流通体制改革的总体部署，按照《国家粮食局中国农业发展银行关于进一步加强合作推进国有粮食企业改革发展的意见》（国粮财〔2012〕205号）要求，紧密结合江苏实际，就深化地方国有粮食企业改革提出如下意见。

一、实施兼并重组，促进国有粮食企业做大做强

（一）推进县域内企业兼并重组。以做大做强县（市、区）粮食购销总公司（集团）为目标，以中心粮库、骨干粮库为依托，积极组建子公司、分公司，加快乡镇粮管所、粮库兼并重组或公司制、股份制改造，收储库点由子公司、分公司根据当地粮食购销实际择优兼并，不再保留独立企业法人资格。其他基层粮食企业通过租赁、出售、转让、商业开发利用等途径，退出国有粮食购销企业序列。通过改革，形成县（市、区）粮食购销总公司（集团）＋子公司、分公司＋收储库点的经营模式，促进资产、资源向优势企业集中，切实提高企业融集资金、掌控粮源和抵御市场风险的能力。

（二）培育区域性粮食集团。以省辖市为单位，以具备规模优势、资产优势和市场影响力的区域粮食物流或产业园区为依托，打造区域性国有或国有控股粮食集团，提高国有

粮食企业的竞争力、影响力和控制力。支持央企、省企以收购、控股等方式，兼并重组地方国有粮食企业，充分发挥央企、省企在市场、资金、品牌、人才等方面的竞争优势，实现合作共赢。

二、转变企业经营模式，建立现代企业制度

（三）提高产业化经营水平。国有粮食企业要着力改变"买原粮、卖原粮"的传统经营方式，围绕发展从田间到餐桌的粮食全产业链，充分利用自身优势，向收购、仓储、物流、加工、销售等一体化发展，延伸和完善产业链，增强企业竞争力。适应农业经营体制改革的新形势，国有粮食企业要积极建设粮食生产基地，加强与农民合作组织、种粮大户、家庭农场等经营主体的合作，结成利益共同体。结合实施"放心粮油工程"、"主食产业化工程"，国有粮食企业要加快发展连锁经营、"网上粮店"、"粮食银行"等现代粮食流通业态，拓展经营空间，实现多元化发展。

（四）强化企业经营管理。实施企业兼并重组后，国有粮食企业要制定企业发展战略，强化企业内部管理，变规模优势为效益优势。建立健全企业经营业绩考核制度，全面加强企业风险管理。以规范化、精细化管理为抓手，以信息化建设为依托，全面加强和规范企业用工、分配、财务、统计、安全生产等制度建设，提高管理效率。建立人才培养、使用和激励机制，为企业发展提供智力支撑。推进企业文化建设，坚持合法经营，倡导诚信经营，树立良好的企业形象，增强企业凝聚力。

（五）建立现代企业制度。改制后的国有粮食企业，要按照"产权清晰、权责明确、政企分开、管理科学"的要求，积极推进现代企业制度建设，健全法人治理结构，创新机制、规范运作，真正形成以资产为纽带，统一发展战略、资产管理、财务核算、制度管控、人力配置等统分结合的公司制发展模式。支持具备条件的国有粮食企业在资本市场上市。

三、完善政策措施，创造改革发展环境

（六）改制重组后的地方国有粮食企业，由市、县（市、区）人民政府从当地实际出发，授权粮食行政主管部门履行国有资产出资人职责，负责国有粮食企业的资产运营与管理。

（七）在改制重组过程中，各地可根据实际情况，灵活选择有利于企业改革的土地使用权处置方式。对地方国有粮食企业现有国有划拨土地，可通过补交土地出让金方式办理土地出让手续，将划拨土地改变为出让土地，或将划拨土地使用权评估后作价入股新成立

的粮食购销总公司（集团）；土地挂牌出让处置收益，全额纳入地方基金预算管理，实行"收支两条线"，用于粮食流通基础设施建设，支付人员分流补偿、原有退养人员社会保障等改革成本。支持地方国有粮食企业结合"退城进郊"盘活现有资产，引入社会资本，扩大资产规模，改善资产质量，建设粮食产业园区。

（八）对重组、改制后的国有和国有控股粮食企业，继续给予原有国有粮食购销企业免征增值税等税收优惠政策。对从事地方粮油储备、最低收购价等政策性业务的地方国有和国有控股粮食企业，参照中央粮油储备企业免征城镇土地使用税、房产税、印花税、营业税。对土地资产处置过程中，国有粮食企业办理企业房产证、土地证等需要交纳的有关收费，予以减免或按最低标准收取。

（九）加大对地方储备信贷支持力度，确保地方储备粮增储和轮换的资金需要，增强地方政府对区域粮食市场的调控能力。对省、市级储备粮管理公司或直属库，地方储备先购后销所需的轮换贷款，相关金融机构要给予信贷支持。对军粮供应企业保障军粮供应所需资金，要予以足额贷款。

（十）对地方国有粮食企业资产重组，农业发展银行要发放重组贷款，支持企业资产整合，提高竞争优势。对改革改制后的地方国有粮食企业，暂时达不到粮食收购贷款条件的，要给予1~2年过渡期限。对地方国有粮食企业在战略重组过程中关闭、注销和破产的，农业发展银行要依照国家有关规定，加快处置所形成的呆坏账。

（十一）对国有粮食企业符合流动资金贷款条件要求的，农业发展银行要积极给予流动资金贷款支持，促进其扩大经营。农业发展银行要充分利用现有的流动资金贷款、中长期固定资产贷款，积极支持改制后的地方国有粮食企业开展粮食收储、科技创新、技术改造、质量建设、军粮供应以及生产基地建设，引导企业延伸产业链，支持企业做大做强。

（十二）有条件的地方，市、县（市、区）粮食行政管理部门与农业发展银行要积极协调相关部门和地方国有粮食企业共同出资，在粮食行政管理部门建立粮食共同担保基金，为地方国有粮食企业融资进行担保。

（十三）加大对改制重组后的国有和国有控股粮食企业基础设施建设的财政支持力度，省财政采取以奖代补、项目扶持方式，重点支持纳入《江苏省"十二五"粮食流通发展规划》的建设项目，市、县财政予以相应配套。

四、加强组织协调，确保改革顺利进行

（十四）加强改革推动。各市、县（市、区）人民政府要把推进本地区国有粮食企业改革摆上重要议事日程，开展专题调研，制定实施当地国有粮食企业改革重组实施方案。

加强改革指导和推进力度，及时协调解决重点、难点问题，确保改革扎实推进、取得实效。

（十五）认真落实政策。各地要认真贯彻执行国家和省制定出台的各项改革支持政策，妥善解决历史遗留问题。贯彻落实国家和省扶持国有粮食企业的各项财政、税收与信贷政策，并结合地方实际，研究制定扶持措施。省粮食局等有关部门要加强政策贯彻执行情况的检查、督促，确保各项扶持政策落到实处。

（十六）规范企业改制。地方国有粮食企业改革，处置国有资产，要按照国家有关规定进行，防止国有资产流失。切实维护好被兼并企业职工的合法权益，妥善安置职工就业，办理好各种社会保险接续手续。

（十七）加强改革指导。各级粮食行政主管部门要认真履行全社会粮食管理职能，加强对国有粮食企业改革工作的指导和督查，定期通报工作进展情况，及时总结推广改革发展先进经验，以点带面推动工作，把国有粮食企业发展改革不断推向前进。

江苏省人民政府办公厅
2013 年 5 月 8 日

省政府办公厅转发省粮食局《关于推进粮食流通业基本现代化建设的意见》的通知

苏政办发〔2013〕13 号

各市、县（市、区）人民政府，省各委办厅局，省各直属单位：

省粮食局《关于推进粮食流通业基本现代化建设的意见》已经省人民政府同意，现转发给你们，请认真组织实施。

为适应江苏经济社会发展需要，切实做好粮食流通工作，保障粮食市场供应，根据《国务院关于印发国家粮食安全中长期规划纲要（2008～2020年）》（国发〔2008〕24号）、《中共江苏省委江苏省人民政府关于实施农业现代化工程的意见》（苏发〔2011〕13号）精神，现就推进江苏省粮食流通业基本现代化建设提出如下实施意见。

一、重要意义

江苏是粮食购销大省。近年来，全省粮食行业坚持以科学发展观为统领，认真贯彻中央和省委、省政府的决策部署，积极推进粮食流通业建设，全省粮食市场调控能力得到加强，粮食产业化步伐加快，依法管粮水平不断提高，在保障粮食安全、促进农民增收、推动产业发展、加强市场监管等方面取得了显著成效，为全省经济社会发展作出了积极贡献。但从总体上看，江苏省粮食流通产业集中度偏低，粮食流通基础设施建设滞后，地方国有粮食企业竞争力不强，不能很好地适应经济社会发展对保障粮食供应的要求。

粮食是关系国计民生的战略物资，粮价是"百价之基"。当前，随着工业化、城市化的加速推进，粮食生产、流通、消费方式发生了深刻变化，对发展粮食流通业提出了新的更高要求。在新的发展阶段，推进粮食流通业基本现代化建设，是适应江苏省经济社会发展、加强政府粮食调控、保障粮食有效供给的必然要求。粮食流通业连接生产和消费，事关农业发展和城乡人民生活，推进粮食流通业现代化建设，是构建现代农业产业体系、促进粮食集约化经营、增加农民收入的重要举措。当前，江苏省正在加快转变经济发展方式，大力推进经济结构战略性调整，粮食流通业作为现代服务业的重要组成部分，必须加快转变发展方式，推动产业转型升级，使粮食流通的基础设施、粮食物流、粮食科技和经营管理适应基本现代化的要求。

二、指导思想和目标任务

（一）指导思想。深入贯彻落实科学发展观，围绕从更高层次保障全省粮食安全的目标，坚持以改革创新为动力，以法制建设为保障，以科技和人才为支撑，全面提升江苏粮食流通业发展水平，努力把江苏打造成为全国的粮食产业强省、粮食加工流通强省和粮食科技创新强省，在全国率先推进粮食流通业基本现代化，为"两个率先"作出积极贡献。

（二）目标任务。围绕在全国率先基本实现粮食流通业现代化目标，大力提升基础设施、粮食物流、粮食科技、粮食经营和粮食管理水平，到 2020 年年底，全省以县（市、区）为单位，粮食流通业基本实现现代化。鼓励、支持有条件的市、县在全省率先基本实现粮食流通业现代化。

——粮食流通效率显著提升。粮食流通业的整体运行节奏快捷高效，产业全面协调可持续发展。粮食流通总量确保满足地方总人口粮食消费，粮食流通产出效率不断提高，粮食物流成本经济节约。

——粮食流通组织持续创新。粮食流通的组织形式和组织结构不断优化，各类市场主体繁荣兴旺，充满活力。现代粮食流通业态的覆盖面不断扩大，粮食流通业集中度和集聚发展水平不断提高，粮食市场规范有序。

——粮食流通方式加快转型。科技兴粮的理念得以牢固确立，粮食流通发展方式由传统向现代转型的步伐明显加快。现代型粮库成为粮食仓储的主要载体，各类新设备、新技术、新材料得到广泛推广和应用，粮食流通信息化程度不断提高，粮食行业人才队伍专业化水平显著提升。

——粮食保供稳价有力有效。粮食稳价保供的工作机制、政策支持、外部环境等全面优化，地方粮油储备品种结构合理，规模充足到位，粮食应急保供机制科学完善，粮食质量检测手段先进，粮食公共财政支持有力。

三、重点措施

（一）实施"保供稳价"工程，增强粮食调控能力。严格落实国家粮食购销政策，引导多元主体积极入市收购，有效掌控和利用粮源。同时，调剂利用国内外两个市场资源，保证粮食结构和供需平衡。加强地方粮食储备管理与运作，适时实施地方储备粮规模动态调整机制，督促地方储备粮新增计划和成品粮油储备任务尽快落实到位，完善地方储备粮管理制度，增强储备粮调节供求、稳定市场、应急保供作用。加强粮食市场监测预警，完善粮食应急预案和预警机制，提高应急加工和供应网点能力，增强粮食应急保障水平。健全全省粮油质量安全监测体系，加强原粮卫生监测，从源头上保证粮油产品质量安全。

（二）实施"转型升级"工程，推动粮食大省向粮食强省转变。2013 年至 2015 年，在全省粮食行业实施以"百强引领、百企升级"为主要内容的"双百工程"，重点培育100 个粮油企业做大做强，重点支持 100 个粮食国有和国有控股企业转型升级，坚持以创新驱动为核心战略，以优势企业和行业骨干企业为主体，加快企业扩张和重组步伐，培育一批具有著名品牌和自主知识产权、规模优势明显、核心竞争力较强的企业及企业集团。组织实施《江苏省"十二五"粮食流通发展规划》《2006～2015 年江苏粮食现代物流发展规划纲要》，加快粮食现代物流体系建设，重点支持粮食物流（产业）园区建设、中心库完善功能、骨干库提档升级和一线收纳库仓储维修。把市、县粮食购销总公司作为主要抓手，加快资产整合，调整企业布局，形成规模效应，增强国有粮食企业市场竞争力。推动有条件的市、县跨区域、跨行业兼并重组，成立产权明晰、权责明确、政企分开、管理科学、符合现代企业制度的粮食企业集团。

（三）实施"数字粮食"工程，加快粮食流通科技进步。坚持把信息化作为推动粮食流通产业转型升级的重要抓手，以全国粮食流通信息化试点示范省为契机，加快实施以"数字化政务、精准化业务、电子化商务、网络化服务"为主要内容的"数字粮食"工程。完善信息化基础设施，建立运行数据管理中心，制定全省信息化标准，开发使用地方储备粮可视化管理等一批粮食流通管理业务系统。突出"数字粮库"建设，推动省内粮库及各类涉粮机构、企业联网，实现粮食购销、仓储、计量、粮情等实时信息的全省共享。建立粮食流通公共服务平台和决策辅助平台。

（四）实施"法治粮食"工程，提升粮食行业管理水平。积极推动地方粮食立法工作，制定《江苏省粮食安全保障条例》，修订《江苏省地方储备粮管理办法》，为依法管粮提供法制保障。加强对"米袋子"省长负责制下市、县长分级负责制的检查考核，层层落实保障粮食安全的责任。加强粮食收购市场监督检查，依法查处各类坑农、害农行为和扰乱粮食市场正常经营秩序的违法行为。粮食、工商、质监、卫生、物价等部门建立工作协调和信息通报机制，合力加强粮油产品质量和卫生状况的监管，确保市场粮油供应安全，保障人民群众健康消费。全面加强粮食执法队伍建设，完善省、市、县粮食质检监测体系，保障各级粮食行政管理部门有效履行监督检查、统计调查、原粮卫生质量检测等职能。

（五）实施"人才兴粮"工程，夯实粮食事业发展支撑。坚持把加强行业人才队伍建设作为兴粮之基、竞争之本和转型之要，努力培养数量充足、结构优化、素质优良、富有竞争优势的粮食行业人才队伍，为江苏省粮食流通业基本实现现代化提供人才保证和智力支撑。按照分类管理、分级负责的原则，加大粮食行业各级各类人才培训力度。加强职业技能培训和鉴定工作，推进粮食行业人才队伍专业化。创新人才激励机制，及时宣传典型，在全社会营造"尊重劳动、尊重知识、尊重人才、尊重创造"的浓厚氛围。"十二五"时期，重点实施"十百千万人才发展计划"，着力培养 10 名行业领军型人才、100 名高素质党政人才、1000 名企业经营管理人才及 1 万名专业技术和高技能人才。

四、组织领导

（一）加强组织协调。各级人民政府要把粮食流通业现代化建设摆上重要位置，全面落实"米袋子"省长负责制下市、县长分级负责制，在政策环境、体制创新、财政保障等方面给予优先支持。建立全省粮食流通业现代化建设工作协调机制，统筹协调全省粮食流通业现代化建设的重大事项。各市、县（市、区）要建立相应工作机制，切实加强对本地区粮食流通业现代化建设的组织领导和工作协调。及时总结推广各地的成功经验，探索不同经济发展水平和资源条件下推进粮食流通业现代化建设的新路子。

（二）加大扶持力度。各级人民政府要把保障粮食供应安全作为一项重大任务，切实加大对粮食储备、粮食仓储物流、信息化、应急保供网络等基础建设的财政投入力度。引导并鼓励工商资本、民间资本投资参与粮食流通业现代化建设。各级农业发展银行要对粮食收购、基地建设、粮食产业化经营等给予大力支持。在税收、资金、土地出让、人才等方面对地方国有粮食企业改革和发展给予支持，形成推进粮食流通业现代化建设的强大合力。

（三）严格检查考核。将粮食流通业现代化建设纳入农业现代化考核内容，一并推动落实。省粮食局会同省有关部门根据粮食流通业基本现代化建设目标，分解落实年度目标，建立考核督查制度，定期对目标任务完成情况进行通报。对粮食流通业现代化建设作出突出贡献的单位和个人，予以表彰奖励。

江苏省人民政府办公厅

2013 年 2 月 5 日

关于印发《关于深化全省粮食行业改革的意见》的通知

苏粮〔2014〕12 号

各市、县（市、区）粮食局：

经省人民政府同意，现将《关于深化全省粮食行业改革的意见》印发给你们，请结合实际贯彻实施。

为进一步释放粮食行业发展活力，切实增强江苏省粮食安全保障能力，依据《中共中央关于全面深化改革若干重大问题的决定》和《中共江苏省委贯彻落实〈中共中央关于全面深化改革若干重大问题的决定〉的意见》，结合江苏省粮食行业发展实际，现就深化全省粮食行业改革提出如下意见。

一、深化全省粮食行业改革的重要意义

农为邦本，食为政首。粮食是江苏省经济发展不可或缺的重要组成部分。改革开放特别是进入 21 世纪以来，江苏省粮食行业紧紧围绕发展大局，不断深化改革，基本建立了适应国家宏观调控和江苏省情、粮情的粮食流通体制，粮食安全保障能力明显提升。但是，也要看到，江苏省粮食行业发展仍面临许多矛盾和问题。一是粮食安全保障体系尚未真正建立，发展质量和效益亟待提高；二是现代粮食经营管理机制尚未真正形成，发展活力和能力亟待增强；三是资源环境约束日趋加剧，粮食行业治理和粮食生态建设亟待加强。解决这些矛盾和问题，根本出路在于全面深化改革。深化粮食行业改革，是顺应全球粮食市场新形势新变化、落实国家粮食安全保障战略、促进粮食行业持续健康发展的需要；是发挥市场决定性作用、激发企业发展活力、提高粮食产业竞争力的需要；也是发挥政府管理服务职能、营造良好发展环境、提高发展质量和效益的需要。全省粮食行业干部职工都要以高度责任感、使命感和紧迫感，主动承担深化粮食流通行业改革的历史重任，

切实为更多释放改革红利做出积极贡献。

二、深化全省粮食行业改革的总体思路与主要目标

（一）总体思路

认真贯彻落实党的十八大、十八届三中全会和省委十二届六次会议精神，紧密结合粮食行业发展实际，正确处理好政府与市场关系，以提高粮食安全保障能力为根本取向，以推进粮食流通治理能力现代化为战略重点，以群众普遍得益受惠为基本标尺，着力完善体制机制，着力健全管理制度，着力激发市场活力，着力优化发展环境，加快建立高效、开放、可持续的粮食安全保障体系，切实形成安全粮食、智慧粮食、品牌粮食、法治粮食、廉洁粮食江苏"五粮"品牌，努力为全省"两个率先"发展大局作出积极贡献。

（二）主要目标

坚持循序渐进，稳扎稳打，一步一个脚印的改革原则。2014 年到 2015 年，调研论证，启动改革试点。2015 年到 2018 年，全面深化改革，加强督促检查。2019 年到 2020 年，总结提升，粮食流通业基本实现现代化，形成系统完备、科学规范、运行有效的体制机制，建成比较完善的粮食市场体系、粮食产业体系、市场调控体系、执法监管体系、粮政管理体系，形成江苏粮食改革特色品牌。

市场体系完善。各类市场主体平等竞争，各类经营业态充分发育，市场配置资源的决定性作用充分发挥，统一开放、竞争有序的现代粮食市场体系基本建立。粮食企业信用水平显著提高，信用信息资源得到有效整合和共享利用。国有粮食企业通过改制，建立现代企业制度。

粮食产业发达。粮食收储、加工、物流、批发、零售等产业体系完整，布局合理。粮食产业园区良性发展，功能提升。粮食仓储设施改造基本完成，信息化、"四散化"水平提高，粮食流通效率明显提高。

产销调控高效。立足省内，谷物基本自给、口粮绝对安全。种粮卖得出、吃粮买得到。粮食储备规模、布局、结构合理，管理体制、运行机制更趋完善、更有效率。在库粮食数量真实、储存安全。应急保供网络、监测预警机制健全。粮食产销协作更加紧密，利益机制更加合理。

监督管理规范。粮食安全省长负责制下的各级政府行政首长负责制全面建立，可量化、可考核、可问责的监督考核机制有效落实。粮食行政执法能力、粮油质量检测能力明显提高，市场秩序良好，粮食质量安全有可靠保障。粮食行政管理部门作用得到更好发挥，行业人才队伍素质优良。

三、深化全省粮食行业改革的重点内容

（一）完善粮食市场体系，激发经营主体活力

1. 营造公平竞争市场环境。依照国家相关政策，落实各类粮食企业在税收、信贷、用地等方面的同等待遇，各类主体依法平等地进入粮食收储、加工、物流、批发、零售行业；鼓励和支持民资、外资粮食企业与国有企业有序、充分竞争，共同发展。建立健全统一的粮食收购、储存、销售等市场管理配套制度，建立地方政策性粮食业务进入和退出机制，逐步放开多元市场主体，通过合同、委托代理、公开竞拍等方式，平等参与政策性粮食经营。规范政策性粮食购销业务操作，维护公平竞争的市场环境。

2. 积极培育多元市场主体。鼓励和引导多种所有制市场主体从事粮食收购、加工和批发等经营活动，积极发展农民专业合作组织，引导农村粮食经纪人等新型市场主体有序发展。鼓励优势企业以市场为导向，以资本、技术和品牌等为纽带，通过联合、兼并、重组等方式整合市场资源，增强开发创新能力、转化增值能力和市场开拓能力，逐步培育和发展具有核心竞争能力的大型粮油加工企业。大力实施品牌战略，打造一批粮油品牌，提升竞争力。

3. 加强粮油批发市场建设。合理规划引导粮油批发市场建设，粮食主产区着重发展产地批发市场，销区重点发展成品粮油批发市场。落实粮食批发市场建设在用地、税费减免等方面的政策措施。降低或取消相关收费，降低场内交易成本，改善市场营运环境，促进场外交易向场内交易转移。发展分级储运、配送、电子商务和期货贸易等现代交易方式，完善市场综合服务功能。健全粮食批发市场信息网络，提高信息收集、整理、分析及发布水平，发挥市场价格发现、预测、辅助决策作用。

4. 建立粮食企业信用评价制度。健全信用信息数据库，推行粮食企业信用情况分类监管机制。褒扬诚信、惩戒失信。对具有较高信誉等级企业，在经营许可、收储资格、库房改造、设备设施配备、企业融资推荐等方面优先支持。对信誉等级低或有不良信誉记录的企业，作为行政管理部门抽查、执法检查和日常巡查的监管重点。列入"黑名单"的企业和个人，严格稽查审核，实施行政惩戒，并依法向社会披露。

（二）健全粮食购销调控体系，增强市场流通能力

1. 创新粮食收购服务。履行粮食收购组织、督查、指导职责，做好政策性粮食收储工作。严格执行国家收购政策，坚持依质论价，保护农民利益。积极创新收购方式，鼓励有条件的粮食企业采取订单收购、预约收购方式，服务种粮大户、家庭农场等规模种植农户，提高收购组织化程度。发挥和依法规范粮食经纪人在粮食收购中的桥梁纽带作用。根

据粮食生产布局实际，合理规划国有粮食企业收储库点，满足和方便农民售粮。加快粮食收储企业烘干、整理等设施建设，防止因粮食质量指标不合格而造成卖粮难问题。

2. 深入推进产销合作。鼓励省内产销区建立粮食产销合作利益补偿机制，支持产销区企业共建生产基地、联办市场，以及以代收、代储、代销等多种形式，深化合作，建立资源共享、优势互补、互利多赢的紧密型粮食产销合作关系，省内年产销衔接合同数量在50亿斤以上。充分利用江苏省的区位优势、粮源优势，以及加工能力强、市场需求大等特点，积极发展省际间粮食产销合作关系，提高跨省粮食经营水平，有效调剂省内粮食余缺，年省外采购量在100亿斤以上。鼓励有条件的企业"走出去"，充分利用国际市场和资源。

3. 创新储备调控机制。合理调整储备规模，规范储备粮管理。建立有利于发挥储备功能的地方储备粮管理体制和吞吐调节机制，提高储备粮轮换、销售调节和稳定市场供求的能力。建立省、市、县三级储备粮协同调控市场机制，增强地方储备粮调节供求、保障供应的作用。建立省级储备粮承储动态管理办法，引入竞争承储机制，对承储企业实行考核评价和动态调整。推进地方储备粮采购、轮换和销售通过规范的粮食批发市场公开进行。综合运用现代信息技术，实现对地方储备粮收购、结算、储存、出入库流程的可视化管理。

4. 增强应急保障能力。健全粮食市场监测网络，加强粮食购销存、价格等信息动态监测及分析，构建市场预警机制。健全市场信息会商、应急协调、应急联动等管理工作机制。落实应急保障资金、成品粮油应急储备等物资，重点大中城市和价格易波动地区的成品粮油和小包装粮油储备，保证15天的消费量。建设改造粮食应急加工、配送、供应网点、信息平台等应急保供网络，提高粮食市场预警、应急供应和处置水平，确保在严重自然灾害和紧急状态下的粮食供应，维护社会稳定。

（三）优化仓储物流设施，提高产业支撑能力

1. 提升粮食收储物流功能。合理布局粮食收储和物流节点，推广全流通环节的供应链管理模式，形成快捷高效的现代粮食物流体系。重建、新建、维修改造仓储设施，配置先进适用的收储作业设备。扩大新能源、新工艺、新材料等先进技术在粮食收储、物流环节的应用。建设以物联网为主要技术支撑的数字粮库、物流追踪和质量追溯系统，提升粮食收储物流信息化水平，建成数字粮库40个以上。推广散装、散卸、散储、散运技术，提高流通环节作业效率，降低流通环节损耗，机械通风、粮情检测、环流熏蒸、低温和准低温仓容占有效仓容的比例分别达到95%、55%、40%、10%。

2. 推进粮食产业园区建设。加快发展现代仓储物流体系，推动粮油产业布局向沿海、

沿江、沿东陇海线、沿运河集聚，项目向园区集聚，资源向优势企业集聚。制定省级粮食产业园区标准，重点扶持 26 个省级产业园区和物流中心建设。坚持市场和技术双重导向，向生产和消费两头延伸，打造园区循环产业。推动园区实现产业结构合理、产业体系完整、产业主体多元、产业规模适度，成为带动所在地区粮食产业发展、保障粮食安全的重要载体。

3. 打造全产业链发展模式。积极向生产领域延伸，鼓励和发展粮食订单生产方式。推进骨干粮食企业建立粮食生产基地，通过农民土地承包经营权流转，形成产、加、销一体化的粮食龙头企业。与农业生产、科技部门和加工企业紧密合作，将育种、种植、收购、仓储、物流、加工、品牌推广、销售等环节有机结合，并加快向消费领域拓展，发展粮食深加工，实现粮食经营增值，提高整个粮食流通产业的运营效率。加强粮食生态循环利用研究，发展生态粮食产业，提高粮油资源整体利用效率。

（四）创新企业经营机制，提升市场竞争能力

1. 改革企业组织形式。着力推进地方国有粮食购销企业兼并重组，结合全省地方国有粮食收储库点布局规划调整，择优对乡镇粮管所、粮库实行子（分）公司制、股份制改造，加快形成县（市、区）粮食购销总公司（集团）＋子公司、分公司＋收储库点的经营管理模式，从而促进资产、资源向优势企业集中，提高规模经营水平。全省国有粮食企业中建立新型组织形式的占比 80% 以上。

2. 推进产权制度改革。坚持政企分开，建立归属清晰、权责明确、保护严格、流转顺畅的现代产权制度。粮食行政管理部门逐步由管企业向管资本转变，明确国有粮食企业资产出资人职责。加强国有资本监管，成立国有资本经营公司，使国有资本更好地在服务农民增收、保障粮食安全等公共服务中发挥作用。鼓励和支持民间资本通过参股、控股等多种形式参与国有粮食企业改制重组，建立多元产权结构，发展混合所有制经济，放大国有资本功能，提高竞争能力。

3. 建立现代企业制度。建立产权清晰、权责明确、政企分开、管理科学的现代企业制度。健全法人治理结构，规范运转、有效制衡，保障企业自主决策、自主经营权利。建立经营业绩考核和责任追究制度，强化国有企业经营投资责任。支持国有粮食企业上市。鼓励实行经营者年薪制，积极引入职业经理人制度。完善企业内部管理人员能上能下、员工能进能出、收入能增能减的用工制度。

4. 创新企业经营方式。适应农业生产经营体制变化和新型城镇化建设要求，推进国有粮食购销企业积极参与种植业土地流转，组织和联合种粮大户、家庭农场、农民合作社等，建立分工协作、互利共赢的一体化的新型粮食专业合作组织。适应粮食消费方式转

变，积极发展城乡"放心粮油"网点、连锁经营、"网上粮店"、"粮食银行"等流通业态。基地收购、订单收购及批发市场、"放心粮油"配送等现代粮食流通业态占购销总量60%以上。参与农村集体经营性建设用地流转，拓宽粮食企业发展空间。

（五）加强粮食质量监管，提高行业治理能力

1. 提高粮食质量监管能力。坚持对粮食质量实施最严谨的标准、最严格的监管、最严厉的处罚、最严肃的问责。加快推进监测体系和监管能力建设，重点实施县级质检机构省局授牌和能力提升工作，建立健全以省粮油质量监测中心为龙头、4个区域性质检机构为中心、13个市级机构为骨干、69个县级机构为基础，855个购销企业内设质检部门为依托的资源共享、统筹高效的粮油质检体系。加强对重点产品的风险监测预警，加强食品追溯体系建设，积极推进对粮食质量安全和政策性粮食流转过程的全程可追溯管理。

2. 建立原粮质量干预制度。明确粮食质量问题属地政府第一责任。合理布局监测网点，建立覆盖全省粮食主产县和重点污染地区的原粮质量安全监控点。使用先进、快速检验手段和技术，掌握原粮卫生安全状况，快速反馈原粮质量信息。建立不合格原粮处置机制，严格全程监管，杜绝其流向食品加工和口粮市场。财政资金对按政策规定收购和销售质量不合格粮食的企业给予合理价差及相关费用补偿。规范粮食质量信息发布渠道，重大事件由相关归口部门对外发布。

四、深化全省粮食行业改革的保障措施

（一）优化行政管理职能

1. 加快管理职能转变。落实粮食安全行政首长负责制，按照市场在资源配置中起决定作用和更好发挥政府作用的要求，稳定粮食行政管理机构，履行粮食宏观调控、市场监管、产业发展、行业服务等职能。创新管理方式，更好地发挥行政管理和公共服务作用，全面推进依法行政和依法管粮，使粮食行政管理部门真正成为公共服务的提供者、市场主体的监管者、公平竞争的维护者、市场秩序的执法者。

2. 提升粮食行政执法能力。强化各级粮食行政管理部门的行政执法、质量监测职能，落实相应的机构和人员，80%的市县成立粮食行政执法专职队伍，执法车辆、执法装备保障到位。加强对粮食经营者从事粮食收购、储存、运输活动和政策性用粮的购销活动，以及执行国家粮食流通统计制度情况的监督检查，严厉打击压级压价、"打白条"、克斤扣两等坑农害农行为，提升市场规范程度。深化统计制度改革，强化统计调查职能，为政府决策和宏观调控提供可靠依据。

（二）完善长效投入机制

1. 加大对公共基础设施和公共服务投入。争取将粮食仓储设施、设备、应急保供网

点、质检能力等基础设施建设及粮食储备、市场预测预警、全社会统计、产业发展规划编制、市场秩序维护等公共服务，纳入财政支持范围。完善粮食风险基金制度，确保市县粮食风险基金及时足额到位，扩大粮食风险基金使用范围，提高财政保障能力。鼓励和扶持社会力量参与提供公共服务，扩大政府购买服务的领域和范围。

2. 完善公共财政补贴机制。配合相关部门，探索建立农业补贴与粮食商品量挂钩机制和财政转移支付的利益补偿机制。研究建立产销区粮食补偿双向驱动机制，增强粮食主产区发展粮食生产积极性。积极争取逐步提高补贴水平，有条件的地区，加快实行价外补贴政策。引导全社会各类企业在科技研发、产业创新、品牌创建等方面加大投入，激励发展。充分发挥财政资金引导作用，通过贴息、奖励、风险补偿、税费减免等措施，带动金融和社会资金更多投入。按照市场定价、价补分离原则，探索建立粮食目标价格机制，根据市场价格水平补贴生产者或低收入消费者。

（三）加强人才队伍建设

以人才能力建设为核心，以行业领军型人才、高素质党政人才、优秀经营管理人才、高层次专业技术和高技能人才为重点，培养造就数量充足、结构优化、素质优良、富有竞争优势的粮食行业人才队伍。坚持以企业为主体推进产学研联合，增强粮食行业科技创新能力，加快科技成果转化。大力推进岗位成才，积极培养后备梯队人才，改善粮食行业队伍结构。建立健全公正客观、透明高效的人才评价激励制度，充分调动各类人才干事创业的积极性和创造性。

江苏省粮食局
2014 年 5 月 26 日

第五部分

江苏粮食产业统计资料

附件 1 江苏粮食生产统计资料

附表 1-1　2016 各省市区的粮食播种与生产

地区	播种面积 （千公顷）	单位面积产量 （公斤/公顷）	总产量 （万吨）
全国总计	113028.2	5452.1	61623.9
北　京	87.3	6148.2	53.7
天　津	357.3	5496.6	196.4
河　北	6327.4	5468.7	3460.2
山　西	3241.4	4067.6	1318.5
内蒙古	5784.8	4806.1	2780.2
辽　宁	3231.4	6500.7	2100.6
吉　林	5021.6	7402.4	3717.2
黑龙江	11804.7	5132.3	6058.6
上　海	140.1	7107.1	99.5
江　苏	5432.7	6379.9	3466
浙　江	1255.4	5991.3	752.2
安　徽	6644.6	5143.2	3417.5
福　建	1176.7	5531.2	650.9
江　西	3686.2	5800.3	2138.1
山　东	7511.5	6258	4700.7
河　南	10286.2	5781.2	5946.6
湖　北	4436.9	5756.6	2554.1
湖　南	4890.6	6038.3	2953.1
广　东	2509.3	5420.7	1360.2
广　西	3023.6	5031.4	1521.3
海　南	360.4	4937.9	178
重　庆	2250.1	5182.1	1166
四　川	6453.9	5397.5	3483.5
贵　州	3113.3	3830	1192.4
云　南	4481.2	4246.4	1902.9

续表

地区	播种面积 （千公顷）	单位面积产量 （公斤/公顷）	总产量 （万吨）
西 藏	176.6	5680.3	100.3
陕 西	3068.7	4002.6	1228.3
甘 肃	2814	4053.3	1140.6
青 海	281.1	3680.8	103.5
宁 夏	778.3	4761.5	370.6
新 疆	2401.1	6298.2	1512.3

附表 1-2　江苏粮食种植结构——播种面积

年份	小麦面积 （千公顷）	小麦占比 （%）	稻谷面积 （千公顷）	稻谷占比 （%）	玉米面积 （千公顷）	玉米占比 （%）	大豆面积 （千公顷）	大豆占比 （%）
1978	1412.82	22.39	2661.18	42.17	445.01	7.05	345.36	5.47
1980	1519.47	24.95	2676.15	43.94	386.21	6.34	236.47	3.88
1985	2170.39	33.74	2431.11	37.79	659.62	10.25	317.93	4.94
1990	2399.19	37.71	2454.44	38.57	461.01	7.25	244.67	3.85
1995	2150.35	37.36	2250.31	39.10	461.98	8.03	201.32	3.50
1996	2216.26	37.71	2335.91	39.74	467.83	7.96	179.49	3.05
1997	2341.37	39.06	2377.62	39.66	439.00	7.32	217.44	3.63
1998	2314.95	38.93	2369.70	39.85	473.49	7.96	220.83	3.71
1999	2251.70	38.63	2398.45	41.15	454.31	7.79	210.41	3.61
2000	1954.60	36.85	2203.46	41.54	423.16	7.98	249.19	4.70
2001	1712.81	35.05	2010.25	41.14	429.81	8.80	244.37	5.00
2002	1715.85	35.14	1982.05	40.59	436.53	8.94	243.44	4.99
2003	1620.45	34.78	1840.93	39.51	451.90	9.70	241.68	5.19
2004	1601.17	33.54	2112.90	44.25	389.11	8.15	216.42	4.53
2005	1684.44	34.31	2209.33	45.00	370.24	7.54	214.80	4.38
2006	1912.67	37.42	2216.00	43.36	378.17	7.40	213.00	4.17
2007	2039.12	39.10	2228.07	42.72	391.21	7.50	222.73	4.27
2008	2073.12	39.36	2232.55	42.39	398.51	7.57	232.77	4.42
2009	2077.61	39.41	2233.24	42.36	399.84	7.58	232.98	4.42
2010	2093.07	39.62	2234.16	42.29	403.70	7.64	226.90	4.30
2011	2112.41	39.71	2248.63	42.27	414.34	7.79	219.71	4.13
2012	2132.56	39.96	2254.22	42.24	418.90	7.85	210.46	3.94
2013	2146.93	40.05	2265.67	42.26	426.38	7.95	209.36	3.91

续表

年份	小麦面积 （千公顷）	小麦占比 （%）	稻谷面积 （千公顷）	稻谷占比 （%）	玉米面积 （千公顷）	玉米占比 （%）	大豆面积 （千公顷）	大豆占比 （%）
2014	2159.94	40.18	2271.69	42.26	436.10	8.11	203.37	3.78
2015	2178.80	40.17	2291.60	42.24	451.70	8.33	201.50	3.71

附表1-3　2011～2015年江苏省主要小麦品种面积统计表（单位：万亩）

分类	品种	2011年	2012年	2013年	2014年	2015年
弱筋小麦	扬麦13	235.2	245.8	196.4	179.8	118
	宁麦13	135.1	139.5	256.6	276.2	305.6
偏强筋小麦	烟农19	563.77	580.7	498.2	381.4	446.3
	淮麦20	241.9	221.8	285	250.4	245.3
中筋小麦	郑麦9023	264.35	233.4	300.5	247.7	272.5
	济麦22	180.3	218.4	307	214.3	358
	扬麦16	489.55	523.4	529.6	448.8	349.7
	扬辐麦4号	27.1	61.8	97.4	116.9	194.2
	扬麦20	—	—	9.3	91	145.5
	宁麦14	55.58	43.7	60.9	67.4	55.4
	矮抗58	221.9	196.5	155	135.2	107.8
	徐麦30	25	68	68	69	72.7
	淮麦33	—	—	—	—	69.3

附表1-4　2010～2015年江苏省农林牧渔产业产值（单位：亿元）

指标	2010年	2011年	2012年	2013年	2014年	2015年
农林牧渔业总产值	4297.14	5237.45	5808.81	6158.03	6443.37	7030.76
农业产值	2269.56	2640.95	2966.72	3167.78	3362.81	3722.10
谷物产值	736.25	876.60	948.87	996.38	1056.01	1400.96
豆类产值	37.01	37.74	39.55	36.67	36.58	42.55
油料产值	66.49	71.92	89.43	84.34	84.21	86.80
蔬菜园艺作物产值	1074.92	1258.82	1440.13	1592.70	1696.70	1930.7

附表1-5　2011～2015年江苏省籼稻物质与服务费用结构（单位，元/亩）

年份	物质与服务费用	种子费	肥料费	农药费	租赁作业费
2011	422.04	50.06	144.12	47.26	155.09
2012	454.88	51.11	154.36	48.17	170.4

续表

年份	物质与服务费用	种子费	肥料费	农药费	租赁作业费
2013	476.65	54.78	135.25	55.2	196.69
2014	461.8	55.04	123.64	55.63	191.71
2015	476.95	60.12	139.29	62.31	176.42

附表1-6 2011~2015年江苏省粳稻物质与服务费用结构（单位，元/亩）

年份	物质与服务费用	种子费	肥料费	农药费	租赁作业费
2011	532.23	37.12	188.94	92.76	183.86
2012	576.56	42.13	201.95	103.52	193.36
2013	586.14	44.31	193.86	103.97	206.68
2014	576.46	45.35	170.82	100.15	222.55
2015	596.77	49.32	172.1	101.85	223.7

附表1-7 2011~2015年江苏省小麦物质与服务费用结构（单位，元/亩）

年份	物质与服务费用	种子费	肥料费	农药费	租赁作业费
2011	263.27	42.82	137.64	14.69	44.02
2012	303.18	51.92	156.68	14.8	57.81
2013	294.14	53.42	145.54	16.57	50.69
2014	311.91	51.47	135.95	19.39	77.65
2015	304.75	56.82	131.17	16.61	139.62

附表1-8 2011~2015年江苏省籼稻人工成本结构

年份	总成本（元/亩）	用工数量（元/亩）	家庭用工折价金额（元/亩）	家庭用工天数（天/亩）	雇佣费用金额（元/亩）	雇佣天数（天/亩）	雇工工价（元/天）
2011	780.86	5.79	203.4	5.1	42.2	0.7	59.75
2012	913.85	5.71	373.7	4.9	54.9	0.8	67.24
2013	978.37	5.08	301.7	4.4	60.3	0.7	93.33
2014	1024.73	4.92	312.3	4.2	76.1	0.7	105.54
2015	1090.31	5.05	334.7	4.29	80.46	0.76	106.43

附表 1 – 9　2011～2015 年江苏省粳稻人工成本结构

年份	总成本 （元/亩）	用工数量 （元/亩）	家庭用工 折价金额 （元/亩）	家庭用 工天数 （天/亩）	雇佣费 用金额 （元/亩）	雇佣天数 （天/亩）	雇工工价 （元/天）
2011	940.58	6.6	252.2	6.3	17.9	0.3	61.42
2012	1132.71	6.98	374.4	6.7	22.5	0.3	76.16
2013	1206.95	6.58	437.1	6.4	11.9	0.2	79.67
2014	1236.81	6.06	438.5	5.9	14.8	0.2	90.48
2015	1301.53	6.21	471.51	6.05	15.02	0.17	90.48

附表 1 – 10　2011～2015 年江苏省小麦人工成本结构

年份	总成本 （元/亩）	用工数量 （元/亩）	家庭用工 折价金额 （元/亩）	家庭用 工天数 （天/亩）	雇佣费 用金额 （元/亩）	雇佣天数 （天/亩）	雇工工价 （元/天）
2011	655.74	3.86	159.64	4	2.41	0.04	68.94
2012	767.95	3.99	223.61	4.03	3.07	0.04	76.83
2013	812.57	3.58	239.5	3.52	4.41	0.05	83.19
2014	881.83	3.58	260.55	3.5	7.08	0.08	89.57
2015	898.87	3.32	253.11	3.25	7.42	0.08	96.39

附表 1 – 11　2011～2015 年江苏省籼稻土地成本结构

年份	总成本（元/亩）	流转地租金		自营地折租	
		金额（元/亩）	占比（%）	金额（元/亩）	占比（%）
2011	780.86	13.61	1.7	99.61	12.8
2012	913.85	16.41	1.8	113.9	12.5
2013	978.37	29.12	3	110.59	11.3
2014	1024.73	43.6	4.3	130.91	12.8
2015	1090.31	57.26	5.25	140.94	12.93

附表 1 – 12　2011～2015 年江苏省粳稻土地成本结构

年份	总成本（元/亩）	流转地租金		自营地折租	
		金额（元/亩）	占比（%）	金额（元/亩）	占比（%）
2011	940.58	31.92	3.4	106.4	11.3
2012	1132.71	37.01	3.3	122.24	10.8
2013	1206.95	43.84	3.6	128	10.6
2014	1236.81	65.6	5.3	141.4	11.4
2015	1301.53	64.37	4.95	153.86	11.82

附表 1 – 13　2011 ~ 2015 年江苏省小麦土地成本结构

年份	总成本（元/亩）	流转地租金		自营地折租	
		金额（元/亩）	占比（%）	金额（元/亩）	占比（%）
2011	655.74	25.95	3.96	102.91	15.69
2012	767.95	27.64	3.6	123.17	16.04
2013	812.57	39.43	4.85	121.57	14.96
2014	881.83	56.31	6.39	136.28	15.45
2015	898.87	59.53	6.62	147.72	16.43

附表 1 – 14　江苏省水稻种植优势区

四大优势产区	主产县（市、区）	主要品种
淮北中熟中粳稻优势区	沛县、新沂、邳州、泗洪、沭阳、灌云、灌南、赣榆、东海、涟水、淮阴、响水、阜宁、滨海	常规中熟中粳稻，是江苏省水稻重点产区
江淮及沿海迟熟中粳稻优势区	洪泽、楚州、建湖、射阳、盐都、亭湖、东台、大丰、邗江、江都、高邮、宝应、兴化、泰兴、靖江、姜堰、通州、如皋、如东、海安	以常规迟熟中粳稻为主，是江苏省优质粳稻的重点产区
沿江及太湖单季晚粳稻优势区	江宁、高淳、溧水、句容、丹阳、丹徒、武进、溧阳、金坛、宜兴、江阴、张家港、吴江、太仓、常熟	以单季晚粳稻为主，是江苏省水稻高产地区
沿运河及丘陵杂交中籼稻优势区	泗阳、宿豫、宿城、沭阳、铜山、睢宁、盱眙、金湖、高邮、仪征、六合	以杂交中籼稻为主，是江苏省籼稻重点产区

附表 1 – 15　江苏省小麦优势产区具体布局

四大优势产区	主产县（市、区）	主要品种
淮北北部陇海线强筋小麦	丰县、邳州、沛县、铜山、新沂、睢宁、沭阳、赣榆、灌云、灌南、东海、泗阳、宿豫、宿城等20个县（市、区）	江苏省优质强筋小麦优势区
里下河及沿淮中筋小麦	泗洪、楚州、涟水、金湖、盱眙、淮阴、洪泽、滨海、响水等11个县（市、区）	全省面粉加工企业优质中筋配麦原料基地
沿江及沿海弱筋小麦	姜堰、泰兴、兴化、靖江、如皋、海安、通州、如东、仪征等13个县（市、区）	全省最大的弱筋小麦生产基地
苏南丘陵及太湖中筋弱筋小麦	溧水、丹阳、句容等14个县（市、区）	精耕细作可适合中筋小麦，投入不足则适合弱筋小麦

附件 2　江苏粮食购销统计资料

附表 2-1　2016 年江苏省粮油购销总量表（单位：吨）

品种指标	期初库存	购进小计	销售支出小计	期末库存
粮食品种	—	—	—	—
折合原粮合计	6464889.5	91794064.4	92470670.4	5783170
贸易粮合计	5741107.7	82488638.9	83122980.7	5101652.9
谷物合计	5798553.5	74214092.8	74920329	5087717.4
小麦及小麦粉	—	—	—	—
折合小麦	2233851.7	33574742	34063913	1740081
折合面粉	1563696.2	23502319.4	23844739.2	1218056.7
实际小麦	1967124.6	22831798.9	23272650.3	1522092.1
实际面粉	186709	7520060.2	7553884	152592.2

附表 2-2　2016 年江苏省稻谷及大米购销总量表（单位：吨）

	期初库存	购进小计	销售支出小计	期末库存
稻谷及大米	—	—	—	—
折合稻谷合计	2412605.7	31018084.8	31158966.7	2271723.9
折合早籼稻	0	4936	4927	9
折合中晚籼稻	321823.9	4706016.8	4666371.9	361468.9
折合粳稻	2090781.9	26307131.8	26487668	1910246
折合大米合计	1688824	21712659.4	21811276.5	1590206.7
折合早籼米	0	3455.2	3448.9	6.3
折合中晚籼米	225276.7	3294211.7	3266460.2	253028.3
折合粳米	1463547.3	18414992.6	18541367.4	1337172.2
实际稻谷合计	2206990	19017514.5	19173427.9	2051076.6
实际早籼稻	0	3876	3867	9
实际中晚籼稻	306461	2825456.2	2796859.7	335057.5
实际粳稻	1900529	16188182.3	16372701.2	1716010.1
实际大米合计	143931	8400399.2	8389877.1	154453.1

续表

	期初库存	购进小计	销售支出小计	期末库存
实际早籼米		742	742	
实际中晚籼米	10754	1316392.4	1308658.4	18488
实际粳米	133177	7083264.8	7080476.7	135965.1

附表 2 - 3　2016 年江苏省油脂油料购销总量表（单位：吨）

	期初库存	购进小计	销售支出小计	期末库存
油脂油料品种	—	—	—	—
油及油料折油合计	643928.4	8640363.2	8517676.7	766615
油脂合计	602980	8451269.8	8305107.3	749142.5
油料合计	129603	604302.2	677805.3	56099.9
折合菜籽油	125941.5	1712408.9	1668264.4	170086.1
实际菜籽油	88081	1555294.9	1487706.2	155669.7
实际油菜籽	118314	490981.4	564244.1	45051.3
折合花生油	50115.8	245526.3	173768.4	121873.8
实际花生油	47675	217527.5	146000.2	119202.3
实际花生果	8717	99996	99172	9541
实际大豆油	256110	3568592	3548239.6	276462.4
实际棉籽油	1206	1512	2357	361
实际棕榈油	137813	1567826.8	1636289.1	69350.7
折合葵花籽油	26448	459484.6	438686.5	47246.3
实际葵花籽油	25820	458472.5	437395.5	46897
实际葵花籽	2512	4048	5163	1397
实际油茶籽油	1	278	279	
折合芝麻油	118	1111.4	708.4	521
实际芝麻油	118	1111.4	708.4	521
实际玉米油	5476	93275.2	81307	17444.2
实际米糠油	4137	124331.4	113408.4	15060
实际调和油	15851	269775.2	280363.5	5262.7
其他油及其他油料折油	20711.2	596241.3	574005.8	42946.9
实际其他油	20692	593272.9	571053.4	42911.5
实际其他油料	60	9276.8	9226.2	110.6

附表 2－4　2016 年江苏省粮油购进明细表（单位：吨）

品种指标	从生产者购进				从企业购进	
	小计	其中：省外	省内订单收购	现代农业经营组织收购	小计	其中：省外
粮食品种	—	—	—	—	—	—
折合原粮合计	23093486.4	1012293.4	4204876.8	9271854.7	29186935.7	6827157
贸易粮合计	19816707.8	996360.7	3616980.7	7826505.9	26826444.3	6631451.1
谷物合计	22708580.2	1005639.4	4199129.2	9165247.2	26669128	5915701.9
小麦及小麦粉	—	—	—	—	—	—
折合小麦	9979279.3	595386.5	2035747.1	4027092.7	11993922.1	1648744.7
折合面粉	6985495.7	416770.6	1425023	2818964.9	8395745.4	1154121.4
实际小麦	9979279.3	595386.5	2035747.1	4027092.7	11152303.7	1404449.8
实际面粉	—	—	—	0	589132.7	171006.4

附表 2－5　2016 年江苏省粮油销售明细表（单位：吨）

品种指标	销售支出		
	小计	其中：省外	对省内国有粮食企业销售
粮食品种	—	—	—
折合原粮合计	50349506.00	16417746.10	2075480.70
贸易粮合计	44871880.90	15101126.60	1810578.90
谷物合计	44046544.40	13477546.70	2065215.70
小麦及小麦粉	—	—	—
折合小麦	22200751.40	7833897.80	1098574.70
折合面粉	15540526.20	5483728.40	769002.50
实际小麦	11740273.60	3622979.30	1020263.90
实际面粉	7322334.60	2947642.90	54817.60

附表 2－6　2016 年江苏省稻谷购进明细表（单位：吨）

品种指标	从生产者购进				从企业购进	
	小计	其中：省外	省内订单收购	现代农业经营组织收购	小计	其中：省外
稻谷及大米	—	—	—	—	—	—
折合稻谷合计	10922595.8	53109	1959653.6	4817829.6	7868304.9	652352.9
折合早籼稻	0	0	0	0	3876	3867
折合中晚籼稻	1894888.8	28872	335084.7	699035	832014.7	73841.1
折合粳稻	9027707	24237	1624568.9	4118794.6	7032414	574644.6
折合大米合计	7645817.2	37176.3	1371757.5	3372480.8	5507813.3	456647

品种指标	从生产者购进				从企业购进	
	小计	其中：省外	省内订单收购	现代农业经营组织收购	小计	其中：省外
折合早籼米	0	0	0	0	2713.2	2706.9
折合中晚籼米	1326422.2	20210.4	234559.3	489324.5	582410.3	51688.9
折合粳米	6319395	16965.9	1137198.2	2883156.3	4922689.8	402251.2
实际稻谷合计	10922595.8	53109	1959653.6	4817829.6	5769548.5	351809.3
实际早籼稻	0	0	0	0	3876	3867
实际中晚籼稻	1894888.8	28872	335084.7	699035	692362	52997
实际粳稻	9027707	24237	1624568.9	4118794.6	5073310.5	294945.3
实际大米合计				0	1469129.4	210380.5
实际中晚籼米				0	97756.9	14591
实际粳米	—	—	—	0	1371372.5	195789.5

附表 2－7　2016 年江苏省油脂油料购进明细表（单位：吨）

品种指标	从生产者购进				从企业购进	
	小计	其中：省外	省内订单收购	现代农业经营组织收购	小计	其中：省外
油脂油料品种	—	—		—	—	—
油及油料折油合计	81095.8	30340.3	3529.2	12448.9	4003321.2	978985.6
油脂合计				0	3991373.6	972371.7
油料合计	265219.3	106609	11028.8	38903	38922	21942
折合菜籽油	52853.5	3918.7	1900.8	12448.9	1058642.4	175855.6
实际菜籽油	—	—	—	0	1050423.1	171123.1
实际油菜籽	165167.5	12246	5940	38903	25686	14789
折合花生油	26421.6	26421.6			105770.8	2136.1
实际花生油	—	—	—		104202.3	1266.7
实际花生果	94363	94363			5602	3105
实际大豆油	—	—	—	0	1202008.2	265464.4
实际棉籽油					693	0
实际棕榈油	—	—	—		962216.9	316462
折合葵花籽油					282286.9	138362.1
实际葵花籽油	—	—	—		281274.8	137350
实际葵花籽					4048	4048
实际油茶籽油					278	
折合芝麻油					1056.4	438
实际芝麻油	—	—	—		1056.4	438

续表

品种指标	从生产者购进				从企业购进	
	小计	其中：省外	省内订单收购	现代农业经营组织收购	小计	其中：省外
实际玉米油	—	—	—		57396.1	30660.6
实际米糠油	—	—	—		23823.9	19762.9
实际调和油	—	—	—		37760.2	115
其他油及其他油料折油	1820.4	0	1628.4	0	271388.2	29729
实际其他油	—	—	—	0	270240.7	29729
实际其他油料	5688.8	0	5088.8	0	3586	0

附表2-8　2016年江苏省稻谷和大米销售明细表（单位：吨）

品种指标	销售支出		对省内国有粮食企业销售
	小计	其中：省外	
稻谷及大米	—	—	—
折合稻谷合计	18258749.70	4388732.40	883006.00
折合早籼稻	4927.00	3867.00	0
折合中晚籼稻	2520764.80	1275062.90	56912.80
折合粳稻	15733058.00	3109802.70	826093.30
折合大米合计	12781124.80	3072112.70	618104.20
折合早籼米	3448.90	2706.90	0
折合中晚籼米	1764535.30	892544.00	39838.90
折合粳米	11013140.50	2176861.80	578265.30
实际稻谷合计	6957293.10	586118.60	762681.60
实际早籼稻	3867.00	3867.00	0
实际中晚籼稻	755906.90	81654.60	55477.00
实际粳稻	6197519.20	500597.00	707204.60
实际大米合计	7911019.60	2661829.70	84227.00
实际早籼米	742		
实际中晚籼米	1235400.50	835385.80	1005.00
实际粳米	6674877.10	1826443.90	83222.00

附表2-9　2016年江苏省油脂油料销售明细表（单位：吨）

品种指标	销售支出		对省内国有粮食企业销售
	小计	其中：省外	
成品粮合计	15238855.30	5610262.00	139044.60
油脂油料品种	—	—	—

续表

品种指标	销售支出		
	小计	其中：省外	对省内国有粮食企业销售
油及油料折油合计	5952990.10	1821862.30	10577.50
油脂合计	5929359.00	1819394.40	10525.00
油料合计	74370.50	7714.00	164
折合菜籽油	1207103.70	147832.60	575.5
实际菜籽油	1184690.50	145368.60	523
实际油菜籽	70041.50	7700.00	164
折合花生油	58059.00	47373.90	
实际花生油	56893.10	47370.00	
实际花生果	4164.00	14	
实际大豆油	2658352.00	912202.30	9999.00
实际棉籽油	2357.00	0	0
实际棕榈油	1240336.40	499288.20	
折合葵花籽油	294176.80	148879.30	
实际葵花籽油	294173.50	148879.30	
实际葵花籽	13		
实际油茶籽油	26.8	3	
折合芝麻油	128.7		
实际芝麻油	128.7		
实际玉米油	40337.10	16964.00	
实际米糠油	18923.70	13908.00	
实际调和油	145455.60	14420.00	
其他油及其他油料折油	287733.20	20991.00	3
实际其他油	287684.60	20991.00	3
实际其他油料	152	0	0

附件3 江苏粮食加工统计资料

附表3-1 2016年粮油加工转化企业产能及经济技术指标

经济技术指标（千元）			
工业总产值	25105427.6	产品销售收入	24779737.6
利税总额		当年固定资产投资	433774.5
利润总额	1294136.3	—	
研究开发投入			
当年研究开发投入（千元）	87634.6	当年专利获得数（件）	195
政府支持投入（千元）	3580.9	发明专利（件）	101
设计生产能力（吨）			
日处理稻谷	114982.4	日灌装小包装油脂	9711.1
日处理小麦	69485.4	日加工玉米	2624.9
日处理油料	81054.8	日处理杂粮及薯类	335
日处理大豆	65493.8	日产粮食食品	
日处理油菜籽	15181	日产馒头	
日处理棉籽		日产挂面	
日处理葵花籽	0	日产米制品	
日精炼油脂	30390.5	日产速冻米面制主食	
日精炼豆油	15779.3	—	
日精炼菜籽油	9005		
日精炼棕榈油	5106.2		
粮油机械制造（台、套）		能源消耗	
年产粮油机械制造	97264	电（千瓦时）	1828184514
大米加工主机	16755	水（吨）	9921385.4
小麦粉加工主机	6509	标准煤（吨）	4178880.4
油脂加工主机	107	溶剂（千克）	8899910.1
饲料加工主机	28413	—	
仓储设备	695		
通用设备	42495		

附件4 江苏粮食仓储物流统计资料

附表4-1 2016年江苏省仓储设施情况

仓储设施基本情况	计量单位	2016 年	2015 年
库区面积	平方米	53836368.5	43390402.9
标准仓房仓容	吨	31565332.0	21200.0
完好仓容	吨	30241844.0	22726313.0
按仓型划分	—	—	—
平房仓	吨	25889978.0	19805524.0
浅圆仓	吨	895480.0	349380.0
立筒仓	吨	3199386.0	2357955.0
楼房仓	吨	130316.0	59301.0
其他仓型	吨	126684.0	154153.0
需大修仓容	吨	1079788.0	1044191.0
待报废仓容	吨	243700.0	622594.0
简易仓容	吨	910946.0	323398.0
油罐	—	—	—
油罐个数	个	1752.0	8988.0
油罐罐容	吨	3094417.8	2323097.8
主要附属设施	—	—	—
储粮罩棚	平方米	452061.8	270378.6
地坪	平方米	13170650.8	10508858.1
储粮技术应用	—	—	—
应用环流熏蒸仓容	吨	18718869.0	12011036.0
应用粮情测控仓容	吨	22832781.0	15037062.0
应用机械通风仓容	吨	28398668.0	20787969.0
实现气调储粮仓容	吨	1962444.0	464906.0
实现低温准低温储粮仓容	吨	13422703.0	7787702.0

附表 4 - 2 2016 年江苏粮食流通基础设施建设投资项目建设内容及规模

指标名称	计量单位	建设规模	本年度完成规模
1. 粮食仓容	万吨	438.9	143.5
成品粮应急储备仓	万吨	6.1	0.0
平房仓	万吨	345.0	133.7
立筒仓	万吨	45.2	1.6
钢板筒仓	万吨	14.5	0.6
浅圆仓	万吨	35.7	8.0
其他仓型	万吨	2.2	0.2
2. 新建油罐	万吨	10.0	0.0
3. 维修改造仓容	万吨	21.1	21.1
大修仓容	万吨	12.6	12.6
4. 维修改造油罐	万吨	0.0	0.0
5. 粮食专用码头	—	—	—
泊位个数	个	29.0	10.0
吞吐能力	万吨	412.4	25.3
6. 铁路专用线	米	0.0	0.0
有效长度	米	0.0	0.0
7. 罩棚	平方米	22732.0	9368.0
铁路罩棚	平方米	0.0	0.0
储粮罩棚	平方米	18088.0	7904.0
8. 地坪	平方米	249240.9	82145.5
9. 机械设备	台套	1989	362
保粮设备	台套	1634	179
烘干设备	台套	112	74
烘干能力	吨/小时	1951.3	975.1
进出仓设备	台套	523	268
地中衡	台套	53	17
散粮汽车	辆	13	5
检化验设备	台套	334	33
10. 办公、业务用房	平方米	31606.8	8693.3
11. 农户科学储粮仓	万套	0	0
12. 信息系统	套	285	102
电子政务系统	套	51	14
粮情监测预警系统	套	90	30
仓储信息系统	套	132	56

附表4-3 江苏省粮食流通业基本现代化指标体系

类别	序号	指标名称		单位	目标值	当前值	权重
粮食流通效率（20）	1	粮食流通总量		倍	>2	3.71	8
	2	粮食流通产出效率		%	6	1	6
	3	粮食物流成本		元/吨	≤60	74.79	6
粮食流通组织（27）	4	现代粮食流通业态		%	60	29.55	8
	5	新型企业组织形式		%	80	57.96	7
	6	粮食流通业集中度	粮食购销企业集中度	%	70	47.14	7
			粮油加工企业集中度	%	80	67.03	
			物流（产业）园区发展水平	%	50	28.50	
	7	粮食市场规范度	国家粮食收购政策执行情况	%	100	99.50	5
			持证收购率	%	100	99.86	
			市场监管能力	%	95	81.95	
粮食流通方式（26）	8	粮食仓储装备		%	70	40.46	7
	9	粮食流通科技	粮食储藏技术应用	%	70	18.57	6
			作业机械化率	%	95	83.33	
			四散化率	%	90	74.44	
	10	粮食流通信息化		%	80	53.46	7
	11	粮食流通专业人才		%	60	24.99	6
粮食安全保障（27）	12	地方粮油储备		%	100	79.92	8
	13	粮食应急保障		%	100	85.79	7
	14	粮食质量安全	粮食出入库质量检验覆盖率	%	100	96.87	6
			原粮质量抽查合格率	%	100	94.23	
			成品粮油市场抽检合格率	%	100	91.90	
	15	粮食财政保障		%	0.30	0.19	6
粮食流通业基本实现现代化综合分数				分	100	70.07	100

附表4-4 2016年江苏省各地粮食流通基础设施建设投资情况（一）

	计量单位	江苏省	常州市	淮安市	连云港市	南京市
投资项目状态						
本年度新开工项目	个	377.0	7.0	16.0	42.0	31.0
本年度竣工项目	个	312.0	2.0	26.0	35.0	25.0
年度末在建项目	个	147.0	5.0	11.0	13.0	11.0
年度完成投资	万元	349135.0	5718.5	17748.6	39548.5	9208.8
按项目类别分						
粮食仓储设施项目	万元	267072.5	4685.0	10187.0	26729.7	5579.6
粮食现代物流设施项目	万元	53825.0	0.0	6400.0	11070.0	
危仓老库维修改造项目	万元	2054.6	0.0			595.5

续表

	计量单位	江苏省	常州市	淮安市	连云港市	南京市
粮食信息化建设项目	万元	21326.6	1033.5	1161.6	1537.0	1817.4
其他项目	万元	4856.3	0.0		211.8	1216.3
按投资来源分						
中央财政	万元	39217.8	915.0	882.0	2803.0	1110.0
地方财政	万元	55891.1	4017.0	5821.0	4366.8	2377.0
利用外资	万元	256.0	0.0		0.0	256.0
其他投资	万元	253770.1	786.5	11045.6	32378.7	5465.8
年度仓储设施建设规模						
新建成标准仓房仓容	吨	2355623.5	7500.0	174600.0	328708.0	39200.0
在建标准仓房仓容	吨	2039167.6	106060.0	144500.0	174200.0	25600.0
维修改造仓房仓容	吨	213702.0	0.0			16005.0
大修仓容	吨	130225.0	0.0			480.0
新建成油罐罐容	吨	4680.0	0.0			
年度建设完成粮食信息化项目						
粮库智能化升级改造	个	101.0		3.0	10.0	10.0
收纳库系统	个	6.0	0.0		3.0	
储备库系统	个	92.0	0.0	3.0	6.0	9.0
示范库系统	个	3.0	0.0		1.0	1.0
其他涉粮信息系统	个	10.0	1.0		1.0	1.0

附表 4 – 5　2016 年江苏各地粮食流通基础设施建设投资情况（二）

	计量单位	南通市	苏州市	泰州市	无锡市	宿迁市
投资项目状态						
本年度新开工项目	个	35.0	17.0	11.0	40.0	26.0
本年度竣工项目	个	28.0	19.0	14.0	39.0	19.0
年度末在建项目	个	13.0	8.0	5.0	9.0	9.0
年度完成投资	万元	64937.5	23038.0	23733.6	10999.4	16582.0
按项目类别分						
粮食仓储设施项目	万元	63508.3	6658.3	19436.6	9792.1	15219.7
粮食现代物流设施项目	万元		13849.8	500.0		
危仓老库维修改造项目	万元	519.0	86.0	0.0	266.4	
粮食信息化建设项目	万元	710.2	2263.9	1346.1	929.6	1362.3
其他项目	万元	200.0	180.0	2450.9	11.3	
按投资来源分						
中央财政	万元	2884.3	3198.0	5032.0	983.0	1934.0
地方财政	万元	1534.0	1978.4	1489.5	3945.4	5200.0

	计量单位	南通市	苏州市	泰州市	无锡市	宿迁市
利用外资	万元		0.0	0.0		
其他投资	万元	60519.2	17861.6	17212.1	6071.0	9448.0
年度仓储设施建设规模						
新建成标准仓房仓容	吨	509800.0	125800.0	253230.0	109000.0	192400.0
在建标准仓房仓容	吨	312500.0	58701.6	48800.0	14300.0	55400.0
维修改造仓房仓容	吨	16850.0	4800.0	0.0	155447.0	
大修仓容	吨	16850.0		0.0	105795.0	
新建成油罐罐容	吨	4680.0		0.0		
年度建设完成粮食信息化项目						
粮库智能化升级改造	个	9.0	10.0	6.0	6.0	8.0
收纳库系统	个			0.0		
储备库系统	个	9.0	9.0	6.0	6.0	8.0
示范库系统	个		1.0	0.0		
其他涉粮信息系统	个	1.0	1.0	1.0		1.0

附表 4 – 6　2016 年江苏各地粮食流通基础设施建设投资情况（三）

	计量单位	徐州市	盐城市	扬州市	镇江市
投资项目状态					
本年度新开工项目	个	60.0	53.0	23.0	13.0
本年度竣工项目	个	43.0	31.0	19.0	12.0
年度末在建项目	个	22.0	22.0	11.0	3.0
年度完成投资	万元	48362.4	44896.4	14249.1	10917.5
按项目类别分					
粮食仓储设施项目	万元	44097.3	39464.7	11646.0	9657.9
粮食现代物流设施项目	万元	2460.0	1774.2	939.0	
危仓老库维修改造项目	万元	20.1	363.6	204.0	
粮食信息化建设项目	万元	1686.0	3106.9	1160.1	1259.6
其他项目	万元	99.0	187.0	300.0	
按投资来源分					
中央财政	万元	5402.0	5368.0	2186.4	1416.0
地方财政	万元	6815.0	12079.2	2760.4	1555.0
利用外资	万元	0.0	0.0		0.0
其他投资	万元	36145.4	27449.2	9302.3	7946.5
年度仓储设施建设规模					
新建成标准仓房仓容	吨	127800.0	317809.5	127976.0	41800.0
在建标准仓房仓容	吨	608400.0	293206.0	61500.0	30000.0

	计量单位	徐州市	盐城市	扬州市	镇江市
维修改造仓房仓容	吨	3100.0	3500.0	14000.0	
大修仓容	吨	3100.0		4000.0	
新建成油罐罐容	吨				
年度建设完成粮食信息化项目					
粮库智能化升级改造	个	10.0	16.0	6.0	7.0
收纳库系统	个	0.0	1.0		2.0
储备库系统	个	10.0	15.0	6.0	5.0
示范库系统	个		0.0		
其他涉粮信息系统	个	1.0	1.0		1.0

附件 5　江苏粮油进出口统计资料

附表 5-1　2016 年江苏商品粮进出口总量（单位：吨）

品种指标	进口合计	出口合计
粮食品种	—	—
折合原粮合计	9593053.1	49968.3
贸易粮合计	9579268.2	46886.0
谷物合计	1234255.0	10274.3
小麦及小麦粉	—	—
折合小麦	191711.4	0.0
折合面粉	134198.0	0.0
实际小麦	191711.4	0.0
实际面粉	0.0	0.0
稻谷及大米	—	—
折合稻谷合计	45949.9	10274.3
折合早籼稻	960.0	0.0
折合中晚籼稻	23112.8	0.0
折合粳稻	21877.1	10274.3
折合大米合计	32165.0	7192.0
折合早籼米	672.0	0.0
折合中晚籼米	16179.0	0.0
折合粳米	15314.0	7192.0
实际稻谷合计	1670.0	0.0
实际早籼稻	0.0	0.0
实际中晚籼稻	0.0	0.0
实际粳稻	1670.0	0.0
实际大米合计	30996.0	7192.0
实际早籼米	672.0	0.0
实际中晚籼米	16179.0	0.0
实际粳米	14145.0	7192.0
折合玉米	118773.0	0.0

续表

品种指标	进口合计	出口合计
实际玉米	117519.9	0.0
实际玉米面和玉米渣	1253.1	0.0
高粱	111006.0	
大麦	732103.8	0.0
其他谷物	34710.9	0.0
豆类合计	7612361.4	39694.0
折合大豆	7611494.4	39048.0
实际大豆	7611494.4	39048.0
其他豆类	867.0	646.0

附件6　江苏粮食科技与信息化统计资料

附表6－1　2016年江苏省粮油科技基本情况表

投资基本情况	万元	15687
粮食科技项目	个	61
按领域		
加工领域	个	43
储藏领域	个	3
物流领域	个	1
信息化领域	个	1
其他领域	个	13
按批复部门		
科技部	个	9
农业部	个	2
基金委	个	3
国家粮食局	个	1
地方财政项目	个	14
其他	个	32
按项目类别		
支撑计划	个	4
公益专项	个	2
农转项目	个	1
国家自然基金项目	个	3
高技术产业化项目	个	5
地方科技项目	个	10
单位自主研发	个	27
横向委托研究项目	个	1
其他项目	个	8
应用类成果		
新产品	个	58
新技术	个	48
新工艺	个	52
粮食科技创新平台（省部级）	个	1

附件7 江苏粮食安全指标体系

附表 7-1 江苏省"十三五"粮食安全发展指标

主要指标	指标内容	"十二五"末基数	"十三五"规划目标	指标属性
应急保障能力	口粮应急供应	3.5 公斤/人·10 天	3.5 公斤/人·10 天	约束性
	粮食应急网点	2000 个	2260 个	约束性
	粮食应急响应时间	3 小时	3 小时	预期性
粮食流通能力	重点物流产业园区	23 个	32 个	预期性
	粮食"四散化"比例	60%	90%	预期性
基础设施水平	完好仓容总规模	2410 万吨	3000 万吨	约束性
	机械化程度高的仓型比例	11%	25% 以上	预期性
	储粮新技术应用比例	50%	70%	预期性
产业发展水平	粮油加工业销售收入	2300 亿元	3000 亿元	预期性
信息化水平	信息化互联互通率	50%	100%	预期性
	储备库及骨干收纳库智能粮库覆盖率	50%	100%	预期性